国家社科基金教育学青年课题（CBA170257）资助

# 网络行为成瘾：
# 青少年线上心理与行为探析

张国华　著

ZHEJIANG UNIVERSITY PRESS
浙江大学出版社
·杭州·

**图书在版编目（CIP）数据**

网络行为成瘾：青少年线上心理与行为探析 / 张国华著. —杭州：浙江大学出版社，2023.12

ISBN 978-7-308-23358-3

Ⅰ.①网… Ⅱ.①张… Ⅲ.①青少年—互联网络—病态心理学—研究 Ⅳ.①C913.5 ②B846

中国版本图书馆 CIP 数据核字（2022）第 235413 号

网络行为成瘾：青少年线上心理与行为探析

张国华 著

| | | |
|---|---|---|
| 责任编辑 | 秦 瑕 | |
| 责任校对 | 徐 霞 | |
| 封面设计 | 周 灵 | |
| 出版发行 | 浙江大学出版社 | |
| | （杭州市天目山路 148 号 邮政编码 310007） | |
| | （网址：http://www.zjupress.com） | |
| 排 版 | 杭州青翊图文设计有限公司 | |
| 印 刷 | 广东虎彩云印刷有限公司绍兴分公司 | |
| 开 本 | 710mm×1000mm 1/16 | |
| 印 张 | 18.5 | |
| 字 数 | 303 千 | |
| 版 印 次 | 2023 年 12 月第 1 版 2023 年 12 月第 1 次印刷 | |
| 书 号 | ISBN 978-7-308-23358-3 | |
| 定 价 | 59.00 元 | |

# 前　言

　　网络心理学或者说网络成瘾,是我自硕士以来延续至今的研究主题。随着文献阅读的积累和科研工作的深入,我越来越发现这样一个现象,那就是基于网络这个载体的一系列心理和行为研究成果层出不穷,在学术界已然成为一大热点。21世纪初,网络成瘾现象得到公众的关注,那时大部分的网络成瘾是网络游戏成瘾。近十年来智能手机的出现和普及使得手机依赖成为新的热门话题,随后网络社交成瘾、网络购物成瘾也占据了不少科研"流量"。最近五年左右的时间,相关研究进一步延伸到某些具体的网络应用(如在线学习)、小程序(APP,如微信)的使用,以致细分到某一款网络游戏(如"王者荣耀")等。一个研究领域不断迸发出新的研究"增长点",为本领域的研究者源源不断地发表新成果提供了素材,对大家来说是个好事情。

　　但是这种情况可能带来一些问题。一是大量重复性的研究出现,如将某一人格特征用于不同网络成瘾现象(如网络游戏成瘾、手机依赖等),注重各种表面上的"异质性"而对各类网络成瘾现象的共性缺乏深入的探究,如各种成瘾之间更具普遍性和共同性的宏观理论解释、认知和脑机制等;二是可能给读者带来一定的混淆,让读者对网络成瘾相关现象产生"雾里看花"的感觉。在网络时代,诸如手机依赖、网络游戏成瘾、网络社交成瘾等现象非常普遍。伴随着互联网技术的发展和成熟,还在不断涌现新的网络现象与相关问题行为,如手机低头行为、短视频过度使用等。相关领域的研究,既要关注对各类现象的解读,又要注重现象之间关联的对比和分析。最后,很多研究者认为基于网络使用而出现的上述各种成瘾现象都可以归结为行为成瘾。一方面，它们属于网络成瘾的范畴，因为它们是过度使用网络或网络使用失控而导致的成瘾现象；另一方面，上述现象又是有别于传统的行为成瘾（如赌博成瘾）的新型行为成瘾问题，与以往的行为成瘾既有联系又有区别。通过研读现有文献发现，目前对这个问题的探讨和澄清相对欠缺但却比较紧迫。

基于上述现象，我试图提出"网络行为成瘾"这样的一个概念，将以网络为平台引发的各种行为成瘾问题统一起来。这个概念是否合适或者适恰性如何，还请专家学者们指导。需要指出的是，青少年作为网络使用的重要群体，也是各种网络成瘾现象的主要人群，因而一直受到社会各界的广泛关注。本书主要选取以青少年群体为被试得到的研究成果，对目前研究基础相对较好或表现出研究潜力的几种网络行为成瘾进行概述。全书共分为九章。第一章为互联网产业发展与青少年网络使用状况，介绍中国互联网发展状况与趋势、我国网民的互联网使用状况和青少年网民的网络使用状况；第二章为青少年网络行为成瘾的理论解释，对网络行为成瘾这个概念进行介绍，从个体、环境、压力等视角以及综合性框架出发提出解释青少年网络行为成瘾的理论观点，在一定程度上揭示青少年网络行为成瘾的发生发展规律与机制；从第三章到第八章，依次介绍网络成瘾、手机成瘾、网络游戏成瘾、网络社交成瘾、网络赌博成瘾和网络购物成瘾，内容包括测量与评估、影响因素、影响后果、预防与干预等；最后一章，选取近几年来颇受关注的手机低头行为和短视频过度使用两种成瘾现象进行简要介绍。

在内容编排及体例上，本书参考了我们先前出版的《青少年与网络游戏：一种互联网心理学的视角》一书，并在此基础上稍做改进。总的来说，本书的写作有以下几个特点：一是兼顾理论观点、实证研究与实践应用。我们首先力争从理论上阐释网络行为成瘾的发生发展机制，帮助读者去分析和思考青少年网络行为成瘾产生和发展的原因及规律；在此基础上引用实证研究的成果，介绍其测量与评估、影响因素和影响后果的研究进展；最后总结其预防策略和干预方案，为青少年网络行为成瘾的实践应用提供借鉴。二是注重可读性与学术性的统一。为提高可读性,每一章设置了"批判性思考"和"关键术语",起到提纲挈领的作用;"热点扫描"介绍与此有关的社会热点问题,以加深读者印象;"拓展阅读"为"意犹未尽"的读者提供进一步阅读的材料。在学术性方面,系统梳理了各类网络行为成瘾的测评工具供相关领域的研究者使用和参考,而且汇总了各个国家和地区的网络行为成瘾率和发生率,相信这些内容会有助于后续研究的推进。三是既"自我展示",又"成人之美"。细心的读者可能会发现,除大量引用现有文献外,我们在书中引用了不少自己团队的研究成果。我们希望不仅做知识的"搬运工",更要做知识的"生产者",为青少年网络行为成瘾领域"知识大厦"的建设"添砖加瓦"。

我们从 2021 年初开始规划本书的写作,到 2022 年暑假期间形成书稿,经过多次讨论和修改,可以说是集体智慧的结晶。本书的顺利出版,首先要感谢我的导师雷雳教授。本书的写作框架和思路是在他的指导下初步拟定并日臻完善的,他对本书的具体写作也提出了建设性建议,并欣然答应为本书写了推荐语。虽然博士毕业多年,仍然能够不时得到雷老师的指导和鼓励,何其有幸! 其次,要感谢我的研究生们。本书的出版离不开他们的辛勤付出,除第一、二、五和九章由我独立完成外,几位研究生各编写了一章初稿(赵成佳第三章、何健康第四章、杜铭煊第六章、徐慧慧第七章、赖炘懿第八章),他们在收获了写作经验的同时也为本书早日出版做出了贡献。另外,感谢赵文倩和丁宁宁协助我校对和整理参考文献。最后,感谢浙江大学出版社秦瑕编辑和其他工作人员的辛勤付出,秦编辑对本书的出版具有很高的热情,本书的出版离不开她的高效工作和专业建议。本书在写作中引用了大量中外文献,是建立在专家学者们已有的学术贡献基础上的,感谢相关领域的研究者。本书是全国教育科学规划课题教育学青年项目(编号:CBA170257)的结项成果。受全国教育科学规划办的资助,本书才得以顺利出版。本成果入选了 2023 年度浙江省高校思想政治工作研究文库(《青少年网络行为成瘾的发生机制与防治策略研究》),在此一并感谢!

希望本书的出版有助于青少年网络行为成瘾的科学研究和实践应用。在科学研究方面，本书可作为相关领域研究人员的参考用书，或本专业研究生和本科生及爱好者的专业读物；在实践应用方面，可供一线的教育工作者、心理健康专业人员和青少年家长们阅读。本书的写作出版虽得到了多方支持和帮助，但因属我首次独立出版专著，水平有限，难免陷入"理想丰满"但"现实骨感"的境地。书中难免存在各种不足和疏漏，还请各位专家和读者朋友们不吝赐教。

# 目　　录

# 第一章  互联网产业发展与青少年网络使用状况

## ◀◀ 批判性思考

1. 网民中未成年群体和老年群体占比增高,可能给互联网产业的发展和网民的网络使用行为带来哪些影响?

2. 即时通信、搜索引擎、网络新闻、网络音乐等互联网应用一直深受我国网民的喜爱。近年来短视频、网络支付、网络购物和网络直播的用户规模增长迅猛。这一现象背后折射出网民的心理需求的哪些变化?

3. 2020 年 8 月,教育部等部门印发《教育部等六部门关于联合开展未成年人网络环境专项治理行动的通知》,要求对影响未成年人健康成长的不良网络社交行为、低俗有害信息和沉迷网络游戏等问题进行集中整治。不良的互联网使用可能对未成年人产生哪些不良影响?社会各界又该如何应对?

## ◀◀ 关键术语

互联网,网民规模,网络使用,青少年网民,网络应用,未成年人,移动互联网,网络支付,网络游戏,网络直播,网络社交,网络购物,网络文学,短视频互联网自诞生以来，飞快地发展壮大，成为影响社会生活的一股重要力量。与此同时，互联网以其独特的方式对人们的心理和行为产生了深远的影响。本章我们简要介绍中国互联网的发展状况与趋势，以及我国网民的互联网使用状况，并重点介绍青少年网民的网络使用状况。

# 第一节　我国互联网发展状况

1997 年以来，国家主管部门研究决定，由中国互联网络信息中心(CNNIC)牵头组织有关互联网单位共同开展互联网行业发展状况调查，形成了每年年初和年中定期发布《中国互联网络发展状况统计报告》(以下简称《报告》)的惯例，截至 2021 年 8 月，已经发布 47 次。此后，《报告》逐渐成为政府部门、行业机构、专家学者等了解中国互联网发展状况、制定相关政策的重要参考。

根据第 47 次《报告》，截至 2020 年 12 月，我国网民规模达 9.89亿，较 2020 年 3 月增长 8540 万，互联网普及率达 70.4%，较 2020 年 3月提升 5.9 个百分点。到此，我国的总体网民规模已占全球网民的五分之一左右①。网民增长的主体由青年群体向未成年群体和老年群体转化的趋势日益明显。网龄在一年以下的网民中，20 岁以下网民占比较该群体在网民总体中的占比高 17.1%；60 岁以上网民占比较该群体在网民总体中的占比高 11.0%。未成年人、老年群体陆续"触网"，构成了多元庞大的数字社会。另外，手机网民规模达 9.86 亿，较 2020 年3 月增长 8885 万，网民使用手机上网的比例达 99.7%，较 2020 年 3 月提升 0.4 个百分点。

---

① 数据来源：http://www.internetworldstats.com；对比的其他国家和地区互联网普及率为 2020 年 12 月 31 日数据。

2020年,互联网行业在抵御新冠疫情和疫情常态化防控等方面发挥了积极作用,为我国成为全球唯一实现经济正增长的主要经济体,国内生产总值(GDP)首度突破百万亿,圆满完成脱贫攻坚任务做出了重要贡献。根据CNNIC分析,2020年中国互联网产业的发展表现出以下特点。

第一,"健康码"助9亿人通畅出行,互联网为抗疫赋能赋智。2020年,面对突如其来的新冠疫情,互联网显示出强大力量,对打赢疫情防控阻击战起到了关键作用。疫情防控期间,全国一体化政务服务平台推出"健康码",累计申领近9亿人,使用次数超过400亿人次。全国绝大部分地区实现"一码通行",大数据在疫情防控和复工复产中作用凸显。同时,各大在线教育平台面向学生群体推出各类免费直播课程,方便学生居家学习,用户规模迅速增长。受疫情影响,网民对在线医疗的需求不断增加,进一步推动我国医疗行业的数字化转型。截至2020年12月,我国在线教育、在线医疗用户规模分别为3.42亿、2.15亿,占网民总体的34.6%、21.7%。未来,互联网将在促进经济复苏、保障社会运行、推动国际抗疫合作等方面进一步发挥重要作用。

第二,网民规模接近10亿,网络扶贫成效显著。截至2020年12月,我国网民规模为9.89亿,互联网普及率达70.4%,较2020年3月提升5.9个百分点。其中,农村网民规模为3.09亿,较2020年3月增长5471万;农村地区互联网普及率为55.9%,较2020年3月提升9.7个百分点。近年来,网络扶贫行动向纵深发展取得实质性进展,并带动边远贫困地区非网民加速转化。在网络覆盖方面,贫困地区通信"最后一公里"被打通,截至2020年11月,贫困村通光纤比例达98%。在农村电商方面,电子商务进农村实现对832个贫困县全覆盖,支持贫困地区发展"互联网+"新业态新模式,增强贫困地区的"造血功能"。在网络扶智方面,学校联网加快、在线教育加速推广,全国中小学(含教学点)互联网接入率达99.7%,持续激发贫困群众自我发展的内生动力。在信息服务方面,远程医疗实现国家级贫困县县级医院全覆盖,全国行政村基础金融服务覆盖率达99.2%,网络扶贫信息服务体系基本建立。

第三,网络零售连续八年全球第一,有力地推动了消费"双循环"。自2013年起,我国已连续八年成为全球最大的网络零售市场。2020年,我国网上零售额达11.76万亿元,较2019年增长10.9%。其中,实物商品网上零售额9.76万亿元,占社会消费品零售总额的24.9%。截至2020年12月,我国网络购物用户规模达7.82亿,较2020年3月增长7215万,占网民总体的79.1%。随着以国内大循环为主体、国内国际双循环的发展格局的加快形成,网络零售不断培育出消费市场新动能,通过助力消费"质""量"双升级,推动消费双循环。在国内消费循环方面,网络零售激活城乡消费循环;在对外贸易方面,跨境电商发挥稳外贸作用。此外,网络直播成为"线上引流＋实体消费"的数字经济新模式,蓬勃发展。直播电商成为广受用户喜爱的购物途径,66.2%观看电商直播的用户购买过直播商品。

第四,网络支付使用率近九成,数字货币试点进程全球领先。截至2020年12月,我国网络支付用户规模达8.54亿,较2020年3月增长8636万,占网民总体的86.4%。网络支付通过聚合供应链服务,辅助商户精准推送信息,助力我国中小企业数字化转型,推动数字经济发展;移动支付与普惠金融深度融合,缩小了我国东西部差距和城乡差距,促使数字红利普惠大众,提升金融服务可得性。2020年,央行已在深圳、苏州等多个试点城市开展数字货币红包测试,取得阶段性成果。未来,数字货币将进一步优化功能,覆盖更多消费场景,为网民提供更多便利。

第五,短视频用户规模增长超1亿,节目质量飞跃式提升。截至2020年12月,我国网络视频用户规模达9.27亿,较2020年3月增长7633万,占网民总体的93.7%。其中短视频用户规模为8.73亿,较2020年3月增长1.00亿,占网民总体的88.3%。近年来,"匠心精制"

的理念逐渐得到网络视频行业的认可,节目质量大幅提升。在优质内容的支撑下,视频网站开始尝试优化商业模式,并通过各种方式鼓励产出优质短视频,提升短视频占比,增加用户黏性。短视频平台也通过推出与平台更为匹配的"微剧""微综艺"来试水,逐渐进入长视频领域。2020 年,短视频应用在海外市场蓬勃发展,同时也面临一定的政策风险。

第六,高新技术不断突破,释放行业发展动能。2020 年,我国在量子科技、区块链、人工智能等前沿技术领域不断取得突破,应用成果丰硕。量子科技政策布局和配套扶持力度不断加强,技术标准化研究快速发展,研发与应用逐渐深入。在区块链领域,政策支撑不断强化,技术研发不断创新,产业规模与企业数量快速增长,实践应用取得进展。在人工智能领域,多样化应用推动技术层产业步入快速增长期,产业智能化升级带动应用层产业强劲发展。

第七,上市企业市值再创新高,集群化发展态势明显。截至 2020 年 12 月,我国互联网上市企业在境内外的总市值达 16.80 万亿元,较 2019 年底增长 51.2%,再创历史新高。我国网信独角兽企业总数为 207 家,较 2019 年底增加 20 家。互联网企业集群化发展态势初步形成。从企业市值集中度看,排名前十的互联网企业市值占总体比重为 86.9%,较 2019 年底增长 2.3 个百分点。从企业城市分布看,北京、上海、广东、浙江等地集中了约八成互联网上市企业和网信独角兽企业。当前,我国资本市场体系正在逐步完善,市场包容度和覆盖面不断增加,地方政府也正积极培育本地创新创业公司及独角兽企业,有望最终形成"4＋N"的发展格局。

第八,数字政府建设扎实推进,在线服务水平全球领先。2020 年,党中央、国务院大力推进数字政府建设,切实提升群众与企业的满意度、幸福感和获得感,为扎实做好"六稳"工作,全面落实"六保"任务提供服务支撑。截至 2020 年 12 月,我国互联网政务服务用户规模达 8.43 亿,较 2020 年 3 月增长 1.50 亿,占网民总体的 85.3%。

数据显示,我国电子政务发展指数为 0.7948,排名从 2018 年的第 65 位提升至第 45 位,取得历史新高,达到全球电子政务发展"非常高"的水平,其中在线服务指数由全球第 34 位跃升至第 9 位,迈入全球领先行列。各类政府机构积极推进政务服务线上化,服务种类及人次均有显著提升;各地区各级政府"一网通办""异地可办""跨区通办"渐成趋势,"掌上办""指尖办"逐步成为政务服务标配,营商环境不断优化。

# 第二节　我国网民各类互联网应用的使用状况

一直以来,即时通信、搜索引擎、网络新闻、网络音乐等互联网应用都深受我国网民的喜爱。短视频、网络直播、网络购物等新兴的网络应用也呈现快速增长的态势。根据中国互联网络信息中心发布的第 47 次《中国互联网络发展状况统计报告》,2020 年短视频、网络支付和网络购物的用户规模增长最为显著,增长率分别为 12.9%、11.2% 和 10.2%。基础类应用中,即时通信、搜索引擎保持平稳增长态势,用户规模较 2020 年 3 月分别增长 9.5%、2.6%。网络娱乐类应用中,网络直播保持快速增长,增长率为 10.2%;网络视频、网络音乐的用户规模较 2020 年 3 月分别增长 9.0%、3.6%。值得一提的是,2020 年下半年的互联网应用和手机互联网应用中的在线教育均出现较大规模的负增长,增长率分别为 −19.2% 和 −18.9%。2020 年,网民各类互联网应用用户规模和使用率见表 1-1、手机网民各类手机互联网应用用户规模和使用率见表 1-2（引自 CNNIC,2021-02）。

表 1-1 2020 年 3—12 月网民各类互联网应用用户规模和使用率

| 应用 | 2020年3月 | | 2020年12月 | | 增长率 |
|---|---|---|---|---|---|
| | 用户规模（万） | 网民使用率 | 用户规模（万） | 网民使用率 | |
| 即时通信 | 89613 | 99.2% | 98111 | 99.2% | 9.5% |
| 搜索引擎 | 75015 | 83.0% | 76977 | 77.8% | 2.6% |
| 网络新闻 | 73072 | 80.9% | 74274 | 75.1% | 1.6% |
| 远程办公 | — | | 34560 | 34.9% | |
| 网络购物 | 71027 | 78.6% | 78241 | 79.1% | 10.2% |
| 网上外卖 | 39780 | 44.0% | 41883 | 42.3% | 5.3% |
| 网络支付 | 76798 | 85.0% | 85434 | 86.4% | 11.2% |
| 互联网理财 | 16356 | 18.1% | 16988 | 17.2% | 3.9% |
| 网络游戏 | 53182 | 58.9% | 51793 | 52.4% | −2.6% |
| 网络视频（含短视频） | 85044 | 94.1% | 92677 | 93.7% | 9.0% |
| 短视频 | 77325 | 85.6% | 87335 | 88.3% | 12.9% |
| 网络音乐 | 63513 | 70.3% | 65825 | 66.6% | 3.6% |
| 网络文学 | 45538 | 50.4% | 46013 | 46.5% | 1.0% |
| 网络直手播 | 55982 | 62.0% | 61685 | 62.4% | 10.2% |
| 网约车 | 36230 | 40.1% | 36528 | 36.9% | 0.8% |
| 在线教育 | 42296 | 46.8% | 34171 | 34.6% | −19.2% |
| 在线医疗 | — | — | 21480 | 21.7% | — |

表 1-2 2020 年 3—12 月手机网民各类手机互联网应用用户规模和使用率

| 应用 | 2020年3月 | | 2020年12月 | | 增长率 |
|---|---|---|---|---|---|
| | 用户规模（万） | 手机网民使用率 | 用户规模（万） | 手机网民使用率 | |
| 手机即时通信 | 89012 | 99.2% | 97844 | 99.3% | 9.9% |
| 手机搜索引擎 | 74535 | 83.1% | 76836 | 77.9% | 3.1% |
| 手机网络新闻 | 72642 | 81.0% | 74108 | 75.2% | 2.0% |
| 手机网络购物 | 70749 | 78.9% | 78058 | 79.2% | 10.3% |
| 手机网上外卖 | 39653 | 44.2% | 41758 | 42.4% | 5.3% |
| 手机网络支付 | 76508 | 85.3% | 85252 | 86.5% | 11.4% |
| 手机网络游戏 | 52893 | 59.0% | 51637 | 52.4% | −2.4% |
| 手机网络音乐 | 63274 | 70.5% | 65653 | 66.6% | 3.8% |
| 手机网络文学 | 45255 | 50.5% | 45878 | 46.5% | 1.4% |
| 手机在线教育 | 42023 | 46.9% | 34073 | 34.6% | −18.9% |

从表 1-1 和表 1-2 中可以看出，网民和手机网民在规模和使用率排名上最高的均是即时通信。在疫情防控期间，教育领域即时通信产品的定制开发崭露头角。现有即时通信产品的内容和娱乐功能可能对未成年人学习造成不利影响。针对这一用户痛点，钉钉、微信等即时通信产品开始面向学生和儿童群体开发定制版产品，针对家校共育、在线学习等场景进行优化，为未成年人提供简单、纯净、有效的学习工具，让未成年人在使用即时通信过程中免受不良信息的干扰。表 1-1 表明，网民规模和使用率排名第二的均是网络视频（含短视频）。近年来，网络视频节目内容品质提升，长短视频平台业务呈融合发展趋势，用户对网络剧、网络综艺和网络电影的认可度都在稳步提升。表 1-2 表明，手机网民规模和使用率排名第二的均是手机网络支付。手机网络支付使交易支付由线下转到线上，应用场景（线下或网络购物、乘坐交通工具等）日益丰富，再加上指纹和人脸识别技术等使支付日益便利。手机网络支付已然成为人们日常主要支付方式，未来的发展潜力巨大。

值得一提的是，表 1-1 和表 1-2 均表明在线教育出现明显回落。新冠疫情期间，教育部启动"停课不停学"工作，开通国家中小学网络云平台，方便学生居家学习，推动全社会对教育信息化的认识进一步提升。可以说，受新冠疫情影响，教育信息化进一步深化落实。用户通过线上教育获得公平、个性化的教学与服务。2020 年下半年，随着疫情防控取得积极进展，大中小学基本恢复了正常的教学秩序，在线教育用户规模进一步回落，但较疫情之前（2019 年 6 月）仍增长了 1.09 亿，行业发展态势良好。

## 第三节　青少年网民的网络使用状况

2018 年起，共青团中央维护青少年权益部和中国互联网络信息中心每年对未成年人互联网使用情况开展调查，发布《全国未成年人互联网使用情况研究报告》，力求全面、客观地反映我国未成年网民的互联网使用特点和网上生活状态。2021 年 7 月,《2020 年全国未成年人互联网使用情况研究报告》发布,聚焦未成年人互联网普及、网络接入环境、网络使用特点、网络安全与权益保护、家庭网络素养教育等方面的情况,重点研判未成年人互联网使用趋势变化和存在的问题,有针对性地提出工作建议。下面就这一报告内容做简要概括。

## 一、主要发现

### (一)未成年网民规模持续增长,低龄化趋势更加明显

2020 年,我国未成年网民达到 1.83 亿人,互联网普及率为 94.9%,较 2019 年(93.1%)提升 1.8 个百分点,远高于成年人互联网普及率。未成年人在学龄前就接触互联网的达到 33.7%,较 2019 年(32.9%)提升 0.8 个百分点。新冠疫情以来,为保证"停课不停学",很多学校用网课进行在线教学,推动未成年人互联网普及率进一步提升。

### (二)城乡未成年人互联网普及率基本拉平,两类群体网络应用存在差别

2020 年,城镇未成年人互联网普及率达到 95.0%,农村为 94.7%,两者差距从 2018 年的 5.4 个百分点下降至 2019 年的 3.6 个百分点,2020 年下降至 0.3 个百分点,目前已基本一致。随着移动互联网向农村持续渗透,农村未成年网民通过手机上网的比例达到 92.7%,比城镇高 0.7 个百分点。在应用方面,城镇未成年网民使用搜索引擎、社交网站、新闻、购物等社会属性较强的应用比例均高于农村 6.0 个百分点以上,而农村未成年网民使用短视频、动画或漫画等休闲娱乐的比例高于城镇。

## （三）大部分未成年人拥有自己的上网设备，新型智能终端普及迅速

未成年网民拥有属于自己的上网设备的已达 82.9%，其中移动智能终端是主要上网设备。各类上网设备中，手机的拥有比例最高（65.0%），较 2019 年提升 1.4 个百分点；其次为平板电脑（26.0%），较 2019 年提升 2.0 个百分点。值得注意的是，2020 年首次纳入的智能手表（含电话手表）的拥有比例也已达到 25.3%。随着智能设备、可穿戴设备等相关产业日趋成熟，以及 5G 网络逐渐铺开，智能手表、智能台灯等新型智能设备在未成年人中迅速普及，这也使得未成年人隐私安全保护变得更加复杂。

## （四）互联网引导未成年人全面认知疫情，保障疫情防控期间未成年人学习与交往

新冠疫情期间，互联网成为未成年人坚持学习、获取疫情动态、与朋友保持沟通的重要保障。57.3% 的未成年网民认为疫情防控期间互联网对自己的生活产生的积极影响更多；86.0% 的未成年网民疫情防控期间经常上网关注疫情消息或学习防疫知识；44.1% 的未成年网民在疫情防控期间与朋友的网上交流增多了。互联网成为疫情防控期间各地"停课不停学"的重要保障。93.6% 的未成年网民在疫情防控期间通过网上课堂进行学习。其中，37.5% 对这种教学方式非常满意，48.8% 表示基本满意。"师生互动少"和"上课容易走神"是学生普遍认为网课存在的问题。

## （五）未成年人网络安全环境明显改善，网络权益维护得到加强

2020 年 10 月，新修订的《中华人民共和国未成年人保护法》增设"网络保护"专章，首次在法律中规定未成年人网络保护，具有里程碑意义。随着法律体系日趋完善与专项行动持续推进，未成年人网络安全环境不断改善。未成年人表示曾遭遇网络安全事件的比例为 27.2%，较 2019 年（34.0%）下降 6.8 个百分点。遭遇网络不良信息

的情况也明显好转,65.5%表示未在上网中遭遇不良信息,较 2019 年(54.0%)提升 11.5 个百分点。其中,血腥、暴力或教唆犯罪的比例下降最为明显,从 2019 年的 19.7% 下降至 2020 年的 10.4%。未成年网民中,知道可以通过互联网对侵害自身的不法行为进行权益维护或举报的达到 74.1%。相关部门推动网络直播和视频平台使用青少年防沉迷模式,完善功能限制、时长限定、内容审核等机制,发挥了一定的保护作用。未成年网民中,认为青少年网络防沉迷系统有用的达到 65.6%,较 2019 年(58.9%)提升 6.7 个百分点。

### (六)家长的网络素养存在差异,影响对子女上网的管理效果

家是未成年人上网的主要场所,家长对未成年人上网的引导和管理方式直接影响着未成年人上网行为和习惯。调查发现,50.1% 的家长认为家庭是监督引导未成年人上网的最重要因素,但 57.5% 的家长表示对互联网懂得不多,上网主要是看新闻或短视频;24.7% 的家长认为自己对互联网存在依赖心理;还有 4.1% 的家长表示自己不会上网,可能导致其在子女上网管理与引导方面"简单粗暴"或"有心无力",对于解决子女网络依赖、沉迷游戏等问题也很难较好地矫治。

## 二、对策和建议

未成年人是地地道道的"数字原住民"。在信息海洋和数字应用的"浸泡"下,他们的认知模式和行为特点带有明显的网络化特征。建议在建设网络强国、数字中国进程中,采取更有力的措施,以高质量的网络生态、网络保护、网络素养教育,助力未成年人健康成长。

### (一)完善未成年人隐私信息保护

一是对于迅速普及的新兴互联网设备,比如智能手表等可穿戴上网设备,重视其可能存在的隐私安全,以及涉及未成年人的内容低俗、广告营销等问题,有针对性地加强监管和查处力度。二是完善青少年网络防沉迷机制。防沉迷机制虽然已经在较大范围推广,但尚未覆盖

市场上所有休闲娱乐类应用,且不同企业、不同应用间未能实现协同,需进一步推进青少年网络防沉迷系统统一标准,提高应用效果。三是鼓励开发针对未成年人的专属应用。未成年人网络行为和成年网民存在差异,内容标准也有所不同,应由相关部门推动企业推出更多面向未成年人的专属应用。

### (二)提升农村未成年人的互联网应用能力

虽然我国城乡未成年人在互联网接入方面的差距已经基本消失,但两类群体在互联网应用方面仍然存在明显差别。城镇未成年网民更加普遍地将互联网用于信息获取、人际沟通,农村未成年网民则更多局限于娱乐行为。应根据各地实际,尽可能在农村地区加强对学生上网技能的教育与培训,使互联网真正成为农村未成年人学习和生活的有力帮手,而非单纯的娱乐工具。

### (三)重视未成年人网上非理性行为的监管

随着互联网向低龄未成年人渗透,网络娱乐对未成年用户可能造成的网络沉迷、不良内容侵蚀、过度消费等负面影响持续存在。相关部门应重视网络社区的运营行为,特别是持续加强对网络游戏和直播平台的监管,警惕未成年人在游戏充值、直播打赏和粉丝应援等领域的非理性行为,引导未成年人养成良好的上网习惯,正确认识网络。

### (四)完善在线教育模式

网课在疫情防控期间对未成年人"停课不停学"有重要作用,但无论是公立学校的网上课堂还是民营企业的在线教育,都需要改进完善。一是教育资源仍需丰富。建议对各地线上教育资源进行汇总,为全国学生搭建统一入口,推动教育资源公平化。二是创新线上教学方式。针对网课中互动不足的问题,增加学生抢答、知识竞赛、随堂测试等环节,强化学习体验。三是打击行业乱象。对利用网课损害未成年人权益的不法企业持"零容忍"态度,依法从严从重处置违法违规网站平台,为未成年人营造健康的网络学习环境。

### (五)引导家长为子女树立榜样并提升家长管理能力

形成"家长对未成年人网络教育至关重要"的共识,研究提高家长网络素养的可行方式。

一是明确"家庭是人生的第一课堂",引导家长主动承担起教导未成年人正确使用互联网的责任,并提倡家长以身作则,为孩子树立良好榜样。

二是对家长的互联网使用能力进行培训,通过社区培训、家长学校等形式,让家长具备正确管理未成年人上网的技能。

三是利用社会力量解决特殊家庭的实际困难。一些孩子的父母外出务工,监护人确实难以对未成年人上网进行监管的,可由社区或社会组织提供支持,帮助未成年人减少对互联网的依赖。

## ◀◀ 拓展阅读

### 全球网民社媒"沉迷度"榜单揭晓　拉美人每天上网时间最长

社交媒体已经成为现代人每天生活当中不可或缺的一部分。一项新的调查显示,全球网民在过去七年花在社交媒体上的时间增加了60%。据英国广播公司网站2019年9月13日报道,总部位于伦敦的互联网数据咨询中心"全球网络指数"公司分析了全球45个国家的市场,发现人们每天用在社交媒体上的平均时间在2012年为90分钟,在2019年的头三个月增加到了143分钟。其中,拉美国家的人每天上网时间最长,平均为212分钟。北美国家则最短,平均为116分钟。

根据"全球网络指数"的数据,2019年"网络社交"最活跃的国家前十名为:菲律宾、巴西、哥伦比亚、尼日利亚、阿根廷、印度尼西亚、阿联酋、墨西哥、南非、埃及。中国作为世界上人口最多的国家,2019年每人每天平均花在社交媒体上的时间为 139 分钟，比 2018 年增加了 19 分钟。

该调查还有一个比较意外的发现，在 45 个国家的 180 万网民中，有 20 个国家的人们使用社交媒体的时间同之前相比有所下降。"全球网络指数"认为，这显示"许多网民对自己上网的时间更有意识了"。其中，泰国人每人每天平均上网时间减少得最多，从 2018 年的 194 分钟下降到 2019 年的 171 分钟。越南人平均上网时间也减少了 10 分钟。

该公司负责人之一巴克尔表示，网民现在每天花在网上的时间多达六小时以上，其中三分之一的时间用于浏览社交媒体。此外，在亚洲国家，社交媒体软件已经不再局限于与亲友交流分享的功能，使用者还可以用它来支付账单、打车、订餐、购物等。报道称，年轻人是使用社交媒体的主流，特别是年龄在 16 岁至 24 岁的人。

但专家已经发出警告，长时间上网可能会引起一系列精神心理健康问题。美国哈佛商学院的助理教授威廉姆斯说，研究显示，使用社交媒体时间过长的人反而不快乐。过度上网可能会带来抑郁、安全事故等严重问题，极端情况下甚至会造成死亡。

那么，到底有没有一个上网时间的最佳参考值呢？根据美国宾夕法尼亚大学 2018 年 12 月发表的一份研究，如果能把每天花在社交媒体的时间限制在半个小时，就可以显著改善孤独感和抑郁现象。这是根据对 143 名学生的调查所得出的结果。

但是，另外一些专家则相信，问题要比仅仅限制上网时间本身复杂得多。牛津大学的一位实验心理学家表示，社交媒体复杂多样，每个平台和网站所提供的内容及其特点也不尽相同。因此，社交媒体的影响与功能很难一概而论。

# 第二章　青少年网络行为成瘾的理论解释

◀◀◀ **批判性思考**

1.在网络时代,青少年出现了一系列的网络行为成瘾问题,如手机依赖、网络游戏成瘾、网络社交成瘾和短视频过度使用等。这些现象与传统的物质依赖和行为成瘾(如吸烟、酗酒和吸毒等)有哪些相同点,又有哪些不同点?

2.目前学术界已经有多种理论观点解释青少年的网络行为成瘾问题,在一定程度上澄清了青少年网络行为成瘾的发生发展机制。请思考各种理论观点的优势和不足。你更喜欢用哪种理论来解释现实生活中遇到的网络行为成瘾现象?

3.随着短视频的发展,一些青少年又在网络上找到了"新天地"。你觉得与其他的网络服务相比,短视频对青少年的吸引力主要有哪些?

◀◀◀ **关键术语**

青少年,行为成瘾,药物成瘾,网络成瘾,ICD-11,DSM-5,手机成瘾,网络游戏成瘾,网络社交成瘾,网络购物成瘾,网络赌博成瘾,网络行为成瘾,自我决定理论,心理需

求网络满足理论，生态系统理论，生态科技微系统理论，累积
生态风险理论，压力过程模型，压力缓冲假说，压力应对理
论，I-PACE 模型

本章的主题为青少年网络行为成瘾。我们将介绍网络行为成瘾
的相关概念并辨析其相互联系，澄清行为成瘾与网络行为成瘾、网络
行为成瘾与网络成瘾行为的联系与区别，从个体、环境和压力三个视
角阐述相关领域的理论观点，并简要概述网络行为成瘾与青少年发展
的关系。

# 第一节  网络行为成瘾概述

## 一、物质成瘾与行为成瘾

成瘾的概念来自药物依赖，或者说药物成瘾、药物滥用（drug
abuse）。成瘾药物可使成瘾者脑内相关神经环路的结构和功能发
生长时程改变，这是成瘾行为长期存在的主要原因（张建军等，
2013）。长期药物使用与成瘾者的生活问题有关，包括身心健康水
平降低、社会功能受损等，也会造成成瘾者注意、言语记忆、执行功能
等认知过程出现严重损伤。

随着研究的不断深入，人们发现那些原本正常、令人愉悦的行为
活动若转变为由于不可抗拒的渴望及难以自控的冲动驱使的不适当、
反复出现的行为，即使这些行为明显对他人或自己有害处，也仍会不
断出现。这种现象叫作非物质相关成瘾或者行为成瘾（behavioral
addictions，Grant et al.，2010）。赌博、饮食、性行为、使用电脑、工作、
锻炼、精神强迫（如宗教献身）以及购物等方面的问题行为，都可能是
行为成瘾（Petry，2006）。一旦上瘾，个体就要花费大量时间对成瘾行
为进行无效的抵抗，可伴随行为前逐渐增强的紧张感，以及行为后的

愉快感或放松感(Marazziti ct al.,2014)。

从神经生物学观点看,行为成瘾、药物成瘾有着共同的生物学机制,即在个体易感素质的催化下反复从事,经由外部行为刺激而引起大脑内部生理状态失衡,导致成瘾状态(朱早晨等,2016)。因此,现在的成瘾概念已经涵盖了物质(药物)成瘾和行为成瘾。

## 二、网络时代的行为成瘾

网络的出现和发展,催生了一种全新的成瘾形式,这就是形式纷繁复杂的网络成瘾。根据美国网络成瘾中心的研究,有六种特定的网络成瘾的类型:即网络性成瘾、网络关系成瘾、网络社交成瘾、网络游戏成瘾、网络信息过载和计算机成瘾。公众口中经常提到的网络游戏成瘾(internet gaming addiction,IGD)即为其中的一种。网络游戏成瘾表现为不可自控,成瘾者具有强烈网络游戏渴望,游戏时间越来越长,甚至影响其社会功能及生理功能。在我国,有80%~90%的网络成瘾者主要表现为网络游戏成瘾(钟欣等,2008)。《精神障碍诊断与统计手册(第5版)》(DSM-5)将网络游戏成瘾列为需要进一步研究的疾病。智能手机的普及,使手机成瘾成为又一个与网络有关的成瘾现象。手机成瘾已成为网络成瘾的重要组成部分。研究者将手机成瘾(mobile phone addiction)定义为个体过度沉迷于以手机为媒介的各种活动,对手机使用产生强烈、持续、无法控制的渴求感与依赖感,并导致个体出现明显的社会、生理和心理功能受损(Yen et al.,2008)。

值得一提的是,研究者大多认为各种形式的网络成瘾都应该归入行为成瘾(Elhai et al.,2019b),无论是概念界定、测评与诊断还是治疗干预,都借鉴和参考行为成瘾的相关标准。

## 三、相关概念的联系及区别

从神经生物学的观点看,行为成瘾和物质成瘾均涉及与人类的动机相关的中脑边缘多巴胺奖赏系统。由于物质成瘾与行为成瘾的大脑机制有很多相似特点,许多学者推断两者可能存在类似的病理生理机制。不管是进行某些行为还是使用某些化学物质,都能产生快感(正性强化作用)或缓解不良情绪(负性强化作用),均具有成瘾潜力。因此,行为成瘾与物质相关成瘾的标准应该类似(Lejoyeux et al.,2000)。一些研究比较了物质使用障碍与赌博障碍、强迫性购物、性成瘾以及网络成瘾的共病率,发现两类疾病的共病现象普遍存在(Ko et al.,2012),这支持了行为成瘾与物质成瘾拥有共同的病理生理基础的观点。

从临床的角度看,行为成瘾与物质成瘾之间有许多共同的重要特征,如控制不了自己的成瘾行为,把成瘾行为作为第一需要,明知有害还要进行,甚至也有物质成瘾相似的戒断症状与耐受性(Marazziti et al.,2014)。"反复出现的渴求"是成瘾障碍基本病理生理学机制在临床上的表现,也是DSM-5成瘾障碍诊断标准中的一条。因此,DSM-5将行为成瘾并入物质成瘾中,将这两种成瘾性疾病统称为物质相关与成瘾障碍,目前只有赌博障碍。而将与网络成瘾相关的网络游戏障碍放在"可能成为临床关注焦点的其他状况"中,以说明网络相关障碍是精神卫生问题,但其性质、特征仍然需要进一步研究。

## 四、什么是网络行为成瘾

本书在此提出"网络行为成瘾"这样一个概念,用以指代因网络(包括互联网和作为网络终端的手机)使用引发的一系列强烈、持续、无法控制的渴求感与依赖感,并导致个体出现明显的社会、生理和心理功能损害的现象。提出这个概念,是出于以下几点考虑的:一是目前对网络的成瘾行为划分较为混乱,看似"琳琅满目"实则"杂乱无章"。研究者们最先根据网络功能将成瘾行为划分为网络信息成瘾、网络社交成瘾、网络娱乐成瘾等,后来基于固定网络和移动互联网将其命名为网络成瘾和(智能)手机成瘾,近年来比较流行的做法是根据网络服务功能划分为网络游戏成瘾、网络购物成瘾、网络社交成瘾等,近期涌现出来的手机低头行为、短视频成瘾等目前尚不明确其类型。

二是虽然网络上出现的各种成瘾行为与物质成瘾和行为成瘾有相似之处,但因没有一个统一的"上位概念",导致相关研究无法在更广泛的测评、诊断、治疗和学术交流层面与之相匹配,在成瘾研究领域显得有点"非主流"或者说"小众"(虽然它们是研究的"热点问题"),最终影响网络相关成瘾行为研究的格局和视野。此外,也阻碍不同网络成瘾行为之间的"融会贯通",难以在分散的基础上提出更宏观的理论解释、研究框架乃至神经生理机制的研究。

总的来说,我们希望网络行为成瘾概念的提出可以使与网络相关的成瘾行为上升到与物质成瘾、行为成瘾相对等的概念层面。

# 第二节  理论解释

近年来,研究者从个体、环境、压力等视角或综合性框架出发提出了解释青少年网络行为成瘾的理论观点,在一定程度上为我们揭示了青少年网络行为成瘾的发生发展规律与机制,同时促进了相关领域的科学研究和治疗与干预实践。了解这些理论观点,对研究人员、临床工作者和教育工作者都将大有帮助。

## 一、个体视角

个体因素,包括个体的心理需要、动机等心理与行为特质,是个体网络使用行为的重要内在驱动力。近年来,有研究者基于个体心理需求满足以及心理需求网络满足的视角开展了理论探索和实证研究,在一定程度上澄清了青少年的心理需要和动机与网络行为成瘾形成和发展的关系。

### (一)自我决定理论

自我决定理论(self-determination theory,SDT)主要研究人类行为自我决定的程度或自愿程度,强调自我决定对行为动机的调节作用,同时注重外界环境因素对个体自我决定的影响。自我决定理论认为,人类的动机包括无动机、外在动机和内在动机三种类型。这三种类型的动机并非独立,而是以内在调节和外在调节为两个端点,构成不同自主性动机水平的一个自我决定连续体。图 2-1 是不同自主性动机水平的自我决定连续体,其中的无动机指个体对活动不产生内在动机或外在动机,导致个体不参加或停止活动;外在动机是由活动的外部结果而不是由活动本身所引起的。自我决定理论按自主性水平的程度不同将外在动机划分为外在调节、内摄调节、认同调节和整合调节四种类型,构成从自主性最弱到自主性较强的连续体。内在动机是由某种行为本身所产生的快乐和满足而引起的。如个体参加各种比赛、探索自然和体育活动等,是为了体验这些活动本身所产生的成就感、兴奋感和愉悦感。这意味着个体从事某项活动是源于活动本身的内在感知,而不是外界因素的介入,且个体在活动过程中始终能保持好奇心和兴趣。故可认为内在动机是推动人类自我成长的核心力量。

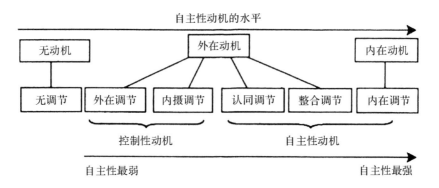

图 2-1　不同自主动机水平的自我决定连续体

自我决定理论指出,促进外在动机自主化的条件是自主性、胜任力和归属感这三个基本心理需求得到满足。吴才智等(2018)指出在自我决定理论的 5 个分支,即认知评价理论、有机整合理论、因果定向理论、基本心理需要理论和目标内容理论中,基本心理需要在其中起到贯穿整个自我决定理论的核心作用。比如认知评价理论认为,胜任需要和自主需要的满足程度会受内部动机和外部动机强度的影响；在有机整合理论和因果定向理论中，自主动机和控制动机是根据自主需要的满足程度来区分的，三种基本心理需要的满足也是外部动机内化的重要条件；在目标内容理论中，通过目标内容能否直接和有效地满足个体基本心理需要，来区分外在目标和内在目标。

　　自我决定行为与人们的心理、学业、职业等方面的成长和发展都存在密切关联。近二三十年来，研究者运用实证研究的方法从不同的角度验证了自我决定理论对预测行为改变和维持行为改变的重要意义，主要集中在保持健康饮食、控制体重、运动锻炼、吸烟、改变酗酒行为、管理慢性病、保持健康心理等方面（刘彤等，2021）。项明强等（2010）在大量的理论研究和临床实践的基础上，提出了基于自我决定理论的健康行为干预模式（图 2-2）。在此干预模式条件下，自主性支持的外在环境、自主定向的人格特征、内在目标的生活追求会直接促进自主性、胜任力和归属感这三种基本心理需求的满足；三种基本需求的满足又会激发个体的自主性动机（认同调节、整合调节和内在调节），产生和维持有利于身心健康的行为，如控烟、运动、减肥、控制血糖、使用药物、保持健康饮食、保持口腔卫生以及减少压力、减少躯体

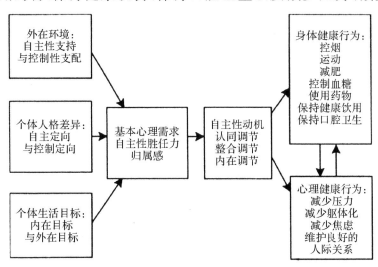

图 2-2　基于 SDT 的健康行为干预模式（项明强等，2010）

化、减少焦虑、维护良好的人际关系。同时，身体健康行为和心理健康行为又是相互作用的，最终促进个体形成一个良性循环的、高质量的生活方式。

近年来，不少研究者从自我决定理论的角度出发，探讨其与青少年网络行为成瘾的关系。如李治德（2005）从自我决定理论的角度探讨了网瘾行为的内心根源因素，并将其置于青少年的社会存在环境中分析，提出了一个解读网瘾行为和解决网瘾问题的理论模式。实证研究也证明，基本心理需要（即自主性、胜任力和归属感）满足的受阻与各种网络行为成瘾（如电子游戏成瘾、网络成瘾）有关（李董平等，2016）。

### （二）心理需求网络满足理论

前已述及，基本心理需要的满足是个体行为的内在驱动力。网络由于其特性，可在不同程度上满足青少年用户的心理需求，这就可能导致青少年过度沉迷网络而产生网络行为成瘾问题。换句话说，心理需求的网络满足可能是青少年网络行为成瘾的重要成因。基于上述原因，研究者们从不同心理需要的角度阐述了青少年网络行为成瘾的机制。

严格来说，心理需求网络满足理论并非一个完整的理论，而是一系列基于网络使用满足个体心理需要的理论。目前比较熟知的理论要属使用与满足理论（uses and gratifications theory）。该理论认为，网络像电视和报纸一样，是一种基本的大众媒体。社会和心理的最初需求诱发人们对网络产生某种期望，这种期望导致各种各样的网络使用并让使用者获得了某种程度的满足和快乐体验。如果个体过度依赖这种心理体验而对自己的行为不加控制，则最终会导致网络成瘾。方晓义等人提出了病理性网络使用的补偿满足理论（Liu et al.，2016），认为当网络相比现实生活在满足青少年的心理需求上更有优势时，青少年就更容易形成网络成瘾。智能手机作为最大的网络使用终端，其便携性和易得性使个体更容易向智能手机寻求网络满足。简而言之，使用与满足理论认为人们根据不同的需要来选择媒体内容，不同的媒体内容也会满足人们不同的心理需求。该理论在网络使用的研究上体现出重要的应用价值（雷雳等，2018）。

万晶晶等（2010）从大学生网络使用可满足的心理需求出发，通过对网络成瘾者的深入访谈得出与大学生网络使用有关的心理需求结构，编制了大学生心理需求网络满足问卷。结果表明，大学生心理需求网络满足问卷由权力、认同、迎接挑战、人际交往、逃避现实、自主、认知和成就等8种需求构成；网络成瘾大学生心理需求的现实满足程度显著低于非成瘾大学生，而网络满足程度显著高于非成瘾大学生。这一结果同时提示，在大学生网络成瘾中可能存在心理需求网络满足补偿机制。近年来，大量研究发现心理需求网络满足与青少年的网络成瘾、智能手机成瘾等网络行为成瘾显著相关（陈欣等，2020）。

## 二、环境视角

环境因素包括家庭、学校、同伴等，是青少年重要的发展背景条件，也会对青少年的健康成长产生重要影响。布朗芬布伦纳提出的"生态系统理论"（Ecological Systems Theory）是发展心理学中的一个重要理论，解释环境以及儿童与环境的交互对其发展的影响。该理论认为儿童的发展嵌套于相互影响的一系列环境系统之中，这些系统包括微系统（microsystem）、中系统（mesosystem）、外系统（exosystem）、宏系统（macrosystem）和时间系统（choronosystem）。近年来，在生态系统理论的基础上学者们提出了一些强调环境作用的理论观点，在此选取其中具有代表性的理论观点进行阐述。

### （一）生态科技微系统理论

随着电脑和网络的发展和普及，网络在儿童发展中扮演重要的角色。为了更好地解释电脑、互联网等如何影响儿童的发展，约翰逊等（Johnson et al.，2008）对生态系统理论做了补充，提出了"生态技术子系统"（ecological techno-subsystem），也有学者称其为生态科技微系统理论(杨晓辉等,2014)。生态科技微系统是儿童发展整个生态系统中的一个亚系统,体现了家庭、学校和社区中电子产品的使用对儿童发展的影响。如图2-3所示,电子产品使用对儿童的影响理论上是通过微系统中的科技亚系统来调节的。

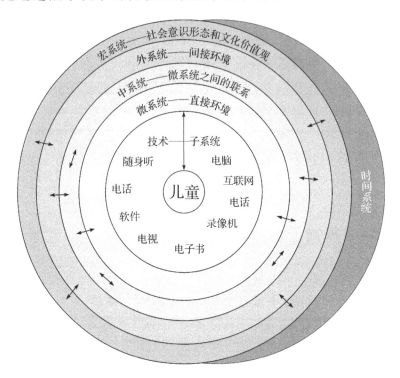

图2-3　生态技术子系统(Johnson et al.,2008)

　　该系统中,对儿童发展起直接作用的因素包括家庭、同伴及学校等。家庭中电子产品的数量及其摆放位置,家庭成员对儿童媒体使用的陪伴,对媒体使用的规定,对户外活动的鼓励程度都会影响儿童的媒体使用行为。同伴是儿童进行社会比较的重要群体,同伴间的分享可为那些在家庭中无法接触媒体的儿童提供接触最新媒体的机会。学校对电子媒体辅助教学的态度,教师布置的需要通过计算机或网络完成的课业,都会在一定程度上影响儿童的电子媒体的使用。中间系统指各微系统之间的交互作用。只有家庭、社区、学校等微系统所提供的社会经验是一致的,儿童才能顺利地整合这些社会化的信息。外系统对儿童的影响是间接的。工作劳累的父母可能把电子产品作为陪伴儿童的手段,工作中对于电子产品的依赖会促使家长培养儿童的媒介素养等。学校、社区等对于电子媒体的政策和态度都会间接影响儿童媒体使用的环境和机会。社会、科技不断进步,电子产品及其所衍生一系列相关活动都随之不断地变化,个体同样会经历人生发展的不同阶段,需要面临不同的发展任务,因此二者之间的交互也在不断变化(Johnson et al.,2008)。

生态技术子系统强调技术在儿童发展中的重要作用,它并未详细解释技术是如何影响儿童发展的。Johnson(2010)提出生态技术微系统以详细解释网络在儿童发展中的作用,如图 2-4 所示。生态技术微系统是由两个相互分离的环境维度构成的,这两个维度分别是网络的使用功能与网络的使用环境。网络的使用功能包括交际功能、信息功能、娱乐功能、技术功能等。网络的使用环境包括家庭、学校和社区。儿童并不是被动地接受网络的影响。儿童的认知、情绪、社会、身体发展都会与网络的使用功能和使用环境产生交互影响。生态科技微系统理论认为,电子媒体对儿童的影响依赖多边关系的交互作用,实证研究结果也表明这种影响是儿童、环境以及媒体内容三方面共同作用的结果(杨晓辉等,2014)。

图 2-4　生态技术微系统(Johnson,2010)

### （二）累积生态风险理论

累积生态风险指个体的生活环境中存在的不利于个体身心健康发展的风险因素以及风险事件（Wright et al.，2005）。它实际上反映的是个体所在的生活环境中缺乏支持性的资源，会影响个体某些方面的健康发展。具体来说，风险因素有三个方面的特点。

一是风险因素不是独立存在而是联合作用的，多个领域的风险因素交织在一起，共同构成影响儿童健康成长的不利环境。根据生物生态学理论，个体所在环境中的各种风险因素共同对个体的心理与行为产生影响（Appleyard et al.，2005）。在研究的过程中，只考虑其中的一种或少数的风险因素的影响作用，不符合个体的实际情况。可以认为，累积生态风险模型是一个对发展结果具有高预测力的多重风险测量模型（Evans et al.，2013）。

二是影响个体身心发展的因素具有同时出现的可能性。例如接受拒绝、否认类教养方式的个体也可能在学校缺乏人际交往的能力，导致不良的同伴关系（Evans et al.，2013）。当风险因素单独出现时，并不能对个体心理与行为的发生产生决定性的影响，只有当不同领域的风险因素同时出现时，才有可能对个体造成很大的威胁。研究也表明，累积风险因素对身心健康问题的预测大于某一单一风险因素（Appleyard et al.，2005）。

三是影响个体的风险因素多种多样，甚至可以说是难以穷尽的，选取风险因素成为关乎研究和实践成败的关键。理论上讲，所有的生态因素都可以纳入累积生态风险的测量中。但是，从研究的必要性和可行性而言，应当或者只能纳入与发展结果密切相关的重要风险因素。李董平等（2016）系统介绍了累积生态风险的选取原则，即系统性、典型性、关联性、发展性、独特性和可行性，从理论上为生态风险的选择提供了指导。对青少年来说，家庭因素、学校因素和同伴因素是三个重要的社会风险因素来源，常见的风险因素包括（但不限于）母亲的教育、家庭成员多少、家庭结构、母亲生育时的年龄、母亲的受虐史、低家庭收入、不良的邻里关系等，以及父母教养方式、师生关系、越轨同伴交往、社会支持、母亲抑郁情况、低自尊等(李董平等,2016;葛海艳等,2019)。

累积生态风险建模的主要方法有累积风险、计算因子得分、计算总分等。其中,累积风险的主要统计方法是,先对每个风险因素依据一定的原理进行编码,通常认为 1 代表有风险,0 代表无风险,再计算风险数目的总得分,得到累积生态指数。累积生态风险指数得分越高,表示个体面临的困境越严重(Evans,et al.,2013)。

受该理论影响,研究者探讨了累积生态风险因素(尤其是生态环境中的近端、心理社会因素)对青少年网络成瘾的影响。例如,有研究发现累积生态风险(即父母监控、亲子关系等九个方面)对青少年网络成瘾具有重要影响,且这种不利影响比任何单一生态风险因素的作用都更显著;累积生态风险对青少年网络成瘾的影响是通过需要和诱因两种动机力量—"推"—"拉"的合力来实现的(李董平等,2016)。朱春艳(2019)的研究表明,累积生态风险(即家庭功能、成人依恋等六个方面)对大学生网络成瘾有较强的预测作用,对大学生网络成瘾会产生不利的影响,且这种不利影响要比单一生态风险因素更强。

## 三、压力视角

压力和压力情境与各种成瘾行为都有密切的关联。一方面,生活中的各种压力(如压力性生活事件、压力知觉等)可能是网络行为成瘾的重要预测因素。个体为了逃避现实中的各种压力与挫折(如学业失败、人际冲突或情绪问题等),而沉迷于网络虚拟世界中。从这个角度来说,成瘾行为可能是个体应对压力的适应性行为。另一方面,网络行为成瘾加深,更可能给个体带来一系列的压力。那些个体想通过网络来逃避的压力问题并没有消退,反而可能因为个体的成瘾而愈发突出,甚至因为网络行为成瘾而滋生新的困难和挑战。从这个角度来说,成瘾行为可能加剧个体的压力水平。因此,压力和网络行为成瘾问题很可能相互影响,形成恶性循环。

## （一）压力过程模型

Lazarus 等（1984）的压力过程模型（Stress Process Model）自提出以来，在很多研究领域得到了广泛应用。该模型包括 5 个主要成分：①潜在压力事件；②首次认知评价；③再次认知评价；④实施应对策略；⑤结果（图 2-5）。

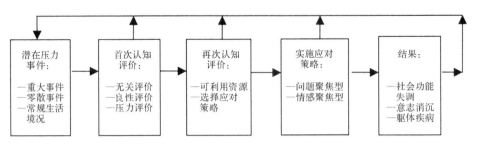

图 2-5　压力过程模型

从网络使用的角度来看，个体潜在的压力事件包括重大生活变化（如家庭变故）、偶然性事件（如一次考试失败）以及常规生活境况（如在校期间的学业压力）等。在首次评价中，个体对环境中发生的事件进行评估，判断其对自身是否存在威胁。评价结果分为三类：无关评价、良性评价和压力评价。某事件得到压力评价之后，个体会根据自己拥有的压力应对资源进行再次评价，即对解决问题的可能途径进行分析，并确定相应的应对策略的过程。Lazarus 等将面对压力事件的应对策略分为两类：问题聚焦型策略和情感聚焦型策略。前者指个体为改变压力环境做出的积极努力（如致力于改善社交或学业表现），后者包括控制自身对压力事件的情感反应（如采用放松技巧来减缓自身焦虑）或从不同角度来看待压力事件（如与处境更艰难的人进行比较）等。当再次评价的结果为该事件的需求超出了个体当前所拥有压力应对资源的应对范围，没有有效的途径可以解决；或者虽然实施了一定的应对策略，但并没有起到解决问题的效果时，就会对个体健康造成不良影响，包括生理、心理健康的受损和社会功能失调三个方面。这种消极结果反过来又会减少个体可利用的应对资源，增加压力事件发生的可能性。因此,压力过程模型实质上是一个循环作用模型(Lazarus et al.,1984)。

压力过程模型可以用来解释一系列压力导致的身体心理健康后果,如家庭照料对照料者心理健康的影响、精神分裂症患者的家庭照料者压力(Yu et al.,2020)等。有关压力与网络行为成瘾领域的研究也表明,压力与青少年的网络依赖、网络游戏成瘾(张贤等,2019)等显著相关。

## (二)压力缓冲假说

压力缓冲假说(Stress Buffering Hypothesis)指出,当某个情境被个体评估为有威胁的并且没有合适的应对时,就会产生压力。虽然大部分人能够应对单一的压力性生活事件,但多种问题累积起来就很考验个体的问题解决能力,使个体出现各种疾病,包括神经内分泌或免疫系统功能严重紊乱,健康相关行为发生显著变化(如过度酒精使用,不良饮食,或运动模式)。如果个体能够得到足够的支持,则可能缓解压力带来的消极后果。因此,研究将社会支持作为一种重要的压力缓解机制(Cohen et al.,1985)(图2-6)。

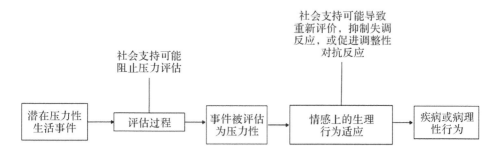

图2-6 社会支持缓冲作用模型(Cohen et al.,1985)

还有研究者认为,个体的积极因素会缓冲压力的影响,保护个体更好地应对压力;拥有积极品质的个体无论是在低压力还是高压力的环境下,都适应良好。已有研究对此假说提供了支持(Laborde et al.,2011)。近年来的研究表明,压力性生活事件与网络行为成瘾存在密切关联。如桑青松等(2019)研究发现,压力性生活事件通过被动性社交网站使用对青少年自尊产生消极效应。在新冠疫情期间,有研究表明社交媒体的使用能够有效缓冲民众因隔离措施而造成的焦虑(Marzouki et al.,2021)。

### (三)压力应对理论

压力应对理论(stress response theory)主要关注个体在处理压力事件时所采取的某种应对方式的倾向(Folkman et al.,1985)。该理论认为,个体在面临压力源时是否产生压力,主要取决于两个关键的心理过程:认知评估和应对。其中,认知评估是指个体察觉到情境对自身是否有影响的认知过程,应对是指应用行动或认知的方法调节情境与个体内部之间的冲突。一般来说,压力性生活事件产生后,个体通过认知评价,会启动一系列的应对策略,引起各种应对方式。在应对压力的过程当中,个体的应对资源会被消耗掉。应对资源越多,个体对压力的应对越积极有效,反之亦然。压力性生活事件越多,可应对资源越少,导致积极的应对方式减少,消极的应对方式增多(Li et al.,2009)。研究表明,积极的应对方式有助于青少年主观幸福感的发展,消极的应对方式则会降低青少年的主观幸福感(Sheila et al.,2005)。

压力应对理论还指出,当个体在面对风险压力情境(如同伴侵害)时,会产生大量的焦虑、抑郁等消极情绪,进而更可能采用消极的应对方式来排解消极情绪或逃避压力情境,如过度网络使用。研究表明,问题性网络使用与压力和应对方式有关(Li et al.,2009)。还有研究发现,消费者在网络购物过程中的后悔与愤怒等消极情绪状态会导致消极行为意向,即负面口碑相传和转换意向(张初兵等,2017)。

## 四、综合模型

近年来,科学家基于物质依赖、行为成瘾和网络成瘾领域的理论观点和实证研究结果,提出了一些综合性的理论模型或者说是理论框架,试图从更宏大的视野和角度去解释青少年网络行为成瘾的发生发展机制与规律。这些模型有别于传统理论,它们不强调单个或多个因素(如个体心理需要或同伴压力)的作用,也不只限于解释网络行为成瘾发展的前因或者后果,甚至不限于某一类网络行为成瘾问题,而是同时包含或者涉及与此相关的各个方面。这些模型有一个优点就是相对直观,这为研究者提出研究假设或者解释研究结果提供了更为"视觉化"的依据。

### (一)I-PACE 模型

Brand 等提出的 I-PACE 模型(the Interaction of Person-Affect-Cognition-Execution;Brand et al.,2016)将当前关于互联网使用障碍的研究整合到理论模型中,还整合了来自其他研究领域的发现和理论假设,例如通过参考物质依赖研究已知的概念。他们将修订后的模型作为特定类型的互联网使用障碍的一般模型,并根据互联网问题使用类型(如游戏、赌博、色情、网络性爱、社交网络、购买/购物等)进一步指定。利用该模型,可以表达和说明特定成瘾行为的发展和维持过程(图 2-7)。

I-PACE 模型提出了一个全面的理论框架,试图解释与互联网相关的过度使用的机制。它强调互联网过度使用发展中的三个组成部分,包括个人的核心特征,对与弹性和风险变量相关的个人核心特征的反应,以及游戏或其他互联网应用的后果。第一部分(核心特征,P部分)包括生物心理构造(如 5-HTTLPR、早期创伤、情感或身体虐待和社会孤立)、人格(高冲动、低自尊、低责任心、高害羞、高神经质、拖延倾向)、精神病理、社会认知;精神病理包括抑郁症,(社交)焦虑障碍,注意力缺陷多动障碍(ADHD)和特定的使用动机(可能会使个人倾向于选择特定形式的互联网使用,如互联网色情和网络性爱网站,游戏)。第二部分(情感和认知反应,A、C 部分)由四个因素组成,分别是:与互联网相关的认知和注意偏差、对互联网使用的预期、应对方式、抑制控制和渴望,这些被概念化在第一部分(核心特征)和第三部分(游戏或其他互联网应用的结果)之间起到中介或调节作用(Brand et al.,2016)。I-PACE 模型明确讨论了情感和认知反应,如网络相关

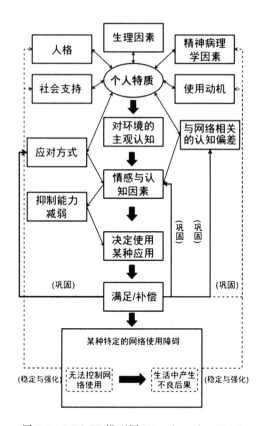

图 2-7　I-PACE 模型图（Brand et al.，2016）

的认知偏见是精神病理的产物，影响过度网络使用，并在精神病理和过度网络使用之间充当中介（Elhai et al.，2019b）。这个理论已经在IGD、其他互联网过度使用行为及问题性智能手机使用的研究中得到了实证支持（Zhao et al.，2021）。

2019 年，Brand 等又进一步更新了 I-PACE 模型，使其不仅适用于特定的互联网使用障碍，也适用于其他类型的成瘾行为。这个更新的I-PACE 模型集中于成瘾行为的个体心理和神经生物学机制。此外，更新内容区分了两个子模型以更明确地指定模型的过程特征。一个用于早期阶段涉及的机制（特定的问题行为），另一个用于成瘾过程后期涉及的机制。成瘾行为导致的障碍是一个人的核心特征以及一些调节和中介变量之间相互作用的结果，这可能是动态的，并随着时间的推移而发展。特定心理机制和神经生物学过程的参与在赌博障碍和游戏障碍中的研究得到了较好的研究,而关于其他可能上瘾的行为(例如色情、购物和社交网络)的研究仍较少。

### (二)Busch 和 Mccarthy 的理论模型

Busch 等(2021)在一篇新的综述文章中对现有的智能手机成瘾研究进行了梳理和总结,形成如下研究框架(图 2-8)。他们将与智能手机使用的相关因素、问题性智能手机使用(problematic smartphone use,PSU)的前因和后果分为六大类:情绪健康、身体健康、控制能力、职业表现、社交表现和技术特征。

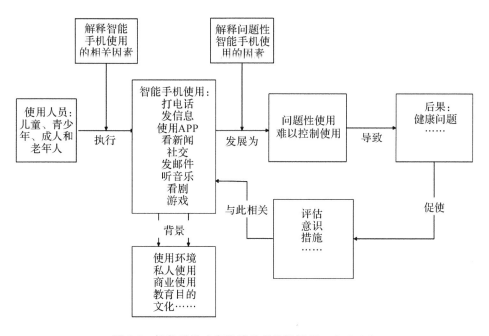

图 2-8　智能手机成瘾发展的理论框架(Busch,2021)

通常,智能手机使用类别包括语音通话、文本、社交媒体、即时通信、电子邮件、信息寻求,网络冲浪、游戏、音乐/视频流媒体和拍照/视频等;智能手机使用可以通过环境(Fullwood et al.,2017)来调节。智能手机使用环境包括个人、商业、教育和文化等。例如,情绪健康是使用智能手机的主要动机之一。通常个人渴望通过短信、电子邮件和社交媒体体验情绪提升和调节,或缓解情绪。

许多研究表明,个人自我调节智能手机使用能力的不足,可能会随着时间的推移导致有问题的习惯性行为。事实上,PSU通常被定义为智能手机控制不良或失控的使用行为(Chang et al.,2019)。自我控制能力差的人更有可能在收到信息时立即做出反应,这可能会导致对智能手机的习惯性依赖(如增加使用频率和不受控制的频繁检查)(Berger et al.,2018)。以往研究表明,PSU可能导致各种类型的身体健康问题,特别是睡眠质量受损。其他严重后果包括对生活失去控制感、学业成绩下降、工作绩效减少、亲密关系疏离和危险驾驶等。

这些不良后果促使人们采取预防和纠正措施来改变不健康的智能手机使用。比如,通过宣传片和强调PSU后果严重性的公共活动、针对儿童和青少年设置PSU教育项目和指南、规划教育课程等,让家长和儿童了解PSU的严重性和对策的重要性,加强个体的自律和自我管理能力。

## 第三节　网络行为成瘾与青少年发展

近年来,各种各样的网络功能和服务相继涌现。尤其是随着移动互联网技术和智能手机的出现,网络游戏、网络社交软件、短视频、网络购物平台等迅猛发展。网络用户尤其是青少年对网络的过度使用和依赖现象愈发严重,影响也日渐深远。在这样的背景下,网络游戏成瘾、网络成瘾、手机依赖、社交网络成瘾、网络购物成瘾等对青少年的影响成为社会各界关注的热点问题。

以网络游戏成瘾为例,青少年能在虚拟的游戏情景下感受到在现实世界体会不到的快感,很多青少年会出现网络游戏成瘾。通常来说,网络游戏使人成瘾的因素包括想完成游戏的动力、竞争的动力、提高操作技巧的动力、渴望探险的动力和获得高得分的动力。网络游戏成瘾者常常在虚拟世界的象征中去"实现"对权力、财富等需求,并逐步代替现实中的有效行为,从而导致他们情绪低落、志趣丧失、生物钟紊乱、烦躁不安、丧失人际交往能力等,从而对玩家的心理健康产生消极影响。针对暴力网络游戏可能对青少年心理发展产生的不良影响,有学者从政府、游戏开发商和运营商、学校和家长等几个方面提出了干预措施。

本书第三章至第八章,分别选取了网络成瘾、手机成瘾、网络游戏成瘾、网络社交成瘾、网络赌博成瘾、网络购物成瘾等几种目前研究得较为系统的网络行为成瘾类型进行阐述,并在第九章中简要介绍了短视频过度使用、手机低头行为等较近出现的网络行为成瘾现象,以期较为详尽地为读者揭示青少年网络行为成瘾。

# 第三章　网络成瘾

◀◀ **批判性思考**

1. 2007 年,美国医学会拒绝向美国精神病学会推荐将网络成瘾列为正式的精神疾病;2009 年,我国卫生部否定将网络成瘾作为临床诊断的精神病,认为网络成瘾只是网络使用不当。然而,在 2013 年,《网络成瘾临床诊断标准》被美国精神病协会纳入正式出版的 DSM-5。对此你怎么看?

2. 目前的网络成瘾量表大多明确表示在一段时间内使用网络时间多少小时以上为成瘾标准。但依托于网络的职业(如网络直播等)以及网络办公的兴起,民众在摆脱传统的纸质文件的同时,使用网络的时间大大增加。如许多网友质疑的那样,网络办公成了网络成瘾岂不是贻笑大方?对此,你觉得对已有的网络成瘾量表应当怎么修改?你认为网络成瘾应该有怎样的表现?

3. 2021 年 10 月 9 日上午,浙江省卫生健康委和共青团浙江省委联合举办浙江省 2021 年世界精神卫生日宣传活动。同时,《浙江省儿童青少年网络成瘾防治技术手册》发布。你认为该手册可能对预防青少年网络成瘾起到哪些积极作用?在落实过程中应该注意什么?

## ◀◀ 关键术语

网络使用,网络成瘾,行为障碍,DSM-5,青少年,测量,生理机制,人格因素,认知损害,亲子关系,父母监管,家庭氛围,社会环境,心理健康,心理干预,心理治疗,认知行为疗法,团体治疗,运动干预

本章主题为网络成瘾,我们将概述网络成瘾的概念,介绍网络成瘾的测量、评估与诊断,澄清网络成瘾的影响因素及其影响后果,为读者揭示网络成瘾的现状和特点,并简述网络成瘾干预和治疗的最新研究进展。

## ◀◀ 热点扫描

2006 年杨永信成立了"临沂第四人民医院网络成瘾戒治中心"并任主任。他使用 DX-Ⅱ 电休克治疗仪治疗网络成瘾,这是一款已被淘汰的电抽搐仪器。在没有任何科学理论和数据支持的情况下,杨永信直接用电击来惩罚被送到病房的孩子。显然,这不是治疗,而是明目张胆的伤害。2009 年,世界顶级学术杂志 Science 公开谴责了杨永信的行为,并用最臭名昭著(the most infamous)来形容杨永信的电击行为。

时至今日,虽然暴力劝阻已不再多见,但家长对孩子的"网瘾"仍深恶痛绝,社会上各种"戒网瘾学校"层出不穷。他们大多将"网瘾"与"叛逆"画等号,以引导孩子、改正孩子的错误为口号吸引家长。

# 第一节　概述

网络成瘾简称网瘾（internet addiction，IA），最早由 Goldberg（1995）提出相关概念，由 Young（1998，1999）参照药物和赌博成瘾的诊断模式对其进行了具体描述——尽管知道有严重的负面后果，但无法控制互联网的使用。也有一些其他名词被使用，如网络成瘾障碍（internet addiction disorder，IAD）（Goldberg，1995），网络依赖（internet dependency，ID）（Scherer，1997），以及网络病理性使用（pathological internet use，PIU）（Davis，2001）等。当前，通常使用 IA 或 IAD 来指代这一现象。目前，社会各界对于网络成瘾的定义仍然存在争议，众多定义的共同点是将其视作一种没有成瘾物质影响的冲动控制障碍（Young，2004）。

同样地，对于这一现象的内涵和外延，研究者们也没有达成共识。例如，这是一种行为成瘾，主要是用于缓解压力以及作为一种应对机制而产生的（Gackenbach，2007）。用户上网达到一定的时间量后反复使用互联网，其认知功能、情绪情感功能以及行为活动甚至生理活动，偏离现实生活，受到严重伤害，但仍然不能减少或停止使用互联网（雷雳等，2003）。也有人认为这是一种失败的对于上网冲动的控制，这种失控与物质成瘾无关，体现为个体的社会、心理功能由于过度使用互联网被严重损害（李宁等，2007）。《中国青少年健康教育核心信息及释义（2018 版）》中指出，网络成瘾是指在没有成瘾药物作用的情况下，因使用网络而丧失自控能力的行为。还有人觉得应该包括控制不当的专注、冲动、退缩、宽容或与互联网使用相关的行为，而且这些行为会导致心理困扰，家庭、学校和工作、健康或人际关系严重受损（Hsieh et al.，2019）。总的来说，上述概念的区别在于社会环境的不同。电视、电脑、智能手机，网络所涵盖的范围越来越广，民众对网络的认知不断发展，网络成瘾也为更多人所知。因此，要掌握网络成瘾的概念，还是要明确其核心：过度使用（丧失时间感）、戒断（在没有网络的情况下感到愤怒、抑郁、焦虑等负性情绪)、痴迷(不断需要更好的设备和条件或更长的使用时间)、负面后果(争吵、撒谎、学业不良、缺乏社交)(Block,2008)。

网络成瘾所涵盖的范围很广,包括网络游戏、社交网络、购物、色情、赌博、非互联网的视频游戏和电视等(Potenza,2014)。

# 第二节  测量与评估

## 一、网络成瘾的测量

了解网络成瘾的概念及其起源,有助于我们开发相应的网络成瘾的测量工具。研究者们基于不同的理论基础(如病理性赌博的模型,Young,1999;病理性互联网使用的认知-行为模型,Davis,2001)和诊断标准(如 DSM)等,编制了多个版本的网络成瘾量表。下面根据量表类型和发表年代介绍几个目前研究中使用相对广泛、颇受认可的量表,供相关领域的读者参考。

### (一)基于 DSM 编制的网络成瘾量表

#### 1. 自评 Young 网络成瘾诊断量表

Young 最先于 1998 年以《精神疾病诊断和统计手册(第 4 版)》(DSM-4)中病理性赌博(pathological gambling)的诊断指标为基础,编制了自评 Young 网络成瘾量表(表 3-1)。该量表分别由崔丽娟等(2003)、李毅等(2012)翻译并修订后,作为一种成熟的网络成瘾筛查或诊断量表,在进行网络成瘾研究的初期被高频率地使用,具有简单、实用和易操作等优点。自评 Young 网络成瘾诊断量表(IAD-DQ 或 YDQ)由 8 个条目组成(表 3-1)。

表 3-1 自评 Young 网络成瘾诊断量表

| 项目 | 否 | 是 |
|---|---|---|
| 1.网络是否经常盘踞你的思绪(回想上一次上网之状况或期待下一次上网)? | 0 | 1 |
| 2.你是否需要通过逐次增加上网时间以获得满足感? | 0 | 1 |
| 3.你是否经常不能抵制上网的诱惑和很难下网? | 0 | 1 |
| 4.停止使用互联网时你是否会产生消极的情绪体验和不良的生理反应? | 0 | 1 |
| 5.每次上网实际所花的时间是否都比原定时间要长? | 0 | 1 |
| 6.上网是否已经对你的人际关系、工作、教育和职业造成负面影响? | 0 | 1 |
| 7.你是否对家人、朋友和心理咨询人员隐瞒了上网的真实时间和费用? | 0 | 1 |
| 8.你是否将上网作为逃避问题和排遣消极情绪的一种方式? | 0 | 1 |

## 2. 网络成瘾量表

Young(1998)以病理性赌博和酒精成瘾的诊断标准为基础,编制了一个共 20 个条目的网络成瘾量表(Internet Addiction Test,IAT)用以判断网络使用者的网瘾程度,评定互联网给他们日常生活带来的破坏性影响,这是目前使用较多的量表之一(表 3-2)。该量表总分在 20~100 分,得分越高,网络成瘾越严重。

表 3-2 网络成瘾量表

| 项目 | 几乎没有 | 偶尔 | 有时 | 经常 | 总是 |
|---|---|---|---|---|---|
| 1.我觉得上网的时间比我预期的要长吗? | 1 | 2 | 3 | 4 | 5 |
| 2.我会因为上网忽略自己要做的事情吗? | 1 | 2 | 3 | 4 | 5 |
| 3.我更愿意上网而不是和亲密的朋友待在一起吗? | 1 | 2 | 3 | 4 | 5 |
| 4.我经常在网上结交新朋友吗? | 1 | 2 | 3 | 4 | 5 |

续表

| 项目 | 几乎没有 | 偶尔 | 有时 | 经常 | 总是 |
|---|---|---|---|---|---|
| 5.生活中朋友、家人会抱怨我上网时间太长吗？ | 1 | 2 | 3 | 4 | 5 |
| 6.我因为上网影响学习了吗？ | 1 | 2 | 3 | 4 | 5 |
| 7.我是否会不顾身边需要解决的一些问题而上网查 E-mail 或看留言？ | 1 | 2 | 3 | 4 | 5 |
| 8.我因为上网影响到我的日常生活了吗？ | 1 | 2 | 3 | 4 | 5 |
| 9.我是否担心网上的隐私被人知道？ | 1 | 2 | 3 | 4 | 5 |
| 10.我会因为心情不好去上网吗？ | 1 | 2 | 3 | 4 | 5 |
| 11.我在一次上网后会渴望下一次上网吗？ | 1 | 2 | 3 | 4 | 5 |
| 12.如果无法上网我会觉得生活空虚无聊吗？ | 1 | 2 | 3 | 4 | 5 |
| 13.我会因为别人打搅我上网发脾气吗？ | 1 | 2 | 3 | 4 | 5 |
| 14.我会上网到深夜不去睡觉吗？ | 1 | 2 | 3 | 4 | 5 |
| 15.我在离开网络后会想着网上的事情吗？ | 1 | 2 | 3 | 4 | 5 |
| 16.我在上网时会对自己说："就再玩一会吗？" | 1 | 2 | 3 | 4 | 5 |
| 17.我会想方法减少上网时间而最终失败吗？ | 1 | 2 | 3 | 4 | 5 |
| 18.我会对人隐瞒我上网多长时间吗？ | 1 | 2 | 3 | 4 | 5 |
| 19.我宁愿上网而不愿意和朋友们出去玩吗？ | 1 | 2 | 3 | 4 | 5 |
| 20.我会因为不能上网变得烦躁不安,喜怒无常,而一旦能上网就不会这样吗？ | 1 | 2 | 3 | 4 | 5 |

### 3.陈淑惠等的陈氏中文网络成瘾量表

陈淑惠等(2003)结合 DSM-4 开发了一项用于评估中国样本 IA 的测量工具,即陈氏中文 IA 量表(Chen Internet Addiction Scale, CIAS),后作者对其修订,即 CIAS-R 台湾版(表 3-3)。该量表共有 26 个项目,包括强迫性上网行为、戒断反应、网络成瘾耐受性、人际及健康问题和时间管理问题 5 个维度。总分在 26～104 分,得分越高,网络成瘾越严重。白羽等(2005)将其修订为大陆版,共 19 个项目,总分在 19～76 分,得分越高网络成瘾越严重(表 3-4)。

表 3-3　陈氏中文网络成瘾量表(台湾版)

| 项目 | 极不符合 | 不符合 | 符合 | 极符合 |
| --- | --- | --- | --- | --- |
| 1.曾不止一次有人告诉我,我花了太多时间在网络上 | 1 | 2 | 3 | 4 |
| 2.我只要有一段时间没有上网,就会觉得心里不舒服 | 1 | 2 | 3 | 4 |
| 3.我发现自己上网的时间越来越长 | 1 | 2 | 3 | 4 |
| 4.网络断线或接不上时,我觉得自己坐立不安 | 1 | 2 | 3 | 4 |
| 5.不管再累,上网时总觉得很有精神 | 1 | 2 | 3 | 4 |
| 6.其实我每次都只想上网待一下子,但常常一待就待很久不下来 | 1 | 2 | 3 | 4 |
| 7.虽然上网对我的日常人际关系造成负面影响,我仍未减少上网 | 1 | 2 | 3 | 4 |
| 8.我曾不止一次因为上网的关系而睡不到四小时 | 1 | 2 | 3 | 4 |
| 9.从上学期以来,平均而言我每周上网的时间比以前增加许多 | 1 | 2 | 3 | 4 |
| 10.我只要有一段时间没有上网就会情绪低落 | 1 | 2 | 3 | 4 |
| 11.我不能控制自己上网的冲动 | 1 | 2 | 3 | 4 |
| 12.发现自己投注在网络上而减少和身边朋友的互动 | 1 | 2 | 3 | 4 |
| 13.我曾因上网而腰酸背痛,或有其他身体不适 | 1 | 2 | 3 | 4 |
| 14.我每天早上醒来,第一件想到的事就是上网 | 1 | 2 | 3 | 4 |
| 15.上网对我的学业或工作已造成一些负面的影响 | 1 | 2 | 3 | 4 |

续表

| 项目 | 极不符合 | 不符合 | 符合 | 极符合 |
|---|---|---|---|---|
| 16.我只要有一段时间没有上网,就会觉得自己好像错过什么 | 1 | 2 | 3 | 4 |
| 17.因为上网的关系,我和家人的互动减少了 | 1 | 2 | 3 | 4 |
| 18.因为上网的关系,我平常休闲活动的时间减少了 | 1 | 2 | 3 | 4 |
| 19.我每次下网后其实是要去做别的事,却又忍不住再次上网看看 | 1 | 2 | 3 | 4 |
| 20.没有网络,我的生活就毫无乐趣可言 | 1 | 2 | 3 | 4 |
| 21.上网对我的身体健康造成负面的影响 | 1 | 2 | 3 | 4 |
| 22.我曾试过想花较少的时间在网络上但却无法做到 | 1 | 2 | 3 | 4 |
| 23.我习惯减少睡眠时间,以便能有更多时间上网 | 1 | 2 | 3 | 4 |
| 24.比起以前,我必须花更多的时间上网才能感到满足 | 1 | 2 | 3 | 4 |
| 25.我曾因为上网而没有按时进食 | 1 | 2 | 3 | 4 |
| 26我会因为熬夜上网而导致白天精神不济 | 1 | 2 | 3 | 4 |

表3-4　陈氏中文网络成瘾量表(大陆版)

| 项目 | 极不符合 | 不符合 | 符合 | 极符合 |
|---|---|---|---|---|
| 1.曾不止一次有人告诉我,我花了太多时间在网络上 | 1 | 2 | 3 | 4 |
| 2.我发现自己上网的时间越来越长 | 1 | 2 | 3 | 4 |
| 3.不管再累,上网时总觉得很有精神 | 1 | 2 | 3 | 4 |
| 4.其实我每次都只想上网待一下子,但常常一待就待很久不下来 | 1 | 2 | 3 | 4 |
| 5.我曾不止一次因为上网的关系而睡不到四小时 | 1 | 2 | 3 | 4 |

续表

| 项目 | 极不符合 | 不符合 | 符合 | 极符合 |
|---|---|---|---|---|
| 6.从上学期以来,平均而言我每周上网的时间比以前增加许多 | 1 | 2 | 3 | 4 |
| 7.我只要有一段时间没有上网就会情绪低落 | 1 | 2 | 3 | 4 |
| 8.我发现自己投注在网络上而减少和身边朋友的互动 | 1 | 2 | 3 | 4 |
| 9.我曾因上网而腰酸背痛,或有其他身体不适 | 1 | 2 | 3 | 4 |
| 10.我每天早上醒来,第一件想到的事就是上网 | 1 | 2 | 3 | 4 |
| 11.上网对我的学业或工作已造成一些负面影响 | 1 | 2 | 3 | 4 |
| 12.我只要有一段时间没有上网,就会觉得自己好像错过什么 | 1 | 2 | 3 | 4 |
| 13.因为上网的关系,我平常休闲活动的时间减少了 | 1 | 2 | 3 | 4 |
| 14.我每次下网后,其实要去做别的事,却又忍不住再次上网看看 | 1 | 2 | 3 | 4 |
| 15.没有网络,我的生活就毫无乐趣可言 | 1 | 2 | 3 | 4 |
| 16.上网对我的身体健康造成负面影响 | 1 | 2 | 3 | 4 |
| 17.我习惯减少睡眠时间,以便能有更多时间上网 | 1 | 2 | 3 | 4 |
| 18.比起以前,我必须花更多的时间上网才能感到满足 | 1 | 2 | 3 | 4 |
| 19.我因为熬夜上网而导致白天精神不济 | 1 | 2 | 3 | 4 |

### 4. 崔丽娟等的网络游戏障碍量表

崔丽娟等(2004)根据 DSM-4 中的赌博成瘾的标准,参照 Young 给出的 8 项标准、Goldberg 给出的 7 项标准等,再结合实践经验,编制了网络成瘾的界定量表。该量表共 12 个项目(表 3-5)。

表 3-5　网络成瘾界定量表

| 项目 | 否 | 是 |
|---|---|---|
| 1.通过逐次增加上网时间获得满足感 | 0 | 1 |
| 2.经常不能抵制上网的诱惑,一旦上网就很难下来 | 0 | 1 |
| 3.下网后总难以忘记上网时所浏览的网页、聊天的内容等 | 0 | 1 |
| 4.不上网的时候会很难过,并想方设法寻求上网的机会 | 0 | 1 |
| 5.停止使用互联网时会产生消极的情绪体验(如失落感)和不良的生理反应 | 0 | 1 |
| 6.每次上网实际所花的时间都比原定时间要长 | 0 | 1 |
| 7.为了上网而放弃或减少了重要的娱乐活动、人际交往等 | 0 | 1 |
| 8.有时候,为了上网而放弃了学习和上课 | 0 | 1 |
| 9.对家人朋友和心理咨询人员隐瞒了上网的真实时间和费用 | 0 | 1 |
| 10.将上网作为逃避问题和排遣消极情绪的一种方式 | 0 | 1 |
| 11.总嫌上网时间太少,不能满足要求 | 0 | 1 |
| 12.长期希望或经过多次努力减少上网时间,但未成功 | 0 | 1 |

## (二)其他常用量表

### 1. Davis 在线认知量表

Davis 在线认知量表(Davis Online Cognition Scale,DOCS)往往被人们用来考察互联网使用者的适应不良的思维方式,共 36 个题目(LaRose,et al.,2003)。此量表要求参与者根据自身实际情况进行评估,对题目描述符合自身的程度进行报告。量表由四个因子组成:①社会交往舒适(social comfort)13 个题目;②孤单或抑郁(loneliness/depression)6 个题目;③对冲动的控制降低(diminished impulse control)或者无法掌控所产生的冲动 10 个题目;④逃避与退缩 7 个题目。第 12 题反向计分,四个维度的得分相加可以获得整个量表的总分,得分越高,成瘾水平越高。实际上,这个量表并不评估使用互联网的外在行为表现,也不评估他们的生理和病理性改变,而是评估人们内部抽象的思维过程（认知）。所以，这个工具在某种意义上对网络成瘾是具备预测效度的（表3-6）。

表 3-6　Davis 在线认知量表

| 项目 | 最不赞成 | 一般赞成 | | | | | 最赞成 |
|------|------|------|------|------|------|------|------|
| 1. 我在上网的时候感觉最舒适 | 1 | 2 | 3 | 4 | 5 | 6 | 7 |
| 2. 除了网上我认识的人之外，很少还有人爱我 | 1 | 2 | 3 | 4 | 5 | 6 | 7 |
| 3. 我在上网的时候，我感觉我最安全了 | 1 | 2 | 3 | 4 | 5 | 6 | 7 |
| 4. 我不上网的时候，我也总是会想网上的事情 | 1 | 2 | 3 | 4 | 5 | 6 | 7 |
| 5. 当我在上网的时候，我感觉我很兴奋 | 1 | 2 | 3 | 4 | 5 | 6 | 7 |
| 6. 在网上比在现实中，我更能结识其他人 | 1 | 2 | 3 | 4 | 5 | 6 | 7 |
| 7. 上网的时候，我感觉很安定 | 1 | 2 | 3 | 4 | 5 | 6 | 7 |
| 8. 我能自己一个人上网 | 1 | 2 | 3 | 4 | 5 | 6 | 7 |
| 9. 我在网上比在现实生活中得到更多的尊重 | 1 | 2 | 3 | 4 | 5 | 6 | 7 |
| 10. 我使用网络比我想的要多 | 1 | 2 | 3 | 4 | 5 | 6 | 7 |
| 11. 有人抱怨我上网太多 | 1 | 2 | 3 | 4 | 5 | 6 | 7 |
| 12. 我从不会在网上待的时间比我计划的要多 | 1 | 2 | 3 | 4 | 5 | 6 | 7 |
| 13. 当我上网的时候，人们能接受我 | 1 | 2 | 3 | 4 | 5 | 6 | 7 |
| 14. 网上的人际关系比在现实中更让我满意 | 1 | 2 | 3 | 4 | 5 | 6 | 7 |
| 15. 当我没上网时，我经常想起网络 | 1 | 2 | 3 | 4 | 5 | 6 | 7 |

续表

| 项目 | 最不赞成 | 一般赞成 | | | | | 最赞成 |
|---|---|---|---|---|---|---|---|
| 16. 我上网的时候是我状态最好的时候 | 1 | 2 | 3 | 4 | 5 | 6 | 7 |
| 17. 在网上能做的事比在现实世界中能做的事兴奋多了 | 1 | 2 | 3 | 4 | 5 | 6 | 7 |
| 18. 我希望我的朋友和家人能了解网上的人生怎么看我的 | 1 | 2 | 3 | 4 | 5 | 6 | 7 |
| 19. 网络比真实生活感觉更真实 | 1 | 2 | 3 | 4 | 5 | 6 | 7 |
| 20. 在上网时,我不考虑我的责任 | 1 | 2 | 3 | 4 | 5 | 6 | 7 |
| 21. 我不能停止去想网络 | 1 | 2 | 3 | 4 | 5 | 6 | 7 |
| 22. 我在网上的时候我感觉最不孤独 | 1 | 2 | 3 | 4 | 5 | 6 | 7 |
| 23. 如果脱离网络太久,我不能感觉到我自己 | 1 | 2 | 3 | 4 | 5 | 6 | 7 |
| 24. 网络是我生活一个很重要的部分 | 1 | 2 | 3 | 4 | 5 | 6 | 7 |
| 25. 当我不能上网时,我感觉很无助 | 1 | 2 | 3 | 4 | 5 | 6 | 7 |
| 26. 我在网上说的和做的事情在现实生活中都不会做的 | 1 | 2 | 3 | 4 | 5 | 6 | 7 |
| 27. 当我没更好的事去做时,我就上网 | 1 | 2 | 3 | 4 | 5 | 6 | 7 |
| 28. 我发现当我有其他应该做的事情时,我上网更多 | 1 | 2 | 3 | 4 | 5 | 6 | 7 |
| 29. 当我在网上时,我不会去想生活中的困难 | 1 | 2 | 3 | 4 | 5 | 6 | 7 |
| 30. 我有时使用网络来耽搁时间 | 1 | 2 | 3 | 4 | 5 | 6 | 7 |
| 31. 当我上网时,我感觉无忧无虑 | 1 | 2 | 3 | 4 | 5 | 6 | 7 |

续表

| 项目 | 最不赞成 | | 一般赞成 | | | | 最赞成 |
|---|---|---|---|---|---|---|---|
| 32. 我经常上网来逃避不开心的事情 | 1 | 2 | 3 | 4 | 5 | 6 | 7 |
| 33. 我通过上网来忘记我必须要做但是我真不想做的事情 | 1 | 2 | 3 | 4 | 5 | 6 | 7 |
| 34. 即使有时我想，但是我还是不能减少上网的时间 | 1 | 2 | 3 | 4 | 5 | 6 | 7 |
| 35. 我为自己不能控制上网时间而感到苦恼 | 1 | 2 | 3 | 4 | 5 | 6 | 7 |
| 36. 我已经不能控制自己上网了 | 1 | 2 | 3 | 4 | 5 | 6 | 7 |

### 2. 雷雳等的青少年病理性互联网使用量表

雷雳等(2007)编制的青少年病理性互联网使用量表(Adolescent Pathological Internet Use Scale, APIUS)，包括突显性(第1,3,22题)、耐受性(第6,8,10,29,35题)、强迫性上网/戒断症状(第4,13,15,19,21,27,28,30,32,33,38题)、心境改变(第17,20,23,24,26题)、社交抚慰(第12,14,16,18,25,37题)、消极后果(第2,5,7,9,11,31,34,36题)6个维度。该量表共38个项目，采用从"完全不符合"到"完全符合"的5级评分，得分越高，病理性互联网使用程度越高(表3-7)。将APIUS总分除以38得到项目平均得分。

表 3-7  青少年病理性互联网使用量表

| 项目 | 完全不符合 | 基本不符合 | 不确定 | 基本符合 | 完全符合 |
|---|---|---|---|---|---|
| 1. 一旦上网，我就不会再去想其他的事情了 | 1 | 2 | 3 | 4 | 5 |
| 2. 上网对我的身体健康造成了负面影响 | 1 | 2 | 3 | 4 | 5 |
| 3. 上网时，我几乎是全身心地投入其中 | 1 | 2 | 3 | 4 | 5 |

续表

| 项目 | 完全<br>不符合 | 基本<br>不符合 | 不确定 | 基本<br>符合 | 完全<br>符合 |
|---|---|---|---|---|---|
| 4.不能上网时,我十分想知道网上正在发生什么事情 | 1 | 2 | 3 | 4 | 5 |
| 5.为了上网,我有时候会逃课 | 1 | 2 | 3 | 4 | 5 |
| 6.为了能够持续上网,我宁可强忍住大小便 | 1 | 2 | 3 | 4 | 5 |
| 7.因为上网,我的学习遇到了麻烦 | 1 | 2 | 3 | 4 | 5 |
| 8.从上学期以来,平均而言我每周上网的时间比以前增加了许多 | 1 | 2 | 3 | 4 | 5 |
| 9.因为上网的关系,我和朋友的交流减少了 | 1 | 2 | 3 | 4 | 5 |
| 10.比起以前,我必须花更多的时间上网才能感到满足 | 1 | 2 | 3 | 4 | 5 |
| 11.因为上网的关系,我和家人的交流减少了 | 1 | 2 | 3 | 4 | 5 |
| 12.上网与他人交流时,我更有安全感 | 1 | 2 | 3 | 4 | 5 |
| 13.如果一段时间不能上网,我满脑子都是有关网络的内容 | 1 | 2 | 3 | 4 | 5 |
| 14.在网上与他人交流时,我感觉更自信 | 1 | 2 | 3 | 4 | 5 |
| 15.如果不能上网,我会很想念上网的时刻 | 1 | 2 | 3 | 4 | 5 |
| 16.在网上与他人交流时,我感觉更舒适 | 1 | 2 | 3 | 4 | 5 |
| 17.当我遇到烦心事时,上网可以使我的心情愉快一些 | 1 | 2 | 3 | 4 | 5 |
| 18.在网上我能得到更多的尊重 | 1 | 2 | 3 | 4 | 5 |
| 19.如果不能上网,我会感到很失落 | 1 | 2 | 3 | 4 | 5 |

续表

| 项目 | 完全不符合 | 基本不符合 | 不确定 | 基本符合 | 完全符合 |
|---|---|---|---|---|---|
| 20.当我情绪低落时,上网可以让我感觉好一点 | 1 | 2 | 3 | 4 | 5 |
| 21.如果不能上网,我的心情会十分不好 | 1 | 2 | 3 | 4 | 5 |
| 22.当我上网时,我几乎忘记了其他所有的事情 | 1 | 2 | 3 | 4 | 5 |
| 23.当我不开心时,上网可以让我开心起来 | 1 | 2 | 3 | 4 | 5 |
| 24.当我感到孤独时,上网可以减轻甚至消除我的孤独感 | 1 | 2 | 3 | 4 | 5 |
| 25.网上的朋友对我更好一些 | 1 | 2 | 3 | 4 | 5 |
| 26.网络可以让我从不愉快的情绪中摆脱出来 | 1 | 2 | 3 | 4 | 5 |
| 27.网络断线或接不上时,我觉得自己坐立不安 | 1 | 2 | 3 | 4 | 5 |
| 28.我不能控制自己上网的冲动 | 1 | 2 | 3 | 4 | 5 |
| 29.我发现自己上网的时间越来越长 | 1 | 2 | 3 | 4 | 5 |
| 30.我只要有一段时间没有上网,就会觉得心里不舒服 | 1 | 2 | 3 | 4 | 5 |
| 31.我曾因为上网而没有按时进食 | 1 | 2 | 3 | 4 | 5 |
| 32.我只要有一段时间没有上网,就会觉得自己好像错过了什么 | 1 | 2 | 3 | 4 | 5 |
| 33.我只要有一段时间没有上网就会情绪低落 | 1 | 2 | 3 | 4 | 5 |
| 34.我曾不止一次因为上网的关系而睡不到四小时 | 1 | 2 | 3 | 4 | 5 |
| 35.我曾向别人隐瞒过自己的上网时间 | 1 | 2 | 3 | 4 | 5 |

续表

| 项目 | 完全不符合 | 基本不符合 | 不确定 | 基本符合 | 完全符合 |
|---|---|---|---|---|---|
| 36.我曾因为熬夜上网而导致白天精神不济 | 1 | 2 | 3 | 4 | 5 |
| 37.我感觉在网上与他人交流要更安全一些 | 1 | 2 | 3 | 4 | 5 |
| 38.没有网络,我的生活就毫无乐趣可言 | 1 | 2 | 3 | 4 | 5 |

除此之外,还有下列量表:Suler(1999)认为一个人对待网络的热情可能是健康的,也可能是病理性的,或者是介于两者之间的,有一些因素可以决定其处在这个连续体中的位置,据此理论编制了量表。有研究者针对大学生这一特定的网络使用群体,编制了13个项目的病态网络使用量表(Pathological Use Scale)。张兰等(2005)编制了共46个条目的大学生网络成瘾量表。杨晓峰等(2006)以205名在校大学生为样本编制了共30个题目的大学生网络成瘾量表。刘炳伦等(2006)根据项目反应理论(Item Response Theory,IRT)编制了共17个条目的网络依赖诊断量表,达到45分即符合网瘾的诊断。这几个量表虽有较好的信度指标,但划界分数的确定缺乏科学严谨性,选取的样本群体有地域、年龄、文化等多方面的限制,且没有敏感度和特异度指标,也没有得到广泛使用和多群体的验证。

## 二、网络成瘾的诊断

### (一)临床诊断标准

网瘾作为一种新出现的心理和行为障碍,目前仍无完整、统一的诊断标准。但已有研究提示,行为成瘾和物质成瘾在症状上有很多相似之处,比如二者都存在渴求、耐受和戒断症状,也都可以引起患者心理以及社会功能的受损,神经影像的研究也提示网络成瘾和物质成瘾类似的大脑机制（文超等，2016）。此外，公众也经常把网络成瘾和网络游戏成瘾相混淆。

2013 年发布的 DSM-5 虽然首次单独设立了"非物质行为成瘾"的分类，但并没有把网络成瘾列为正式诊断。DSM-5 认为，目前缺乏足够的临床实证研究和同行评审证据来确定诊断标准和课程描述，以确定网络成瘾是精神疾病（Potenza，2014），目前网络行业的发展对以往的网络成瘾评判标准产生了较大冲击。目前使用最为广泛的还是 Young 的两套量表。此外，陶宏开（2005）将网瘾分成了 10 个等级，5 级以上是网瘾，8 级以上是程度严重的网瘾。Ko 等（2009a）提出了"大学生网瘾诊断标准"：专注、冲动、渴求、耐受、戒断、控制力减弱、过多的时间与精力花费在网络上、决策和社会功能受损 8 项症状，当出现 6 个及以上症状可诊断为网瘾。临床诊断标准也众说纷纭。

陶然等（2008）的《网络成瘾临床诊断标准》区分了网络成瘾和网络过度使用：①对使用网络的渴求；②减少或停止使用后的戒断；③耐受；④对网络的使用难以控制；⑤不顾危害性后果；⑥放弃其他活动；⑦逃避问题或缓解不良情绪。

确诊须具备①和②两条核心症状及后 5 条附加症状中的任意 1 条。病程标准为平均每天非工作学习目的连续上网≥6 小时、符合症状标准≥3 个月。

美国心理学会（The American Psychological Association，APA）评估网络成瘾的评判标准：①每个月上网时间超过 144 小时，即一天 4 小时以上；②头脑中一直浮现和网络有关的事；③无法抑制上网的冲动；④上网是为逃避现实、戒除焦虑；⑤不敢和亲人说明上网的时间；⑥因上网造成课业及人际关系的问题；⑦上网时间往往比自己预期的时间久；⑧花许多钱在更新网络设备或上网上；⑨花更多时间在网上才能满足。

5 项以上回答为"是"，即网络成瘾。

需要指出的是，目前尚未有明确统一的网络成瘾的临床诊断标准，各类标准在使用的过程中也存在许多问题和局限。大众多将网络成瘾与网络游戏成瘾混淆，产生这两类障碍的也主要是青少年，而且

DSM-5 中也明确提出了"网络游戏障碍"的诊断意见。因此,在诊断或评估网络成瘾时,可参考网络游戏成瘾的诊断标准。

### (二)量表诊断标准

#### 1. Young 的诊断标准

Young 于 1998 年参照 DSM-5 病理性赌博的标准并结合对网络成瘾的研究编制的网络成瘾量表共 8 项标准,对 5 个及以上项目回答"是",即被诊断网络成瘾。

Young 于 1998 年编制的 IAT,得分≥50 分即判定为网络成瘾。

#### 2. 陈淑惠等的诊断标准

陈淑惠等(2003)结合 DSM-4 开发了一项用于评估中国样本 IA 的 CIAS-R。台湾版得分≥64 分即判定为网络成瘾。大陆版得分≥53 分即判定为网络成瘾。

#### 3. 崔丽娟等的诊断标准

崔丽娟等(2004)根据 DSM-4、Young 的 8 项标准、Goldberg 的 7 项标准等,再结合实践经验,编制了网络成瘾界定量表。该量表共 12 个项目,7 项及以上做肯定回答判断为网络成瘾。

#### 4. Davis 的诊断标准

Davis 根据自己提出的网络病理性使用概念制定的在线认知量表共 36 个题目(LaRose et al.,2003)。该量表共 36 个项目,第 12 题反向计分,总分≥100 分即判定为网络成瘾。

#### 5. 雷雳等的诊断标准

雷雳等(2007)编制的 APIUS 共 38 个项目。项目均分≥3.15 分者界定为"PIU 群体"即"网络成瘾群体",项目均分[3,3.15)者界定为"PIU 边缘群体",项目均分<3 分者界定为"PIU 正常群体"。

## 三、青少年网络成瘾的发生率

2021 年 9 月 30 日,中国社会科学院新闻与传播研究所、中国社会科学院大学新闻传播学院、社会科学文献出版社共同发布了《青少年蓝皮书：中国未成年人互联网运用报告（2021）》。报告指出，上网占据了中学生的大量精力和时间。47.9%的中学生比以前更爱待在家里，中学生们普遍变得更"宅"了；中学生的视力严重受到影响，有43.5%的中学生认为他们用电脑和手机太多，视力下降很快，而且调查中已有59.2%的中学生近视。12.4%的中学生认为互联网使他们更孤独了，减少了与人面对面的接触。此外，学生的自律性不强，仅有25.0%的中学生可以在家长不在时忍住不上网，仅有18.2%的学生平时上网时间从来不会超过事先限定的时间。这些现象都反映中学生存在网络成瘾的风险。在此，我们梳理了近年来文献报告的青少年网络成瘾发生率，以期在一定程度上揭示青少年网络成瘾的现状和特点。

从表3-8中我们可以看出：一是大部分研究报道的青少年网络成瘾的发生率在20%以下，少数偏高；二是较多的网络成瘾的测量工具为基于DSM标准编制的网络成瘾界定量表，但即使是同一测量工具，多次测量其结果也有较大的差异；第三，目前，研究的对象主要集中于儿童和青少年，缺少对中老年人或特殊群体的研究。

表3-8 部分国家和地区青少年网络成瘾的发生

| 国家 | 作者 | 被试年龄/岁 | 被试量 | 测量工具 | 成瘾率/% |
|---|---|---|---|---|---|
| 意大利 | Craparo et al. (2014) | 20.93±2.52 | 670 | IAT | 4.3 |
| 中国 | 周晓琴等 (2014) | 16.52±3.44 | 4866 | YDQ | 12.8 |
| 智利 | Berner et al. (2014) | 20.8 | 384 | IAT | 11.5 |
| 日本 | Tateno et al. (2016) | 18.4±1.2 | 403 | IAT | 3.7 |
| 巴基斯坦 | Khan et al. (2017) | 19.27±1.01 | 322 | IAT | 16.7 |
| 中国 | 张珊珊等 (2018) | 高职生 | 558 | CIAS-R | 10.75 |
| 中国 | 朱云等 (2019) | 18.71±1.13 | 3536 | IAT | 12.08 |
| 中国 | 孙力菁等 | 中学生 | 5876 | IAT | 2.3 |

续表

| 国家 | 作者 | 被试年龄/岁 | 被试量 | 测量工具 | 成瘾率/% |
|------|------|------------|--------|----------|----------|
| 中国 | 王若晗等(2019) | $18.65\pm2.23$ | 726 | IAT | 68.87 |
| 中国 | 季文平等(2019) | 医学生 | 1418 | IAT | 45.84 |
| 中国 | 邬盛鑫等(2020) | 小学生 | 30955 | APA网络成瘾评判标准 | 2.4 |
| 中国 | 庞文驹等(2020) | 中学生 | 14822 | IAT | 1.82 |
| 中国 | 扈月阳等(2020) | 初中生 | 2149 | YDQ | 18.0 |
| 中国 | 刘慧瀛等(2020) | 医学生 | 1361 | CIAS-R | 17.19 |
| 中国 | 张伟波等(2021) | 初中生 | 3021 | IAT | 17.51 |
| 中国 | 易伶俐等(2021) | 大一新生 | 7457 | IAT | 8.86 |
| 中国 | 江敏敏等(2021) | $20.50\pm0.96$ | 2700 | IAT | 32.4 |
| 中国 | 刘彦丽等(2021) | $13.14\pm1.30$ | 3021 | IAT | 17.51 |
| 中国 | 张素华等(2021) | 初中生 | 3607 | YDQ | 4.8 |
| 中国 | 龙苏兰等(2021) | 医学生 | 1089 | IAT | 18.0 |
| 中国 | 崔健等(2021) | 大学生 | 394 | CIAS-R | 33.7 |

# 第三节　影响因素

Engel(1977)提出了生物-心理-社会医学模型。模型指出,除了生理的影响,还要考虑到个体心理特质、个体生活的环境等对青少年网络成瘾的影响。本书试图从生理因素、个体心理因素和社会环境因素三个方面概括近年来的最新研究成果,着重考察其对青少年网络成瘾的影响。

# 一、生理因素

## (一)神经系统

目前神经影像学等检测技术飞速发展,出现了正电子发射型计算机断层显像(positron emission computed tomography,PECT)、事件相关电位(event-related potentials,ERP)、磁共振成像(magnetic resonance imaging,MRI)等新型技术。

脑部的影像研究表明,网络成瘾者表现出较低的 NOGO-N2 振幅区间和较高的 P3 波幅,以及更长的 P3 峰潜伏期(Dong et al.,2010)、内侧额叶皮质偏转减少(Dong et al.,2011)、纹状体的可用性水平降低(Kim et al.,2011),且其眶额叶白质、胼胝体、扣带、下额枕束、放射冠、右侧前额叶背外侧回、左侧前扣带回、右侧补充运动区、左侧内囊后肢、右侧海马旁回等脑部区域都有所变化(文超等,2016)。简单来说,网络成瘾者存在大脑结构和机能上的一定改变,但还没有足够的证据表明网络成瘾和其他成瘾疾病(如赌博成瘾)有同样严重程度的病变,具体生理影响还有待深入研究。

和其他成瘾问题一样,网络成瘾也会受大脑奖赏系统影响,随着网络的使用,大脑分泌多巴胺来使个体感到兴奋、不知疲倦,所以各类成瘾问题可能存在联系。Razjouyan 等(2018)就发现,网络成瘾在有吸毒史的人中更为常见,可能是作为吸毒行为的替代品。此外,还有研究者认为网络成瘾和攻击性、暴力行为的发生存在类似的生物学机制,但目前并无相关的实证研究(Hahn et al.,2014)。

## (二)性别

一般认为,男性比女性更有网络成瘾的可能,以往的实证研究也证明了这一点(李玲等,2015)。但是随着网络的普及和内容的不断丰富,近来的一些研究发现,女性的成瘾率高于男性(Haroon et al.,2018;Dalamaria,2021;Shehata et al.,2021)或不存在性别差异(Dufour et al.,2016;Karaer et al.,2019）。因此,网络成瘾问题的性别差异尚无定论,要根据实际情况具体分析。

## 二、个体心理因素

心理资源不足、心理健康状况不良是导致网络成瘾的关键因素（Fayazi et al.,2017;李董平等,2016）。目前,已发现注意缺陷多动障碍、轻度躁狂症、广泛性焦虑障碍、社交焦虑障碍、恶劣心境、强迫型人格障碍、边缘型人格障碍、回避型人格障碍、暴食症和孤独症等多种精神或心理问题都与网络成瘾存在共病的情况（Kuss et al.,2016;Hirota et al.,2021）。个体的心理特点会与外界各种因素交互作用（雷雳,2012）,所以个体间的心理差异以及个体内的心理问题是十分重要的影响因素,而且是干预和治疗网络成瘾的主要出发点。

### (一)认知

认知是人最基本的心理活动过程,会影响人对外界的所有反应。不良的认知预期会增加网络成瘾的风险（Brand et al.,2014）。与一般人群相比,有网络成瘾的青少年存在认知偏差,即更容易关注环境中的刺激（如威胁性刺激）,这会导致他们焦虑或产生成瘾性疾病（Chia et al.,2020）。研究发现,有网络成瘾倾向的青少年在人际关系、学业、爱情、师生关系、家庭等生活事件上都有更高的得分,也就是说他们对这些事件更敏感,而且敌意更高、主观幸福感更低（崔丽娟等,2006）。

#### 1.压力知觉

压力知觉指个体感知到的压力。网络成瘾者报告的受到压力水平普遍比正常青少年高（Odacı et al.,2017）,他们还会因为感知到压力而产生一些负性情绪,比如焦虑（Davey et al.,2006）。家庭经济状况较差的青少年在感知到压力时所产生的焦虑感更高,对网络成瘾的可能性也更大（Feng et al.,2019）。此外,每个人对压力的感受是不同的,对待同一件事情,有的人可以轻松应对,有的人感到焦躁不安。而且个人的压力知觉还会受到时间、人物等的影响,所以具体问题要具体分析。

**2. 上网倾向**

青少年通常会使用电脑、手机、平板等设备上网，所浏览的内容包括新闻、游戏、体育、直播、购物、色情、赌博等，网络成瘾也可进一步细分为网络游戏成瘾、网络色情成瘾、网络赌博成瘾和网络社交成瘾等多种类型。研究发现，大学生访问在线内容、游戏或赌博时会出现积极的情感体验，而分享则与学生的消极情感体验相关（Metin-Orta et al.，2021）。其中，网络社交、游戏是导致网络成瘾的主要因素（金盛华等，2017；ElSalhy et al.，2019）。有趣的是，目前我国民众普遍认为网络成瘾就是指网络游戏成瘾，而网络成瘾的类型也主要是网络游戏成瘾。

**3. 身体形象和饮食认知**

网络的使用行为可能与个人对身体形象和饮食的认知有关（Rodgers et al.，2016）。现如今，网络上存在大量的关于理想身材、外表和瘦身的内容，如偶像、化妆品、节食、素食、完美伴侣等，而青少年较容易受到身体形象和饮食问题影响，且较热衷于网络和社交媒体（Levine et al.，2009）。青少年正处于身体发育和心理发展的关键阶段，如果过度使用网络和过度追求瘦身，则不仅会导致网络成瘾，还可能对身心、学业、交际等造成严重影响。

## （二）心理特质

**1. 中庸思维**

中庸思维是个体在特定情境中思考如何整合外在条件和内在需求，并充分考虑行为后果的一种思维方式（吴佳辉等，2005）。有研究证明，中庸思维和网络成瘾呈负相关（丁倩等，2019b；魏华等，2021）。这些实证研究说明越少考虑行为后果，则越容易沉浸于网络世界，甚至是成瘾；当个体可以多想一想自己为什么想要使用网络以及想要通过网络得到什么，甚至意识到使用网络的好处和坏处时，就较不容易过度使用网络，会有良好的自知力和自制力。

**2. 人格类型**

大五人格是目前获得国际认可的人格分类方式,包括开放性(openness)、责任心(尽责性)(conscientiousness)、外向性(extraversion)、宜人性(agreeableness)和神经质性(情绪性)(neuroticism)5 类。

瑞典的科研人员发现,在瑞典人人格中,神经质性和网络使用呈负相关,外向性、开放性和网络使用呈正相关,责任心、宜人性和网络使用无关(Roos et al.,2021)。不同的是,波兰的研究人员报告中,波兰女性人格中的尽责性和网络成瘾呈负相关,与开放性、神经质呈正相关,与外向性、宜人性和网络成瘾之间没有显著关系(Rachubińska et al.,2021)。杨洋等(2007)发现外向性和宜人性人格特征可以负向预测网络成瘾,因为有外向和宜人倾向的青少年更乐于与人来往,拥有更好的社交关系和社会支持,即使遭遇负面的生活事件,也会有更好的解决方式、倾诉对象、娱乐活动,而不是单单转向网络。此外,神经质性也有可能导致网络成瘾(侯娟等,2018),容易害羞的人也更有可能网络成瘾(Yu et al.,2019)。

### (三)情绪

负性情绪水平较多的个体更容易通过网络来寻求乐趣、刺激等进行情绪调节,这种过程会增加网络成瘾的风险,如抑郁(孙力菁等,2019)。而且孤独的人可能会使用网络来取代其与现实世界的联系,更喜欢通过在线互动而不是直接与他人互动(Nowland et al.,2018),就有可能频繁地使用网络,最终导致网络成瘾。Dembińska 等(2020)的实证研究就证明了这一点,他们还发现较低的自尊感也起到一定的作用。此外,负性情绪的出现大多与压力有关,即当感受到压力却无法及时处理时,就会出现焦虑、抑郁等负性情绪。

### (四)心理一致感

心理一致感(sense of coherence)指个人在多大程度上拥有一种普遍的、持久的和动态的自信感,由理解(认为问题是清楚的信念程度)、可管理性(相信有足够的必要的资源来成功地处理问题的程度)、意义(个人希望处理的信念程度)组成(Antonovsky，1987)。研究发现，心理一致感与网络成瘾呈显著负相关，还会降低心理困扰的程度，进而降低网络成瘾的程度(Yang et al.，2023)。也就是说，个人认为自己有能力、有洞察力、有动力，那他就不会逃避现实、沉迷于虚拟的网络世界，而会去处理自己的事情、接受现实。

## 三、社会环境因素

### (一)家庭因素

研究表明，不良的亲子关系、严苛的教育方式、家庭冲突等问题都是造成青少年网络成瘾的主要家庭因素(Hsieh et al.，2016)。对孩子来说，亲子沟通(包括父母双方)不良会加重孩子对网络的过度使用(张珊珊等，2018)，而且如果父母较少地监督孩子的上网行为或存在述情障碍(无法认知、区分和表达自己或他人的某些情绪)可能会导致孩子的网络成瘾(Karaer et al.，2019)。如今的父母大多工作繁忙，即便下班回家也没有充沛的精力去管教孩子或和孩子聊天;有的父母甚至会直接让孩子去玩游戏，不要来烦自己;或者严令禁止孩子娱乐，只是一味读书，这都将孩子推向了家长的对立面和网络世界。一项研究就发现，与没有网络使用问题的年轻人相比，有网络使用问题的年轻人更不认同家人，并且认为他们的父母对自己不那么支持和热情(Li et al.，2013)。

### (二)社会关系质量

社会关系是人们在共同的物质和精神活动过程中所结成的相互关系的总称，即人与人之间的一切关系(俞国良，2006)。研究表明，低质量的社会关系更有可能产生网络成瘾。这可能涉及社交带来的焦虑、孤独感(丁倩等，2016;赵陵波等，2016)等负性情绪、对同伴或群体的模仿行为、同伴的教唆等。结交越轨同伴是青少年网络成瘾的重要风险因素(陈武等,2015),根据社会学习理论,青少年会对周围同伴的行为进行模仿以融入群体,所以同伴是否存在网络成瘾就成为重点。王剑等(2021)就发现,小学生过度使用网络的原因之一便是朋友的影响,刘志华等(2010)在初中生、邓伟等(2018)在高中生、刘璐等(2013)在大学生中的研究都得到了一样的结果。

### (三)社会因素

#### 1. 突发的社会事件或灾难

面临一些突发的事件或灾难,青少年可能会使用网络来缓解创伤性压力。而过度使用网络就可能导致网络成瘾,尤其是出现了创伤后应激障碍(PTSD)的某种症状时(全部四种症状为侵入性症状、回避性症状、高唤醒性症状、情绪和认知的负性改变症状)。研究表明,这四个症状都与网络成瘾呈显著正相关(Yang et al.,2022)。游永恒等(2019)的研究还证明了人口学的差异,指出经历过地震的学生更有可能对网络成瘾,且男性的成瘾可能性高于女性,离异和留守家庭的学生的可能性高于普通家庭。

#### 2. 持续存在的社会事件

已有研究报告表明,新冠疫情暴发期间,公众中网络成瘾的患病率有所上升(Siste et al.,2020;Sun et al.,2020),相关的心理因素有焦虑、抑郁(Dong et al.,2020)、心理困扰(对疾病的恐惧和担忧)(Chen et al.,2021)等。而在疫情防控期间,与父母的关系较好、有规律且科学锻炼的青少年网络成瘾的风险较低(Li et al.,2021)。在新冠疫情暴发初期,学生在家里使用网络参与日常学习和社交活动的情况下,其使用网络的机会和时间都大大增加、线下活动减少,比以往更有可能沉迷于网络活动。后续影响等都还有待研究。

#### 3. 群体差异

一项分析研究表明,在中国,东部地区的网络成瘾率最高,中西部地区最低(Shao et al.,2018)。这可能是受经济条件的影响。中国东部地区的经济较为发达,青少年更容易获得可以上网的机会,而且周围人普遍在上网,这会带动青少年去模仿、学习这种行为。且东部地区较其他地区的社会竞争更加激烈、生活节奏也更快,这也会导致父母没有时间和精力去管理孩子的上网行为。

而在大学生群体中,医学生的成瘾率和成瘾倾向都显著高于其他专业的学生(Shehata et al.,2021),这可能与学习压力、竞争和就业焦虑有关。

# 第四节　影响后果

网络成瘾对青少年的身心发展都有影响,是造成亚健康的重要因素(刘绍英等,2015)。随着研究的深入,研究者发现,众多影响因素相互作用。在此我们选取研究成果相对充分的两个方面来进行阐述。

## 一、身体健康与行为问题

网络成瘾会改变个体原有的生活习惯和行为倾向,以及影响个体的身体健康。其中最容易出现的是视力问题,儿童或青少年在使用网络的过程中很可能会忽视长时间盯着屏幕对眼睛的影响,且睡眠等也会受到影响(Mylona et al.,2020)。久坐和频繁的键鼠操作,会导致锻炼不足、身体机能障碍(如腕管综合征和背痛)等常见后果(Kwok et al.,2017)。

而且网络成瘾者大多水果和蔬菜的摄入量不足、每天至少喝一次碳酸软饮料、每周至少吃3天快餐、久坐以及曾经或现在仍是电子烟和酒精使用者(Chan et al.,2020)。与非成瘾者相比,网络成瘾者的学习成绩显著低于平均水平(Haroon et al.,2018),还有可能出现自伤或自杀行为(Liu et al.,2017)、肥胖问题和攻击性行为(Ko et al.,2009a;

Mark et al.,2008)。此外,网络诈骗和网络欺凌也极有可能出现在网络成瘾者身上(Kwok et al.,2017)。因为长时间关注网络,他们比其他人更有可能接触到网络上的不良信息和不良群体,也更有可能受到伤害。

## 二、心理健康问题

当然,网络成瘾也会导致一系列的心理问题,成瘾者甚至可能有自杀倾向(Shen et al.,2020)。还有的网络成瘾者会出现学业焦虑和拖延症(Yang et al.,2019)等。

### 1.学业情绪

研究发现,网络成瘾之后,青少年会对学业产生更多的负性情绪(焦虑、厌烦、失望、羞愧、气愤)和产生更少的正性情绪(放松、自豪、愉快、希望、兴趣)(林媚等,2018)。这可能与网络成瘾者学习成绩较差(Haroon et al.,2018)、有学业焦虑有关。因为网络可以给他们带来更多的愉悦感和自由度,而受限制的学校环境以及难以获得超越他人的成就感都会影响他们的学习动力。如果没有得到及时的鼓励和支持,那他们很有可能反复在现实中受打击,在网络中受激励。

### 2.共情

共情是指个体准确地理解他人的情感,并在特定情景下做出准确情感反应的一种能力(Reniers et al.,2011)。不同的网络使用类型会对共情能力产生不同的影响:暴力视频或游戏会降低共情能力的水平,而亲社会视频或游戏则会对共情产生积极的影响;网络社交为人们表露共情提供了重要的平台;过度的网络使用会对共情产生负面的影响(敬娇娇等,2017)。较低共情能力的个体可能无法获得高质量的社交,难与他人沟通,在生活中容易被孤立,久而久之,又会转向网络寻求慰藉,且与外界保持较少的联系。

# 第五节　预防与干预

前已述及，青少年网络成瘾的影响因素大体包括生理因素、个体心理因素和社会环境因素三个方面。目前针对网络成瘾者的干预和治疗主要是心理干预，即通过心理咨询师或治疗师的专业咨询、家长和学校的教育来改善学生的网络使用行为。同样，也可以通过这些方法来预防学生的网络成瘾。

## 一、预防策略

对于大多数的行为和成瘾问题，预防是降低风险和发病率的关键。而公众对网络成瘾的认识、父母对网络使用的教育和倡导父母对网络使用的适当监督是网络成瘾的预防工作的关键（Ong et al.，2014）。

### （一）公众认知

第一，不要将网络成瘾污名化。网络成瘾和其他成瘾问题一样，是一种行为障碍，是可以通过恰当的治疗手段解决的，不要将其作为一种会毁灭孩子未来的"洪水猛兽"，也不要执着于通过责骂、体罚等对孩子有伤害的方法来阻止孩子上网。而且网络成瘾不仅会出现在青少年身上，成年人中也会出现网络成瘾（Ratan et al.，2021）。所以要科学认识网络和网络成瘾，冷静对待在青少年身上出现的问题。

第二，辩证对待网络使用。网络已是生活中必不可少的一部分，我们在网络上学习、工作和娱乐，在网络上分享、交流和评论。人均网络使用时间大大增加，一天内使用网络超过 4 小时已然司空见惯，更何况如今学生还需要上网课。所以要区分正常上网行为和过度行为，结合实际情况进行灵活的判断。

## （二）家庭教育

在家庭中，首先要处理好夫妻二人之间的关系。夫妻之间的冲突会增加孩子网络成瘾的可能性（邓林园等，2013）。第二，面对可能引起问题行为的挫折，应加强青少年应对压力和挫折的教育，教会他们积极地应对生活和学习中的事件（雷雳，2012）。第三，面对网络世界，家长要知道使用网络的利与弊，知道如何利用有用的资源和规避不良的信息，知道要在光线充足的环境下上网，知道上网时间不宜过长，知道要文明上网并教导孩子。第四，《中华人民共和国家庭教育促进法》也明确规定，在家庭中，父母还要做到的是：尊重未成年人的身心发展规律、个体差异、人格尊严、隐私权和其他合法权益；科学地将家庭教育、学校教育和社会教育结合。

## （三）家长监督

第一，父母要对青少年的上网时间和浏览内容做到心中有数，同时也要约束自己的网络使用行为，做好榜样。第二，父母要监督孩子的上网用语等，敦促孩子文明、健康上网。第三，父母要了解孩子在上网时可能会受到伤害、欺诈或诱导，要时刻关注青少年因网络而产生的冲动性、攻击性、自伤性行为，管控青少年可能出现的沉迷游戏、直播、色情内容或冲动、过度消费或违法行为等。

# 二、干预和治疗

目前，网络成瘾的干预治疗可主要分为针对需求治疗者特征的治疗（treatment seeker characteristics）、精神药物治疗、心理治疗和综合治疗（Kuss et al.，2016）。网络成瘾是否是一种精神疾病还饱受争议，因此以下主要介绍心理治疗方面的相关研究。

## （一）认知行为治疗

Young（2004）指出，一些悲观的人往往夸大现实生活中的消极事件,这时他们就会选择网络作为逃避现实的工具。认知行为疗法就是帮助这些人建立一种正确的认知来替代原有的不良认知和错误假设。Young 的一系列研究表明,认知行为治疗(cognitive behavioral therapy,CBT)有一定的疗效,但对网络色情、复发等疗效有所不足。而且这种治疗方法有 5 个前提条件:①网瘾者必须有主动改变的意愿;②网瘾者必须具备监控自身情绪变化的能力,并愿意及时向治疗师报告;③网瘾者的问题必须能够通过认知行为技术得到诊治;④网瘾者必须在整个疗程中与治疗师建立合作咨询关系;⑤网瘾者的症状必须具体清晰,以便治疗者制订明确的治疗目标(刘磊等,2013)。目前已证明 CBT 在短期内确有较好的疗效(Wölfling et al.,2019)。

## (二)团体治疗

团体治疗指将来访者或患者组织在一起,以团体的形式进行心理治疗的方法。对网络成瘾和有网络成瘾倾向的青少年进行短期、长期的团体咨询治疗,可以有效改善网络使用行为(Liu et al.,2017)。团体治疗包括开始阶段(破冰、动机激发)、工作阶段(时间管理、需要探索、上网模式、认知应对等)和结束阶段(告别)等流程(刘玎等,2013),也可根据实际需要自行修改。通过团体治疗,青少年可以学习并尝试改善人际关系和身体健康问题、时间管理能力和网络使用行为;可以让团体成员认识自己、帮助自己,增加社会参与和人际交流,提高适应能力,发展个性,进而消除网络成瘾症状(Kim,2015)。目前有机构研发出以班级为单位的团体治疗,并得到有效的验证(方晓义等,2015),也可采取心理剧治疗(葛缨等,2014)、家庭治疗(刘学兰等,2011)等多种形式的团体治疗。

## (三)运动干预

有计划的、科学的运动可对多种生理疾病的预防和康复起到良好的作用。网络成瘾者在网络上花费大量的时间,这会降低他们的专注能力、导致大脑疲劳并降低身体机能。而适当的运动就可以改善大脑的供血和供氧、增强大脑皮层的兴奋性、增强神经系统的平衡和柔韧性,从而提高人体的机能和心理适应能力(Rupp et al.,2013)。此外,运动干预还可以改善个体的抑郁、焦虑、攻击性和不安全感水平,以及缓解恐惧症、偏执观念、精神病,甚至可以改善治疗过程中的戒断反应(Liu et al.,2017)。

## ◀◀ 拓展阅读

### 中国互联网与民众生活的发展

2021 年 8 月 27 日,中国互联网络信息中心(CNNIC)发布了第 48 次《中国互联网络发展状况统计报告》。报告显示,截至 2021 年 6 月,我国网民规模达 10.11 亿,互联网普及率达 71.6%,使用手机上网达 10.07 亿,比例为 99.6%,此外,使用电视上网的有 25.6%,台式电脑 34.6%、笔记本电脑 30.8%、平板电脑 24.9%。

其中 20—29 岁这个年龄段的网民对网络音乐、网络视频、网络直播等应用的使用率在各年龄段中最高,分别达 84.1%、97.0% 和 73.5%;30—39 岁网民对网络新闻类应用的使用率最高,达 83.4%;10—19 岁网民对在线教育的使用率最高,达 48.5%。

就网民构成而言,农村网民 29.4%、城镇网民 70.6%;男性 51.2%、女性 48.8%;10 岁以下 3.3%、10—19 岁 12.3%、20—29 岁 17.4%、30—39 岁 20.3%、40—49 岁 18.7%、50—59 岁 15.9%、60 岁及以上 12.2%。

就用途而言,网络视频(含短视频)用户占网民总体的 93.4%,其中短视频 87.8%;网络直播用户占网民总体的 63.1%,其中电商 38.0%、游戏 26.2%、体育 24.4%、真人秀 17.6%、演唱会 12.8%;网络游戏用户占网民总体的 50.4%;网络支付用户占网民总体的 86.3%;网络购物用户占网民总体的 80.3%;网络新闻用户占网民总体的 80.3%;网上外卖用户占网民总体的 46.4％；网络办公用户占网民总体的 37.7％。

智能手机的发展也改变了使用网络的方法。游戏类 APP 达 72.9 万款，占全部 APP 比重为 24.1％。日常工具类、电子商务类和社交通信类 APP 的数量分别达 46.5 万、29.5 万和 27.1 万款，占全部 APP 比重分别为 15.4％、9.8％ 和 9.0％。5G 手机也已售出 1.28 亿部，优化了民众上网的条件，我国网民的人均每周上网时长为 26.9 小时，较 2020 年 12 月提升了 0.7 小时。

# 第四章　手机成瘾

## 批判性思考

1.2021 年 8 月,中国互联网络信息中心(CNNIC)发布第 48 次《中国互联网络发展状况统计报告》,截至 2021 年 6 月,我国网民规模达 10.11 亿,其中手机网民规模达 10.07 亿,使用手机上网比例达 99.6%。许多研究发现,青少年手机成瘾和网络成瘾的心理机制有一定相似之处,但也有较大差异,对此你怎么看?

2.目前的手机成瘾量表种类繁多,大部分具有良好的心理测量学特性。你认为在选择使用该类量表时,需要注意哪些问题?

## 关键术语

手机成瘾,情绪体验,使用动机,父母教养方式,父母心理控制,父母婚姻冲突,父母干预,父母电子干扰,同伴依恋,同伴侵害,学校氛围,学校适应,学业表现,冲动性选择,风险决策,抑郁,心理健康,干预策略,认知疗法,运动疗法,环境干预本章主题为青少年手机成瘾，我们将概述手机成瘾的概念，介绍青少年手机成瘾的测量、评估与诊断，澄清青少年手机成瘾的影响因素及其后果，为读者揭示青少年手机成瘾的现状和特点，并简述青少年手机成瘾干预和治疗的最新研究进展。

◀◀ **热点扫描**

> 共青团中央维护青少年权益部、中国互联网络信息中心《2020年全国未成年人互联网使用情况研究报告》显示，大部分未成年人拥有自己的上网设备，新型智能终端普及迅速。手机是未成年网民的首要上网设备，使用比例达到92.2%。未成年网民拥有手机的已达65.0%。不可回避的是，在上述使用手机的未成年人中，已经有部分未成年人严重沉迷。

# 第一节　概述

目前对手机成瘾的表述和称谓较多，尚未形成统一的概念，如"手机成瘾"（mobile phone addiction）、"手机依赖"（mobile phone dependence）、"智能手机成瘾"（smartphone addiction）、"问题性手机使用"（problematic mobile phone use）、"问题性智能手机使用"（problematic smartphone use）等。在一些研究中，这些术语可以互换，而另一些则把它们作为不同的概念。

上述概念基本上都被学术界认可。例如，有研究者认为手机成瘾是一种行为成瘾，因为个体没有办法去控制自己使用手机这一行为而损害其社会功能和心理健康（Billieux et al.，2015；刘勤学等，2017）。问题智能手机使用（PSU）是指在日常生活中过度使用智能手机或智能手机成瘾，并伴有类似物质使用障碍的功能障碍和症状（Elhai et al.,2019a)。总的来说,上述概念并无本质区别,不同的概念基于不同的理论框架和症状特征,都在某种程度上揭示了手机成瘾的概念内涵和外延。

# 第二节 测量与评估

## 一、手机成瘾的测量

了解了手机成瘾的概念及其起源,有助于我们开发相应的手机成瘾的测量工具。研究者们基于不同的理论(如病理性赌博的模型,病理性互联网使用的认知-行为模型)和诊断标准(如 DSM)等(Young,1998),编制了多个版本的手机成瘾量表,其中有一部分是根据网络成瘾量表改编而来的。我国研究者经过不断的实践检验和验证,包括修订已有的量表,使量表的心理测量学指标得以优化。下面根据量表类型和发表年代介绍几个目前研究中使用相对广泛、颇受认可的量表,供相关领域的读者参考。

### (一)基于网络成瘾编制

#### 1. 手机成瘾指数量表

手机成瘾指数量表(Mobile Phone Addiction Index Scale,MPAI)由 Leung (2008)编制,采用 5 点评分,1 表示完全不符合,5 表示完全不符合,得分越高表示手机成瘾倾向越明显。该表包括 17 题,4 个维度,分别为戒断性、失控性、低效性和逃避性。戒断性包括项目 8、9、10、11,失控性包括项目 1、2、3、4、5、6、7,低效性包括项目 15、16、17,逃避性包括项目 12、13、14(表 4-1)。该量表在以往的研究中表现出良好的信效度(Leung,2008;黄海等,2014)。依据 Young (1998)的网络成瘾筛选标准,受试者在 17 个条目中,对 8 个条目做出肯定回答(得分≥4),即被界定为手机成瘾者。

表 4-1  手机成瘾指数量表

| 项目 | 完全不符合 | 不符合 | 无法确定 | 符合 | 完全符合 |
|---|---|---|---|---|---|
| 1.你的朋友和家人曾因为你在用手机而抱怨。 | 1 | 2 | 3 | 4 | 5 |
| 2.有人说过你花了太多的时间在手机上面。 | 1 | 2 | 3 | 4 | 5 |
| 3.你曾试图向其他人隐瞒你在手机上花了多长时间。 | 1 | 2 | 3 | 4 | 5 |
| 4.你的话费经常超支。 | 1 | 2 | 3 | 4 | 5 |
| 5.你发现自己使用手机的时间比本来打算的要长。 | 1 | 2 | 3 | 4 | 5 |
| 6.你尝试在手机上少花些时间但是做不到。 | 1 | 2 | 3 | 4 | 5 |
| 7.你从未觉得在手机上花够了时间。 | 1 | 2 | 3 | 4 | 5 |
| 8.你当在手机信号区以外待上一阵时,你总担心会错过电话。 | 1 | 2 | 3 | 4 | 5 |
| 9.你很难做到将手机关机。 | 1 | 2 | 3 | 4 | 5 |
| 10.如果有一阵子没有查看短信或者手机没有开机,会变得焦虑。 | 1 | 2 | 3 | 4 | 5 |
| 11.没有手机你会心神不定。 | 1 | 2 | 3 | 4 | 5 |
| 12.如果你没有手机,你的朋友会很难能联系到你。 | 1 | 2 | 3 | 4 | 5 |
| 13.当感到被孤立时,你会用手机与别人聊天。 | 1 | 2 | 3 | 4 | 5 |
| 14.当感到孤独的时候,你会用手机与别人聊天。 | 1 | 2 | 3 | 4 | 5 |
| 15.当心情低落的时候,你会玩手机来改善情绪。 | 1 | 2 | 3 | 4 | 5 |

| 项目 | 完全<br>不符合 | 不符合 | 无法<br>确定 | 符合 | 完全<br>符合 |
|---|---|---|---|---|---|
| 16.在有其他必须要做的事情时仍沉迷于手机，<br>并因此带来麻烦。 | 1 | 2 | 3 | 4 | 5 |
| 17.在手机上耗费的时间直接导致你的办事效<br>率降低。 | 1 | 2 | 3 | 4 | 5 |

### 2.大学生手机成瘾倾向量表

大学生手机成瘾倾向量表是由熊婕等(2012)参照已有的关于手机的研究成果，借鉴网络成瘾的相关知识，依据大学生群体的实际情况，经过访谈、预测、正式施测，最终确定的具有较好代表性项目的正式量表。本量表共 16 个项目，每个项目按照实际情况从"非常不符合"到"非常符合"进行 5 级评分，量表共分为 4 个维度：戒断症状、突显行为、社交抚慰和心境改变(表 4-2)。戒断症状维度指在没有使用手机时生理或心理上的负面反应，突显行为维度指手机的使用占据了个体思维和行为活动的中心，社交抚慰维度指手机的使用在人际交往中的作用，心境改变维度则指由于使用手机所造成的情绪变化。手机成瘾倾向总分由四个维度的分数相加而成，总分越高表明手机成瘾倾向的程度越严重。

表 4-2　大学生手机成瘾倾向量表

| 项目 | 非常<br>不符合 | 不太<br>符合 | 一般 | 比较<br>符合 | 非常<br>符合 |
|---|---|---|---|---|---|
| 1.一段时间没有带手机我会马上去查阅是否有<br>短信/未接来电。 | 1 | 2 | 3 | 4 | 5 |
| 2.我宁愿选择手机聊天，不愿直接面对面交流。 | 1 | 2 | 3 | 4 | 5 |
| 3.在等人的时候我总是频繁打手机问对方身在<br>何处，如果不打就焦急难耐。 | 1 | 2 | 3 | 4 | 5 |
| 4.如果很长时间没用手机，我绝对会难受。 | 1 | 2 | 3 | 4 | 5 |

续表

| 项目 | 非常<br>不符合 | 不太<br>符合 | 一般 | 比较<br>符合 | 非常<br>符合 |
|---|---|---|---|---|---|
| 5.课堂上,我会因为电话或短信而不能专心听讲。 | 1 | 2 | 3 | 4 | 5 |
| 6.如果没有手机我会感到孤独。 | 1 | 2 | 3 | 4 | 5 |
| 7.用手机与他人交流时,我感到更自信。 | 1 | 2 | 3 | 4 | 5 |
| 8.一段时间手机铃声不响,我会感到不适应,并下意识看一下手机是否有未接电话/短信。 | 1 | 2 | 3 | 4 | 5 |
| 9.我经常有"我的手机铃声响了/我的手机在震动"的幻觉。 | 1 | 2 | 3 | 4 | 5 |
| 10.电话多短信多我会觉得生活更充实。 | 1 | 2 | 3 | 4 | 5 |
| 11.我经常害怕手机会自动关机。 | 1 | 2 | 3 | 4 | 5 |
| 12.手机是我的一部分,一旦减少,就觉得失去了什么似的。 | 1 | 2 | 3 | 4 | 5 |
| 13.同学朋友常说我太过依赖手机。 | 1 | 2 | 3 | 4 | 5 |
| 14.当手机经常连不上线、收不到信号时,我会焦虑并且脾气变得暴躁起来。 | 1 | 2 | 3 | 4 | 5 |
| 15.课堂上,我会经常主动把注意力集中在手机上而影响听课。 | 1 | 2 | 3 | 4 | 5 |
| 16.我觉得用手机跟他人交流更舒适。 | 1 | 2 | 3 | 4 | 5 |

### 3.智能手机成瘾量表

Kwon 等(2013)编制了第一个智能手机成瘾量表(Smartphone Addiction Scale,SAS)。该量表有 33 个条目,采用李克特 6 点计分法,从"强烈不同意"到"强烈同意",包含日常生活干扰(daily-life disturbance,DD)、积极期待(positive anticipation,PA)、戒断症状(withdrawal,W)、网络关系(cyberspace oriented relationship,CR)、过度使用(overuse,O)和耐受(tolerance,T)等六个因子(表 4-3)。

鉴于青少年群体的特殊性，Kwon 等（2013）发展出适合青少年的智能手机成瘾量表－简版（Smartphone Addition Scale-Short Version，SAS-SV）（表4-4）。它包含10个题目。

表 4-3　智能手机成瘾量表

| 项目 | 强烈不同意 | 不同意 | 稍微不同意 | 稍微同意 | 同意 | 强烈同意 |
|---|---|---|---|---|---|---|
| 1.由于玩智能手机而耽误计划好的工作。 | 1 | 2 | 3 | 4 | 5 | 6 |
| 2.使用智能手机时感觉平静或舒适。 | 1 | 2 | 3 | 4 | 5 | 6 |
| 3.无法忍受没有智能手机。 | 1 | 2 | 3 | 4 | 5 | 6 |
| 4.使用智能手机可以接触更多人。 | 1 | 2 | 3 | 4 | 5 | 6 |
| 5.与其问别人，我更倾向用手机搜索。 | 1 | 2 | 3 | 4 | 5 | 6 |
| 6.尝试缩短智能手机使用时间，但是都失败了。 | 1 | 2 | 3 | 4 | 5 | 6 |
| 7.由于玩智能手机，在执行任务或工作时很难集中注意力。 | 1 | 2 | 3 | 4 | 5 | 6 |
| 8.使用智能手机时感觉愉快或兴奋。 | 1 | 2 | 3 | 4 | 5 | 6 |
| 9.没带智能手机时感觉不耐烦或焦躁不安。 | 1 | 2 | 3 | 4 | 5 | 6 |
| 10.我和手机好友的关系比现实生活中的朋友更亲密。 | 1 | 2 | 3 | 4 | 5 | 6 |
| 11.手机电池满格也无法用一整天。 | 1 | 2 | 3 | 4 | 5 | 6 |
| 12.总想着应该缩短使用智能手机时间。 | 1 | 2 | 3 | 4 | 5 | 6 |
| 13.由于过度使用智能手机而头昏眼花或视力模糊。 | 1 | 2 | 3 | 4 | 5 | 6 |

续表

| 项目 | 强烈<br>不同意 | 不同意 | 稍微<br>不同意 | 稍微<br>同意 | 同意 | 强烈<br>同意 |
|---|---|---|---|---|---|---|
| 14. 使用智能手机时感觉自信。 | 1 | 2 | 3 | 4 | 5 | 6 |
| 15. 不使用智能手机时我也想着它。 | 1 | 2 | 3 | 4 | 5 | 6 |
| 16. 不能使用智能手机如同失去朋友一样的痛苦。 | 1 | 2 | 3 | 4 | 5 | 6 |
| 17. 周围人都说我使用智能手机的时间太长了。 | 1 | 2 | 3 | 4 | 5 | 6 |
| 18. 使用智能手机时，感到手腕或颈部疼痛。 | 1 | 2 | 3 | 4 | 5 | 6 |
| 19. 智能手机能够消除压力。 | 1 | 2 | 3 | 4 | 5 | 6 |
| 20. 即使我的日常生活受到很大程度影响，我仍不会放弃智能手机。 | 1 | 2 | 3 | 4 | 5 | 6 |
| 21. 手机好友比现实生活中的朋友更能理解我。 | 1 | 2 | 3 | 4 | 5 | 6 |
| 22. 使用智能手机比计划的时间更长。 | 1 | 2 | 3 | 4 | 5 | 6 |
| 23. 由于过度使用智能手机而感觉疲劳，缺乏足够的睡眠。 | 1 | 2 | 3 | 4 | 5 | 6 |
| 24. 在我的生活中，没有任何事情比使用智能手机更有趣。 | 1 | 2 | 3 | 4 | 5 | 6 |
| 25. 使用智能手机被打扰时令我很生气。 | 1 | 2 | 3 | 4 | 5 | 6 |
| 26. 总查看手机以防错过在 QQ、微信或微博等社交网络上与他人的交流。 | 1 | 2 | 3 | 4 | 5 | 6 |
| 27. 停止使用智能手机后迫切感觉要再次使用它。 | 1 | 2 | 3 | 4 | 5 | 6 |

续表

| 项目 | 强烈不同意 | 不同意 | 稍微不同意 | 稍微同意 | 同意 | 强烈同意 |
|---|---|---|---|---|---|---|
| 28. 没有智能手机我的生活会很空虚。 | 1 | 2 | 3 | 4 | 5 | 6 |
| 29. 着急上厕所也带着智能手机。 | 1 | 2 | 3 | 4 | 5 | 6 |
| 30. 醒来后即查看 QQ、微信或微博等社交网站。 | 1 | 2 | 3 | 4 | 5 | 6 |
| 31. 使用智能手机时感觉最自在。 | 1 | 2 | 3 | 4 | 5 | 6 |
| 32. 使用智能手机是最有趣的事情。 | 1 | 2 | 3 | 4 | 5 | 6 |
| 33. 与现实生活中的朋友或家庭成员比较,我更喜欢与手机好友交谈。 | 1 | 2 | 3 | 4 | 5 | 6 |

表 4-4 智能手机成瘾量表－简版(SAS-SV)

| 项目 | 强烈不同意 | 不同意 | 稍微不同意 | 稍微同意 | 同意 | 强烈同意 |
|---|---|---|---|---|---|---|
| 1. 由于玩智能手机而耽误计划好的工作。 | 1 | 2 | 3 | 4 | 5 | 6 |
| 2. 由于玩智能手机,在执行任务或工作时很难集中注意力。 | 1 | 2 | 3 | 4 | 5 | 6 |
| 3. 使用智能手机时,感到手腕或颈部疼痛。 | 1 | 2 | 3 | 4 | 5 | 6 |
| 4. 无法忍受没有智能手机。 | 1 | 2 | 3 | 4 | 5 | 6 |
| 5. 没带智能手机时感觉不耐烦或焦躁不安。 | 1 | 2 | 3 | 4 | 5 | 6 |
| 6. 不使用智能手机时我也想着它。 | 1 | 2 | 3 | 4 | 5 | 6 |
| 7. 即使我的日常生活受到很大程度影响,我仍不会放弃智能手机。 | 1 | 2 | 3 | 4 | 5 | 6 |

续表

| 项目 | 强烈不同意 | 不同意 | 稍微不同意 | 稍微同意 | 同意 | 强烈同意 |
|---|---|---|---|---|---|---|
| 8.总查看手机以防错过在 QQ、微信或微博等社交网络上与他人的交流。 | 1 | 2 | 3 | 4 | 5 | 6 |
| 9.使用智能手机比计划的时间更长。 | 1 | 2 | 3 | 4 | 5 | 6 |
| 10.周围人都说我使用智能手机的时间太长了。 | 1 | 2 | 3 | 4 | 5 | 6 |

## 4.问题性手机使用问卷(PCPU-Q)

该问卷由 Yen 等(2009)依据 DSM-4 中物质滥用和依赖的诊断标准编制，包含 12 个题目，用是和否来计分。前 7 个题目为近一年问题性手机使用的症状描述，如"耐受性：显著增加使用手机的频率和时长，才能使需求获得满足"。后 5 个题目描述主观功能受损，如"与朋友或同学的糟糕关系"(表 4-5)。

表 4-5 　问题性手机使用问卷

| 项目 | 否 | 是 |
|---|---|---|
| 1.耐受性：显著增加使用手机的频率和时长，才能使需求获得满足。 | 0 | 1 |
| 2.不使用手机产生的戒断症状，如兴奋、失眠、流泪、流涕、出汗、震颤、呕吐、腹泻等。 | 0 | 1 |
| 3.使用手机比预计的时间更长或更频繁。 | 0 | 1 |
| 4.持续的渴望和/或减少手机使用的企图不成功。 | 0 | 1 |
| 5.过多时间花在手机上或过多努力花在一些必须获得手机的活动上。 | 0 | 1 |
| 6.由于使用手机而放弃或减少重要的社交、学业或娱乐活动。 | 0 | 1 |
| 7.尽管认识到不少持久的或反复发生的躯体或生理问题，都是手机所引起或加重的后果，但仍继续应用它。 | 0 | 1 |

续表

| 项目 | 否 | 是 |
|------|-----|-----|
| 8.与朋友或同学的糟糕关系。 | 0 | 1 |
| 9.糟糕的学业成绩。 | 0 | 1 |
| 10.与家庭成员的糟糕关系。 | 0 | 1 |
| 11.缺乏抵抗力的身心功能。 | 0 | 1 |
| 12.财务问题。 | 0 | 1 |

### (二)基于访谈和相关量表的整合编制

#### 1.大学生智能手机成瘾量表

该表为苏双等（2014）编制并修订的智能手机成瘾量表。该量表采用五点计分法，共22道题，各题累加即为最终得分，得分越高，说明智能手机成瘾程度越高。该量表有6个维度，分别为戒断行为(7、11、13、14、15、19、21)、突显行为(1、2、4)、消极行为(3、9、10、17)、社交安抚(5、6、16)、APP使用(8、18、22)以及 APP 更新(12、20)（表4-6）。

表 4-6 大学生智能手机成瘾量表

| 项目 | 非常不符合 | 不符合 | 不确定 | 符合 | 非常符合 |
|------|------|------|------|------|------|
| 1.同学、朋友常说我花了太多时间在我的手机上。 | 1 | 2 | 3 | 4 | 5 |
| 2.我感到需要花更多时间在手机上才能得到满足。 | 1 | 2 | 3 | 4 | 5 |
| 3.把时间花在玩手机上产生的一个直接结果是我的学习效率下降。 | 1 | 2 | 3 | 4 | 5 |
| 4.朋友和家人抱怨我过多使用智能手机。 | 1 | 2 | 3 | 4 | 5 |

续表

| 项目 | 非常不符合 | 不符合 | 不确定 | 符合 | 非常符合 |
|---|---|---|---|---|---|
| 5.我宁愿选择手机聊天,不愿直接面对面交流。 | 1 | 2 | 3 | 4 | 5 |
| 6.当我伤心难过的时候,最先想到的是玩智能手机。 | 1 | 2 | 3 | 4 | 5 |
| 7.如果一段时间我的手机不在手边,我常担心错过了电话。 | 1 | 2 | 3 | 4 | 5 |
| 8.我在同一天内必须打开同一手机应用程序三次以上。 | 1 | 2 | 3 | 4 | 5 |
| 9.玩智能手机影响了我的学习成绩。 | 1 | 2 | 3 | 4 | 5 |
| 10.因为玩智能手机而造成的拖延给我带来了很多麻烦。 | 1 | 2 | 3 | 4 | 5 |
| 11.如果一段时间不能使用手机,我会感到焦虑。 | 1 | 2 | 3 | 4 | 5 |
| 12.我会关心最近新出的应用程序并把其下载到我的手机里。 | 1 | 2 | 3 | 4 | 5 |
| 13.手机是我生活中的重要部分,一旦减少,就觉得失去什么似的。 | 1 | 2 | 3 | 4 | 5 |
| 14.一段时间手机铃声不响,我会感到不适应,并下意识看一下手机是否有未接电话和短信。 | 1 | 2 | 3 | 4 | 5 |
| 15.当手机连不上网、收不到信号时,我会焦虑并且脾气变得暴躁起来。 | 1 | 2 | 3 | 4 | 5 |
| 16.我会因为用智能手机关心朋友的在线情况而难以入睡。 | 1 | 2 | 3 | 4 | 5 |
| 17.因为玩智能手机,我的学习成绩下降。 | 1 | 2 | 3 | 4 | 5 |

| 项目 | 非常<br>不符合 | 不符合 | 不确定 | 符合 | 非常<br>符合 |
|---|---|---|---|---|---|
| 18. 我会无意识地打开某些手机应用程序。 | 1 | 2 | 3 | 4 | 5 |
| 19. 我经常有"我的手机铃声响了/我的手机在震动"的幻觉。 | 1 | 2 | 3 | 4 | 5 |
| 20. 我总是关心我智能手机中已有应用程序的更新并使其保持在最新状态。 | 1 | 2 | 3 | 4 | 5 |
| 21. 没有手机我坐立不安。 | 1 | 2 | 3 | 4 | 5 |
| 22. 在和朋友无话可说时我就会打开手机上的网络应用程序。 | 1 | 2 | 3 | 4 | 5 |

## 2.中学生智能手机依赖量表

该表为向松柏等(2015)编制并修订的中学生智能手机依赖问卷,该量表采用五点计分法,共24道题,各题累加即为最终得分,得分越高,说明智能手机依赖程度越高。该量表有4个维度,分别为症状诊断(1、5、11、13、16、17、19、23)、人际依赖(3、8、12、14、18、24)、行为表现(2、7、15、21、22)、情感依附(4、6、9、10、20)(表4-7)。

表4-7　中学生智能手机依赖量表

| 项目 | 完全<br>不符合 | 不符合 | 不确定 | 符合 | 完全<br>符合 |
|---|---|---|---|---|---|
| 1. 一段时间没看手机,我就变得焦虑不安。 | 1 | 2 | 3 | 4 | 5 |
| 2. 老师提问,我喜欢用智能手机上网搜索答案。 | 1 | 2 | 3 | 4 | 5 |
| 3. 很多次,我宁愿关注微信朋友圈,也不愿做作业。 | 1 | 2 | 3 | 4 | 5 |
| 4. 朋玩手机可以让心情变得更好。 | 1 | 2 | 3 | 4 | 5 |

续表

| 项目 | 完全<br>不符合 | 不符合 | 不确定 | 符合 | 完全<br>符合 |
|---|---|---|---|---|---|
| 5.我使用手机的时间太多,结果注意力和成绩都下降了。 | 1 | 2 | 3 | 4 | 5 |
| 6.课堂上,我会因为手机需要更新软件而不能专心听讲。 | 1 | 2 | 3 | 4 | 5 |
| 7.我宁愿选择手机聊天,而不是面对面交流。 | 1 | 2 | 3 | 4 | 5 |
| 8.我常常期盼着对方回复我的短信、QQ或微信。 | 1 | 2 | 3 | 4 | 5 |
| 9.我经常害怕手机会自动关机。 | 1 | 2 | 3 | 4 | 5 |
| 10.即使没有朋友时,只要有手机在,我也不会觉得孤单。 | 1 | 2 | 3 | 4 | 5 |
| 11 手机不在身边时,我不想做任何事情。 | 1 | 2 | 3 | 4 | 5 |
| 12.我试着不在手机上花那么多时间,但没有成功。 | 1 | 2 | 3 | 4 | 5 |
| 13.关机或不带智能手机,我做不到。 | 1 | 2 | 3 | 4 | 5 |
| 14.上课时,我总是不自觉地拿出智能手机玩起来。 | 1 | 2 | 3 | 4 | 5 |
| 15.我常常在智能手机上下载游戏玩。 | 1 | 2 | 3 | 4 | 5 |
| 16.智能手机占据了我的课余时间。 | 1 | 2 | 3 | 4 | 5 |
| 17.没有手机在身旁,我会出现冒汗、头晕等症状。 | 1 | 2 | 3 | 4 | 5 |
| 18.老师讲课时,我也会时不时地想玩智能手机。 | 1 | 2 | 3 | 4 | 5 |
| 19.我常常有"手机铃声响了/手机在震动"的幻觉。 | 1 | 2 | 3 | 4 | 5 |

续表

| 项目 | 完全不符合 | 不符合 | 不确定 | 符合 | 完全符合 |
|---|---|---|---|---|---|
| 20.若手机停机,我会烦躁不安。 | 1 | 2 | 3 | 4 | 5 |
| 21.同学和父母说我花费了太多的时间在智能手机上。 | 1 | 2 | 3 | 4 | 5 |
| 22.不随身携带手机,我的朋友就联系不上我。 | 1 | 2 | 3 | 4 | 5 |
| 23.智能手机不在身旁,我觉得很难受。 | 1 | 2 | 3 | 4 | 5 |
| 24.我会因为用手机关心朋友的在线情况而难以入睡。 | 1 | 2 | 3 | 4 | 5 |

# 二、手机成瘾的诊断

## (一)临床诊断标准

### 1.手机依赖综合征诊断标准

师建国（2009）年提出手机依赖综合征的诊断标准。

症状标准:至少有下列 5 项:①手机作为唯一的通信工具,不再使用固话;②全依赖手机电话簿和短信箱,不再用大脑记忆号码和日程信息;③手机没有信号或信号减弱便开始心烦意乱,产生强烈无力感;④如果忘带手机或手机不在服务区内,马上心烦意乱,无法做其他的事情;⑤睡觉也要开手机,总害怕手机自动关机;⑥经常查看手机,一阵子没有收到短信就怀疑有问题;⑦常常觉得手机铃声响了、在振动,可是拿出来看看又没有;⑧接听电话时总觉得耳旁有手机辐射波环绕;⑨经常有手脚发麻、心悸、头晕、冒汗、肠胃功能失调,眼睛干涩、模糊,甚至有疼痛等症状出现。

严重标准:手机过多地影响生活、工作和学习等社会功能。

病程标准:符合症状标准至少 3 个月。

### 2. 手机依赖诊断量表

表现一：你总是把手机放在身上，如果没有带，就会感到心烦意乱，无法做其他的事情，甚至还有些害怕，但自己也说不清怕什么。

表现二：如果你没带手机，被告知今天没有任何工作，就是出去玩，但是你也会觉得很不踏实，坐立不安。

表现三：会总有"我的手机铃声响了"这种错觉。听到钟表的声音，会当成自己手机的声音。

表现四：有时还会产生一些幻觉，比如长期对手机特别敏感，可能没有任何的声音刺激，却总会觉得耳边好像老是有手机的铃声，要不停地去看自己的手机。

表现五：你是否经常下意识地找手机，不时地拿出手机来看看，有时候甚至老把手机攥在手里才踏实。

表现六：吃饭的时候要把它放在桌子上，总是怕漏收信息，或者漏接电话。

表现七：你晚上睡觉的时候，即便是没有什么事情也经常开着手机。

表现八：你对别人看自己的手机，不管是有意还是无意，都非常地反感，非常地恼火。

表现九：你最近经常有那种手脚发麻、心悸、头昏、出汗、胃肠道功能不好的现象。（我们通常说"心身相关"，如果你心里过分焦虑紧张，就会反映到身体上。）

表现十：在假期没有工作的时候，这时完全可以不用手机，但如果手机不在身上，你就会不踏实，觉得坐立不安，什么也做不下去。

### （二）量表诊断标准

#### 1. Lueng 的诊断标准

手机成瘾指数量表（MPAI）由 Leung（2008）编制，依据 Young（1998）的网络成瘾筛选标准，受试者在 17 个条目中，对 8 个条目做出肯定回答（得分≥4），即被界定为手机成瘾者。

**2. 苏双等的诊断标准**

大学生智能手机成瘾量表由苏双等（2014）编制且修订，该量表采用五点计分法，共 22 道题，各题累加即为最终得分，得分越高，说明智能手机成瘾程度越高。得分≥77 分，确定为"SASC 群体"（即智能手机成瘾），66—76 分为"SAC-C"边缘群体（即有智能手机成瘾倾向），≤65 分者为"SAC-C 正常群体"。

**3. Kwon 等的诊断标准**

Kwon 等（2013）依据韩国版网络成瘾量表及智能手机的功能特性编制了第一个智能手机成瘾量表。参与者的智能手机成瘾总分在 33—87 分被归为低等级，88—142 分属于中等级，143—198 分属于高等级。

后鉴于青少年群体的特殊性，Kwon 等（2013）发展出适合青少年的智能手机成瘾量表－简版。男性得分≥31 分则视为手机成瘾，女性得分≥33 分则视为手机成瘾。

**4. Yen 的诊断标准**

问题性手机使用问卷（PCPU-Q）由 Yen 等（2009）依据 DSM-4 中物质滥用和依赖的诊断标准编制，该问卷包含 12 个题目，用是否来计分。前 7 个题目中如果超过 4 个回答"是"，即被诊断为问题性手机使用。

## 三、青少年手机成瘾的发生率

中国互联网络信息中心 2021 年 8 月发布的第 48 次《中国互联网络发展状况统计报告》显示，截至 2021 年 6 月，我国手机网民规模达 10.07 亿，较 2020 年 12 月增长 2092 万，网民使用手机上网的比例为 99.6％。我国青少年约占网民总数的 34.4％。手机成瘾者（每日手机访问应用超过 60 次）从 1.76 亿增至 2.80 亿，增长 59％。手机成瘾者最常访问的前五类应用分别为：消息和社交（messaging & social）、办公工具（utilities & productivity）、游戏、金融类、新闻和杂志

（中国互联网络信息中心，2021）。熊思成等（2021）在一篇文章中总结道，手机成瘾的概率大概在26.5%到30.2%，但是样本代表性、测量工具和文化背景的异质性等因素会导致成瘾率存在一定分歧。在此，我们梳理了近年来文献报告的青少年手机成瘾发生率，以期在一定程度上揭示青少年手机成瘾的现状和特点。

从表4-8中我们可以看出这样几个特点：一是大部分研究报道的青少年手机成瘾的发生率在50%以内，且这些年来基本保持稳定；二是手机成瘾的测量工具相对分散，尚未达到统一，使用较多的是基于Young标准编制的手机成瘾界定量表；三是相对来说，国外研究者对被试信息、成瘾比率等信息描述得更为详细，我国研究者更强调澄清青少年手机成瘾的相关心理机制。此外，对成瘾率的对比发现，17至19岁最容易手机成瘾，女性更容易手机成瘾。

表 4-8 部分国家和地区青少年手机成瘾的发生率

| 国家 | 作者 | 被试年龄/岁 | 被试量 | 测量工具 | 成瘾率/% |
|---|---|---|---|---|---|
| 瑞士 | Haug et al.(2015) | 平均年龄18.2±3.6 | 1519 | smartphone addiction scale short version (SAS-SV) | 16.9 |
| 中国 | Chen et al.(2017) | 17—26 | 1441 | smartphone addiction scale short version (SAS-SV) | 29.8 |
| 韩国 | Cha et al.(2018) | 平均年龄15.76±0.78 | 1824 | smartphone addiction proneness scale | 30.9 |
| 印度 | Davey et al.(2018) | 15—29 | 400 | Smartphones and Internet Addiction scale: | 25.9 |
| 韩国 | Lee et al.(2018) | 11—13 | 224 | Smartphone Addiction Proneness Scale for Youth | 14.3 |
| 中国 | Qudah et al.(2019) | 17—24 | 449 | Smartphone Addiction Scale | 5.6 |
| 韩国 | Kim et al.(2019) | 平均年龄15.15±1.62 | 4512 | Korean Smartphone Addiction Scale (SAS) | 7.5 |

| 国家 | 作者 | 被试年龄/岁 | 被试量 | 测量工具 | 成瘾率/% |
|------|------|------------|--------|----------|----------|
| 尼日利亚 | Balogun et al. (2020) | 14—24 | 575 | 27-item mobile phone problem use scale | 46.5 |
| 巴基斯坦 | Khalily et al. (2020) | 12—19 | 702 | smartphone addiction scale-Short version | 60 |
| 日本、泰国 | Tangmunkongvorakul et al.(2020) | 16—17 | 7694 | modified version of the young diagnostic questionnaire for internet addiction | 35.9 |
| 印度 | Amudhan et al. (2022) | 12.58±0.97 | 1729 | smartphone addiction scale | 8.9 |
| 罗马 | Cinquetti et al. (2021) | 平均年龄12.87岁 | 1570 | smartphone addiction scale short version (SAS-SV) | 22.4 |

# 第三节 影响因素

刘勤学等(2017)将青少年手机成瘾的影响因素概括为手机本身因素、个体因素和环境因素三个方面,阐述了其对青少年的手机成瘾行为产生的影响。本书仍试图从手机本身因素、个体因素和环境因素三个方面总结近年来的最新研究成果,着重考察其对青少年手机成瘾的影响。

## 一、手机本身因素

### (一)功能的集合性

智能手机除传统手机的基本功能外,还能安装各种功能的 APP,从而实现社交、娱乐、游戏、生活、资讯及学习等功能的高度集合

（Kwon et al.，2013）。智能手机极其贴近用户的日常生活，易导致个体对其过度使用，在心理上产生依赖，从而成瘾（Ahn et al.，2016；Elhai et al.，2020；Elhai et al.，2019a）。

## （二）内容的个性化和定制化

智能手机能提供社交、贸易、教育、娱乐和游戏等各种应用程序（Mok et al.，2014），用户可根据个人喜好下载安装 APP，使用其偏好的功能，在多个方面实现了内容和功能的个人定制；同时，个体能动性得到极大提高，且在使用过程中能体验到较多愉悦和沉浸感，从而导致更多的手机使用行为。因此，这种个性化和定制化的功能使个体不断自我强化某种行为模式，从而成瘾（Jeong et al.，2016）。

## （三）易得性和便利性

智能手机可随身携带，且随着网络普及，智能手机用户可以在任何时间和地点进行各种活动，如查看邮件、购物或者浏览社交网站等，便利性极大提高（Ahn et al.，2016）。这种特性使得个体在智能手机使用过程中，付出较少的精力就能提高工作和学习效率，其满足感提高，更依赖智能手机，更可能导致成瘾（Hsiao et al.，2016）。

# 二、个体因素

## （一）人口学因素

性别、年龄、学历等人口学变量影响手机的使用。有研究发现，女性手机成瘾倾向性高于男性（Demirci，et al.，2015；Mok et al.，2014），但也有研究发现男性更易对智能手机成瘾或男性和女性之间差异不显著。研究结果不一致的主要原因在于研究所用工具信效度未得到检验，或使用传统手机成瘾量表测查智能手机成瘾，结论不一定可靠。总的来看，考虑到智能手机成瘾的特征，已有研究倾向于认为，女性成瘾倾向性要高于男性。智能手机成瘾在年龄差异上的研究结果也不一致。有研究发现,年龄小的个体更易智能手机成瘾(Bian et al.,2014;Mok et al.,2014),但有研究发现高中生智能手机成瘾程度高于初中生。同时,Demirci 等（2015）的研究没有发现年龄差异。

除此之外,生源地和学历也可能带来差异(Kwon et al.,2013)。

### (二)人格因素

研究发现,外倾性人格的个体更倾向于拥有和使用智能手机,且能正向预测智能手机成瘾(Billieux,2012)。高交流需要和渴望融入社会的个体网络社交和使用智能手机的时间更长,频率也会更高,更容易导致成瘾(Park et al.,2013)。同时不同人格维度对手机使用的影响不同,如开放性人格与神经质智能手机成瘾正相关,责任性人格与智能手机成瘾各维度显著负相关。此外高冲动性、感觉寻求和高冒险人格都能正向预测智能手机成瘾(Jeong et al.,2016)。有研究发现,创新性人格的个体更易接受和购买智能手机,并下载和使用各种新的 APP,更易成瘾,但也有研究未发现这一预测作用(Park et al.,2013)。

### (三)情绪体验

研究者发现,沉浸体验直接影响智能手机成瘾,且在便利性和智能手机成瘾间起中介作用。个体在使用智能手机时体会到的愉快和满足感,使个体易成为智能手机的忠实粉丝,导致成瘾(Hsiao et al.,2016)。研究者对基本用户(主要使用电话和短信功能)和高级用户(主要使用相机、社交网络、音乐、视频等功能)的比较分析发现,高级用户能比基本用户获得更高水平的快乐,成瘾程度也更高。同时,有研究发现孤独感水平能有效预测智能手机成瘾。但也有其他研究未发现这一预测作用,目前仍存在争议(Jeong et al.,2016)。

### (四)使用动机

研究发现,有高的交流需要和社会融入动机的个体,使用 SNS 应用程序多,从而增加了其使用智能手机的时间和频率,更易成瘾(Park et al.,2013)。也有研究发现,为了娱乐而使用智能手机的个体的使用时间会不自觉地增多,易成瘾(Hsiao et al.,2016;Jeong et al.,2016),单纯为了消遣使用智能手机也易导致成瘾(Zhang et al.,2014),而信息寻求或学习则不会导致成瘾(Jeong et al.,2016)。

## 三、环境因素

### (一)家庭因素

家庭背景理论认为,消极的家庭环境是青少年成长过程中的风险性因素。青少年是个体发展的特殊时期,家庭中的消极因素(如父母婚姻冲突等)会导致青少年产生消极、不稳定的情绪,伴随着各种问题行为,如手机成瘾。

#### 1.父母教养方式

有研究者发现,家庭教养方式、亲子关系是青少年手机成瘾的两大重要影响因素。当父母的偏爱和保护越多,或者对孩子拒绝、干涉以及强制程度越高时,青少年越容易手机成瘾。在溺爱型和放任型教养方式下成长的个体更容易发生手机依赖。李文福等(2021)考察了父母教养方式(即拒绝、情感温暖和过度保护)与青少年手机成瘾的关系,发现父母拒绝、过度保护与手机成瘾正相关,而父母情感温暖与手机成瘾负相关;这意味着在智能手机泛滥的背景下,父母对子女偏爱或者强制要求会提高青少年手机成瘾的水平,对他们的发展极为不利。

#### 2.父母心理控制

父母心理控制是父母通过言语或非言语的方式侵犯性地控制青少年的感受和想法,破坏他们的自主性发展,不理睬孩子的情感和心理需要的一种控制行为。根据自我决定理论的观点,当父母教养行为(如心理控制)不能满足孩子的心理需求时,将会引发孩子适应不良

（如手机成瘾）。研究表明,父母心理控制与青少年的手机成瘾发展存在密切关系。

### 3. 父母婚姻冲突

父母婚姻冲突是指父母因意见不一致或其他原因而产生言语或身体的攻击、争执。研究表明,父母婚姻冲突与青少年手机成瘾关系密切,是青少年网络成瘾的重要预测因素。随着父母婚姻冲突的程度加深,家庭关系更加不稳定,青少年手机成瘾行为会明显加重。

### 4. 父母虐待和忽视

父母虐待儿童的形式包括身体虐待、心理虐待、性虐待和忽视,其中忽视是最为普遍的一种类型。父母忽视是抚养者长期忽略儿童需求(包括情感需求、身体需求、监督需求和认知需求)的行为,这种行为会危害儿童的健康发展。有研究者提出,生长在虐待家庭环境的儿童较难完成阶段性发展任务,进而会导致一系列内外化问题。心理虐待是重要的虐待类型之一,主要包括拒绝、恐吓、孤立、剥削和无视儿童的情感需要等行为,是青少年问题行为的重要预测指标(Arslan,2016)。童年期的心理虐待反映了不良的教养方式,而父母的教养行为对儿童问题行为有重要影响(Aunola et al.,2017)。例如,在大学生群体中,心理虐待经历能够直接预测手机成瘾。

### 5. 父母干预

父母干预(parental mediation)是指父母为了发挥媒介的积极作用,避免媒介对儿童青少年的消极影响而主动采取的措施。有研究者将父母干预分为五种形式,分别为积极干预(父母通过解释和讨论等互动形式对媒介内容、使用方式等提供指导)、时间限制(父母严格控制媒体使用时间)、内容限制(父母对媒介内容进行控制,如禁止观看某些内容)、共同使用(在没有父母指导或讨论的情况下,亲子共用媒体)和父母监控(父母跟踪孩子的在线活动和使用记录,如查看电子邮件和网站访问)。

父母干预理论认为,父母干预是父母管理子女媒介使用的特定教养方式,是减少网络成瘾行为的有效方法,也是促使青少年从数字技术中受益和避免网络风险的重要策略。最新研究表明，积极干预与青少年的手机成瘾呈负相关（Fu et al.，2020），但限制策略（时间限制和内容限制）、父母监控与手机成瘾的研究结果存在分歧。有研究认为限制策略和父母监控均可以减少手机成瘾行为，也有研究认为限制型干预和父母监控会增加青少年手机成瘾行为。有研究发现积极干预是减少青少年手机成瘾的有效策略，内容限制和父母监控会增加青少年手机成瘾倾向。应鼓励父母采取积极干预的方式来改善青少年手机成瘾倾向。在人类生活越来越离不开网络的时代背景下，强硬限制青少年用手机不可取也行不通。

### 6. 父母电子产品干扰

手机及各种各样的电子设备，比如电脑、游戏机、电视等都对各种社会性人际互动活动（包括夫妻关系、情侣关系、朋友关系等）产生侵入、干扰和破坏，这一现象被称为电子产品干扰（technoference）（McDaniel et al.，2018）。亲子互动中的这种电子产品干扰可能会导致儿童青少年的问题行为和情绪功能紊乱（Stockdale et al.，2018）。丁倩等（2018a）的最新研究发现，父母电子产品干扰（如父母"低头族"）与青少年手机成瘾呈显著正相关。因此，青少年父母，尤其是母亲，应合理、适量地使用各种电子产品，以便为青少年提供良好榜样，降低其手机成瘾发生的概率。

## （二）学校因素

### 1. 学校氛围

学校氛围（school climate）是指学校生活的质量和特征，包含教师支持、同学支持和自主性机会三个组成部分，反映学校的准则、目标、价值观、人际关系、教与学的实践经验和学校的组织结构。研究发现，校园氛围能够显著负向预测青少年手机成瘾。根据发展系统理论的观点，青少年的发展与其所处的环境息息相关，在手机成瘾的影响因素中，感知校园氛围是不容忽视的重要内容。处在积极的校园氛围的青少年会更少出现手机成瘾的倾向，而处在消极的校园氛围的个体手机成瘾的倾向会大大增加。可见,感知校园氛围在手机成瘾中扮演着极为重要的角色。

### 2.学校适应

学校适应是指学对学校生活各个方面的成功适应的自我感知,包括人际关系、学习、校园生活、职业选择、情感、自我、自我满足等。研究发现,学校适应能够显著负向预测手机成瘾,其中人际适应尤为突出,有研究发现,人际适应可以负向预测大学生手机成瘾。大学生进入大学校园后,在面对新的人际交往时如果缺乏良好的人际适应性,就会影响个体对自我的认知、体验和评价,可能会造成个体自我接纳程度低、自我控制能力差、自我价值感低等情况。虚拟的网络世界,可满足个体的人际交往需要,提升个体的价值感,从而导致手机成瘾行为的出现。

## (三)同伴因素

### 1.同伴比例

由于手机在青少年中普遍存在,关注玩手机的同伴数量对个体的影响具有重要的研究价值。目前,只有少数研究探讨了这个问题。例如,有研究发现,85%的青少年报告他们购买手机是因为同伴群体交往的需要;有研究发现同伴使用手机的情况也会影响青少年的手机使用情况,当同伴过度使用手机时,青少年也会习惯性使用手机。上述研究提示,父母可以从孩子的朋友圈着手改善孩子的手机成瘾问题。在手机成瘾的干预中,教师需要充分考虑同伴的影响。具体而言,可以通过教导学生选择不玩游戏的同伴或与玩游戏但尚未成瘾的同伴一起参加辅导的方式,利用同伴的力量来对手机成瘾进行干预。

### 2.同伴依恋

青少年时期,个体寻求亲密感和情感支持的对象由父母转向同伴,同伴在青少年认知、情感、行为及人格的健康发展与社会适应中发挥着重要的作用(雷雳等,2009)。青少年同伴依恋是其与同伴之间建立的、双方互有的亲密感受，以及相互给予温暖和支持的关系（张国华等，2009）。根据依恋理论，安全依恋的个体有更高的自我价值，能够更好地应对压力，并对他人怀有善意的信任，这些使其拥有积极乐观的生活态度，减少情绪和行为问题；不安全依恋个体则容易出现适应不良问题，从而导致一系列心理问题和行为障碍，如焦虑、抑郁、攻击性行为和物质依赖等。相关研究也证实，不安全型依恋的青少年更易产生手机成瘾行为。

**3.同伴侵害**

近年来，在青少年手机成瘾的众多影响因素之中，同伴侵害的作用受到了越来越多研究者的关注。同伴侵害（peer victimization）是指遭受来自同伴的身体、关系、言语等的攻击行为。青春期青少年与同伴相处的时间越来越长，受同伴的影响越来越大，遭受同伴侵害的青少年可能依赖手机来应对这一压力。大量实证研究表明，同伴侵害是青少年问题行为的重要风险预测因素（Chen et al.，2021b；Zhu et al.，2016）。当青少年遭受同伴侵害时，其焦虑、抑郁情绪增加，进而增加了手机过度使用的风险。此外，遭受同伴侵害的青少年往往伴随着同伴交往、学校参与水平的下降，从而导致同伴联结水平降低。依据社会控制理论，若个体与社会重要团体（如学校、同伴）的联结程度下降，将会较少受到这些团体的约束和影响，而增加其沉迷手机等风险行为。同时，受到同伴侵害的青少年往往会被其他同伴群体拒绝而缺乏亲密的伙伴关系，而网络又提供了一个更加广阔的空间，于是他们更可能通过网上虚拟的空间来逃避现实生活环境，寻找可信赖的群体，逃避广泛的社会关系。正是这种奖赏刺激吸引了受同伴侵害的青少年沉迷手机（Chen et al.，2021b）。

# 第四节　影响后果

近年来，青少年手机成瘾逐渐成为一个公共卫生问题。长期沉迷于手机会给青少年的日常生活、社会交往、心理健康等方面带来破坏性影响。但是手机成瘾对青少年身心发展的影响作用和机制比较复杂，在此我们选取研究成果相对充分的几个方面来进行阐述。

# 一、决策障碍

## （一）冲动性选择

冲动性选择体现在个人的选择动机和决策风格上，例如人们在做选择时常常偏好较小的即时回报而非较大的延迟回报，通常用延迟折扣任务来反映冲动性选择（Grant et al.，2014）。延迟折扣任务（delay discounting task，DDT）是指与一个立即可得的强化物相比，另一个被延迟一段时间的强化物的价值会打折扣，在这两种强化物之间，人们常常会选择前一种。实验结果表明，无论延迟时间长短，高手机成瘾组的延迟选项选择百分比都远远低于低手机成瘾组。也就是说，高手机成瘾组比低手机成瘾组更倾向于选择即时回报但价值较小的选项，这反映出其决策行为的冲动性特征。研究发现，高无聊倾向是手机成瘾的风险因素。该结果可由手机成瘾的冲动性路径（Billieux et al.，2015）进行解释，即个体因受较差的冲动控制能力的影响而产生过度使用手机的冲动（Liu et al.，2018）。无聊倾向水平高的大学生常常体验到冲动控制的问题（Isacescu et al.，2018；Struk et al.，2016），因此，无聊倾向可以视为手机成瘾的冲动性路径中的一部分（Elhai et al.，2017）。该结果也契合了特定网络使用失调行为形成的人格-情感-认知-执行交互模型（Brand et al.，2016），即无聊倾向会影响个体的认知和情绪反应，增强个体通过使用某一应用来减轻其消极体验的渴望。具体而言，无聊倾向水平高的个体难以将注意力指向某一刺激或通过尝试其他事物来减轻无聊体验，他们更倾向于沉浸在手机中来逃避现实问题，回避无聊体验。这些都使青少年更容易被手机吸引，沉迷于其中无法自拔。

### （二）风险决策

与其他依赖综合征中发生的情况类似，手机成瘾者的决策可能受到损害。这种决策过程中的损害可能会使受试者容易对手机上瘾，并增加手机成瘾的负面后果。但相较于网络成瘾而言，手机成瘾者更外向、冲动，更有可能寻求新奇（Smetaniuk，2014）。因此，他们选择使用手机作为短期奖励，这可能是成瘾发展的一个风险因素，并可能导致长期的损害，如人际关系质量的降低。根据其结果的概率，决策可分为两种亚类型：模糊性决策和风险决策。在风险决策中，受试者会得到明确的规则，在做出任何选择之前，可以通过选项的风险计算进行选择。在每个结果的概率确定的情况下，风险下的决策更经常被观察到。三项研究评估了 SA 受试者的风险决策。他们使用"跨期选择测试"（ICT）来获取风险下的决策，发现手机成瘾者的风险决策受到损害。有研究者使用骰子任务游戏（GDT）、爱荷华赌博任务（IGT）测试，发现手机成瘾者对奖励的敏感性更高，对惩罚的敏感性更低。

## 二、身体健康受损

首先，手机过度使用会直接对人体器官、组织造成不可逆的损害。早期的研究显示，长期暴露在手机辐射的环境中，会引起神经和内分泌功能紊乱，使多种细胞表达因子出现异常。后续相关研究均支持了这一研究发现。如有研究显示，手机依赖会致使个体脑灰质体积发生变化，损害与决策、冲动控制、奖赏、情绪加工管理相关的大脑区域。既有研究还发现，长时间使用手机会诱发眼部疾病，引起包括眼睛疲劳、干燥、视物模糊、眼睛发红等症状；对拇指和手腕的过度损耗还会引发腱鞘炎、手部功能障碍。颈部和肩部疼痛也与手机依赖有关，因为长久维持一个姿势会导致局部压力过大而出现肌肉损伤。

其次，不受控制的手机使用会直接或间接地影响睡眠质量。如果每天使用时间超过七小时，就会出现头疼、焦虑、认知能力变差、睡眠质量下降等一系列的身体负面反应，严重者还会产生手机振动的幻听。基于医学生手机使用和睡眠模式的研究显示,手机使用时长和睡眠质量呈负相关;每日使用时长超过两小时会导致睡眠障碍、日间功能紊乱及学习能力下降等连锁反应。手机成瘾除了以直接剥夺睡眠时间的方式干扰睡眠质量外,还通过焦虑和反刍思维的中介机制加重睡眠问题。

最后,体育锻炼时间的剥夺引发体质水平的下降。Barkley 等(2016)以美国中西部大学生为样本的研究发现,手机依赖对身体素质存在着负向影响。这种负向影响是通过过度使用过程中的久坐行为和运动期间的身体活动强度降低来实现的。以中国大学生为样本的研究也显示,非手机依赖组的体质水平显著优于普遍缺乏体育锻炼的手机依赖组;多元回归分析结果还表明,手机依赖是影响体质水平的重要因素。

## 三、学习倦怠

学习倦怠是一种发生于正常人身上的、持续的、负性的、与学习相关的心理状态,是学生学习心理的重要指标,反映他们对待学习的一种消极反应。学习倦怠在生理上表现为学习时常感到疲劳;在情绪上,表现为对学习失去兴趣,学习成就感低;在行为上,表现为学习效率低,对学习敷衍了事,出现逃课、不听课等行为。在中职生中,手机成瘾倾向高的学生,更容易产生学习倦怠。手机使用挤占了很多学生应用来学习和休息时间,影响了其正常的作息,从而增加了疲劳感,与此同时,忽视了学习上的自我督促,降低了学习效率,从而产生了厌学情绪和低成就感(Rostamoghli et al.,2013;Wood et al.,2012)。除学习倦怠,手机成瘾还和学业拖延有紧密的关系。研究表明,手机成瘾和学业拖延呈显著正相关,手机成瘾可正向预测学业拖延。学业拖延是一个包含认知、情感和行为的复杂过程。其主要表现为在学习情景中的拖延行为,通常在学习过程中学生有学习的倾向,但没有表现出与倾向相符的行为,他们能够完成学习目标,但学习结果却不符合标准,且在达到目标的过程中伴有焦虑、抑郁等消极情绪。有研究者发现,学业拖延是手机成瘾和学习倦怠的中介变量。学业拖延容易导致学生不能按时上交作业,甚至一拖再拖,或临时抱佛脚,作业质量不高。这一问题严重影响学生对学习的热爱,难以养成积极的学习精神和意志品质。

## 四、情绪与心理健康问题

手机的过度使用或者手机成瘾,与一系列负性情绪的产生发展以及心理健康水平的下降有关。手机成瘾者容易表现出明显的情绪问题,可能引发或者与焦虑、抑郁等症状共存,然而研究者们对相关心理过程发生的潜在机制知之甚少。手机成瘾可能通过破坏个体的情绪调控能力,影响情绪平衡(刘庆奇等,2017)。进一步研究发现,手机使用强度较高的个体在日常休闲活动中有更多的消极情绪体验(Lepp et al.,2015),手机成瘾水平高的个体也往往面临着更多的人际关系困扰,以及由此带来的焦虑和抑郁情绪(Chen et al.,2016)。

后续研究表明,过度使用手机的青少年也表现出其他心理社会和精神病理的异常,比如智能手机成瘾可能会引发焦虑情绪、睡眠障碍、注意缺陷,甚至可能导致抑郁、自杀等心理和行为问题。一篇文献综述报告称,有问题的智能手机使用与抑郁和焦虑严重程度相关(Elhai et al.,2017)。这种关联在大学生中也很显著。其中 Jun(2016)分析了 1877 名韩国青少年三年的纵向数据,基于自回归交叉滞后模型,发现手机成瘾和抑郁症状之间的因果关系在三年内是双向的。手机成瘾可以预测一年后的焦虑、抑郁,学校适应是其中介(Zhang et al.,2020)。值得一提的是,也有研究表明,半年前的抑郁症状、不良睡眠质量和自杀意念可以预测之后的手机成瘾(Zhao et al.,2021)。

## 第五节　预防与干预

前已述及,青少年手机成瘾的影响因素大体包括手机相关因素、个体因素和环境因素三个方面。环境因素中的家庭因素，受到研究者的格外关注。因此，针对青少年手机成瘾的预防和干预，也有不少研究者试图从上述方面进行探索。

## 一、预防策略

以往大量研究表明，父母、学校以及同伴等因素对青少年手机成瘾具有重要影响（丁倩等，2018a）。雷雳等（2018）从家庭、学校和社会三个层面提出青少年网络成瘾的干预路径，同样适用于青少年手机成瘾，在此简要阐述。

### （一）家庭路径

家庭环境是个体社会化的最初场所，对于个体发展有着重要而持续的影响。随着个体年龄的增长，青少年与家庭的联系会减弱，但家庭环境的影响会长期存在，并有着不可替代的作用。根据以往研究，基于家庭的青少年手机成瘾的预防应该集中于教养方式、亲子关系、家庭活动和父母对于手机行为的监控这几个方面。

一是适宜的教养方式，父母的情感和理解可预防青少年手机成瘾，而惩罚和严厉、拒绝和否认、过度保护和干涉则更多与青少年手机成瘾有关；二是加强父母的行为控制，削弱父母对孩子的心理控制；三是增加家庭活动和亲子沟通，促进亲子关系；四是解决夫妻之间的分歧，父母尽量减少冲突行为；五是父母要为青少年制定严格的规范，而且还要约束自己的手机使用行为。

### （二）学校路径

学校是青少年生活的主要场所，在青少年手机成瘾的预防和干预方面也起着非常重要的作用。根据以往研究，结合中国学校的特点，基于学校的青少年手机成瘾的预防和干预可以集中在以下几个方面。

一是学校可以通过降低青少年的学习压力和提升青少年学业自我效能感来对青少年手机成瘾进行预防和干预；二是学校可以改善青

少年同伴关系质量、优化同伴交往结构；三是改善师生关系，为青少年提供有效的社会支持；四是制定明确的网络使用规范，引导学生健康地使用网络。

## （三）社会路径

以往研究大多从家庭和学校的角度分析手机成瘾的原因，并提出基于家庭和学校的干预方案，很少有研究者从社会路径出发关注政府和企业在这一过程中所起到的作用。应该重视政府和企业在青少年手机成瘾预防中的作用。

政府在青少年手机成瘾的预防和干预过程中应发挥关键作用，包括宣传手机成瘾的相关信息和知识，支持干预手机成瘾的相关机构发展，制定并实施干预手机成瘾的政策法规。企业若能参与手机的干预和矫治，也将对其自身发展起到积极的作用。企业可结合自身特点，优先选择一些活动，包括线下体育活动和线下社交活动。

# 二、干预效果

目前，关于青少年手机成瘾的实证干预研究相对较少，总体效果并不理想。张铭等（2019）的综述文章介绍了手机成瘾的干预方法（包括认知疗法、运动疗法和环境干预），分析了治疗原理，并进行了总结和展望，感兴趣的读者可以阅读参考。在此，我们通过对现有研究的梳理，选取其中比较成熟的干预模式为读者作介绍，以期推动青少年手机成瘾的干预实践工作。

### 1. 认知疗法

认知疗法主要通过调节不恰当情绪的方式进行干预，以帮助患者摒除错误认知，达到调整情绪和减少成瘾行为的目的。以往有关网络成瘾的研究表明，认知行为治疗能有效缓解强制性互联网使用，且作用效果有持续性。手机依赖和网络成瘾的症状相似，基于此，学者开发了一系列手机依赖的干预方法，主要包括认知行为治疗、正念认知疗法、焦点解决疗法、抑制控制训练、团队辅导及其综合运用等。有研究者针对韩国中学生设计了一套手机成瘾预防项目,发现认知行为治疗能有效提升个体自尊、减少手机使用。研究者基于系统脱敏理论,运用正念认知疗法对被试进行了团体辅导,结果表明,青少年在情绪失控、戒断性以及回避现实等维度均有所好转。研究者为期 6 周的干预实验研究表明,焦点解决短期疗法有助于改善手机依赖状况,提升人际交往水平,减轻强迫症状。研究还发现,抑制控制训练对手机依赖的干预效果显著;经过 8 周的个体辅导后,手机依赖程度和手机使用时间均出现了显著下降,但干预效果只能维持 3 个月左右。值得注意的是,采用综合干预的实验研究显示,短期综合干预、正念认知行为团体治疗和焦点解决短期个案治疗对手机成瘾的干预均有显著效果;正念认知行为团体治疗对成瘾者冲动性的干预效果最佳,而焦点解决短期个案治疗虽优势明显但因样本不足缺乏代表性。对比不同干预方式的近期和远期效果发现,单独的抑制控制训练和积极情绪训练与两者相结合的综合干预均能减少手机使用时间、降低手机依赖水平。其中综合干预的效果最好,而积极情绪训练和综合干预均具有较好的远期效果。

**2. 运动疗法**

早在 2013 年 Kim 就提出了系统运动干预的观点(Kim,2013)。既有研究总体上证实了运动疗法对成瘾类行为的干预效果,其机理是,运动之后高度兴奋的神经细胞得到休息和调整,增强了个体对外界变化的情绪适应能力。研究者为期 18 周的运动干预研究显示,排球运动项目可有效转移大学生的不良情绪、改善人际关系及显著减少手机使用。此外,户外拓展训练对大学生的手机依赖行为、情绪控制等作用显著。运动干预虽然总体上效果显著,但也存在着边界条件。群体运动项目干预结果显示,运动干预虽能明显改善中轻度手机成瘾问题,但对重度手机成瘾患者的效果甚微,其中的原因是重度患者可能已经上升至病理性的程度。尽管直接面对面的交流对改善抑郁和手机依赖之间的恶性循环有增益作用,并能提供更好的情感和社会支持,但运动疗法需要强大的自控力以及外部监督力量,极易受到其他无关因素的干扰。一旦外部监督力量减弱,运动疗法的效果就可能出现反弹。因此,运动疗法的有效性和持久性需要更多的实证研究来检验。

### 3. 环境干预

环境干预是一种隐性干预方式,主要以家庭、学校、社会为主体进行单独干预或协同干预,经由家长的言传身教、学校的引导教育、规范的网络管理制度等方式营造良好的社会氛围,增强对手机依赖的"免疫力"。该方式需要个体的积极配合和完善的监督体系,否则干预效果会大打折扣。师建国(2009)基于系统脱敏法认为,可以强制要求手机依赖患者在规定时间内不使用手机,在必要时对重度患者还可配合抗焦虑、抗抑郁的药物治疗。Lee 等(2014b)针对不同群体的特点并结合多种干预疗法,开发了一个适合所有人的智能手机成瘾管理系统。该系统将用户手机客户端的软件使用情况上传到网页后台并进行数据处理;基于数据分析结果对不同上瘾程度、不同类型的对象做出不同反馈,如对初高中的学生设置使用限制功能,并在上课时发出禁止使用的提示。环境干预因涉及众多可控和不可控的影响因素,且干预过程复杂,目前代表性实验研究还较为少见。

## ◀◀ 拓展阅读

### 国外何时要求"禁止手机进课堂"

欧洲第一个禁止学生在上课时使用手机的国家是意大利。2007 年,意大利颁布规定,只要学生在学校使用手机,校方有权没收,甚至取消期末考试资格。2019 年 1 月,意大利教育官员进一步向国家议会提出"中小学禁止携带手机"的议案,要求立法禁止中小学学生及老师,在校园里使用手机以及非教学类电子产品。

英国教育标准局 2012 年就禁止中小学生带手机进教室,教育督察部门会约谈没有执行的学校。据英国《每日电讯报》报道，"英格兰年度最佳私校"布莱顿中学禁止学生在教室、餐厅使用手机；教职员一视同仁。学校还安排"排毒时间"，11至14岁学生必须每天将手机交给老师全天保管；15岁学生每周自己选三天、16岁学生每周选两天，最高年级的学生得证明有使用手机的自制力，否则同样得交出。

丹麦从2017年底开始，有四成学校禁止学生使用手机。

希腊也禁止中小学生在校园内使用手机及其他电子设备，尤其是有拍照或录音的产品；教师使用的相关设备必须由学校统一提供。

法国总统马克龙竞选时，把校园禁用手机作为主要教育政策，并在2018年9月开始严格执行。

美国学校通常要求学生将手机放在个人置物柜，不得带进教室。被发现违规，校方会将手机放进纸袋，请家长到校认领。如果学生不配合，学校有权请校警要求学生离开学校。

# 第五章  网络游戏成瘾

◀◀ **批判性思考**

1.2019 年 5 月 25 日,世界卫生组织(WHO)年度大会,同意并通过了《国际疾病分类(第 11 版)》(ICD-11)。ICD-11 正式认定游戏障碍(gaming disorder)为一种精神疾病,该标准将于 2022 年 1 月 1 日正式生效。这意味着,在 ICD-11 正式版中游戏障碍被列入物质使用和成瘾行为障碍。相当多的临床医生和家长对此表示支持,但也有很多学者认为对这个领域的研究还不成熟,过早把游戏障碍列为精神疾病可能带来很多负面影响。对此你怎么看?

2.目前发表的游戏成瘾量表种类繁多,大部分具有良好的心理测量学特性。在选择使用该类量表时,你认为需要注意哪些问题?

3.2021 年 8 月底,国家新闻出版署下发《国家新闻出版署关于进一步严格管理  切实防止未成年人沉迷网络游戏的通知》。通知要求所有网络游戏企业仅可在周五、周六、周日和法定节假日每日 20 时至 21 时向未成年人提供 1 小时服务,其他时间均不得以任何形式向未成年人提供网络游戏服务;严格落实网络游戏用户账号实名注册和登录要求,不得以任何形式向未实名注册和登录的用户提供游戏服务;各级出版管理部门要加强对防止未成年人沉迷网络游戏有关措施落实的监督检查,对未严格落实的网络游戏企业,依法依规严肃处理。你认为该通知可能对预防青少年网络游戏成瘾起到哪些积极作用? 在落实过程中应该注意什么?

## ◀◀ 关键术语

　　网络游戏,手机网络游戏,DSM-5,网络游戏成瘾,游戏障碍,青少年玩家,游戏体验,亲子关系,父母网络监管,同伴侵害,学校氛围,攻击性,亲社会行为,冲动决策,抑郁,心理健康,干预策略,心理治疗,认知行为疗法,家庭治疗,综合模式

本章主题为青少年网络游戏成瘾,我们将概述网络游戏成瘾的概念,介绍青少年网络游戏成瘾的测量、评估与诊断,澄清青少年网络游戏成瘾的影响因素及其后果,为读者和研究者揭示青少年网络游戏成瘾的现状和特点,并简述青少年网络游戏成瘾干预和治疗的最新研究进展。

## ◀◀ 热点扫描

　　共青团中央维护青少年权益部、中国互联网络信息中心《2020 年全国未成年人互联网使用情况研究报告》显示,62.5% 的未成年人网民会经常在网上玩游戏,在工作日玩手机游戏日均超过两小时的达到 11.5%。不可回避的是,在上述玩手机游戏的未成年人中,已经有部分未成年人严重沉迷。

# 第一节　概述

网络游戏成瘾的概念来源于网络成瘾(Davis,2001;Young,1999)。目前对网络游戏成瘾的表述和称谓较多,尚未形成统一的概念,有网络游戏成瘾(online gaming addiction)、网络游戏障碍(internet gaming disorder)、病理性网络游戏使用(pathological internet game behavior)、问题性网络游戏使用(problematic internet game behavior)等。DSM-5工作组评估了来自不同的出版物上240多份相关主题的文献,包括游戏或者网络使用障碍(gaming or internet use disorder)、游戏/网络成瘾或者依赖(gaming or internet addiction or dependence)、病理性或者问题型游戏(pathological or problematic gaming)等,最终将网络游戏障碍纳入DSM-5的候选名单,但仍称其缺乏标准定义(American Psychiatric Association,2013)。可以看出,分歧主要集中在应采用"网络游戏障碍"还是"网络游戏成瘾"的概念,原因是缺乏充分的、针对不同人群和使用不同工具的研究。

虽然研究者对网络游戏成瘾这个概念提出了质疑,但上述概念基本上都受到学术界的认可。例如,Davis(2001)参照病理性网络使用的多维目的和特定目的,认为网络游戏成瘾属于特殊病理性网络使用。李欢欢等(2008)认为网络游戏成瘾是指个体过于迷恋网络游戏、过度卷入到网络游戏的娱乐功能之中。Petry等(2013)认为,网络游戏障碍是指个体反复过度地使用网络游戏导致的一系列精神行为障碍。还有学者认为,网络游戏成瘾指个体不能控制地、过度地或强迫性地玩网络游戏而造成生理、心理及社会功能受损(Yu et al.,2015)。雷雳等(2018)综合以往的研究,将网络游戏成瘾定义个体无法控制自己的网络游戏行为,并因为网络游戏而产生各种负面影响,而且在不玩网络游戏时有明显的戒断症状。总的来说,上述概念并无本质区别,不同的概念基于不同的理论框架和症状特征,都在某种程度和范围揭示了网络游戏成瘾的概念内涵和外延。但是只有找出可用于明确定义网络游戏成瘾的核心标准,才能使其成为一种独立的精神障碍。

# 第二节 测量与评估

## 一、网络游戏成瘾的测量

了解了网络游戏成瘾的概念及其起源,有助于我们开发相应的网络游戏成瘾的测量工具。研究者基于不同的理论基础(如病理性赌博的模型,Young,1999;病理性互联网使用的认知-行为模型,Davis,2001)和诊断标准(如 DSM)等,编制了多个版本的网络游戏成瘾量表。其中部分是根据网络成瘾量表改编而来的。我国研究者通过实践验证、修订已有的量表,使量表的心理测量学指标得以优化。下面根据量表类型和发表年代介绍几个目前研究中使用相对广泛、颇受认可的量表,供相关领域的读者参考。

### (一)基于 DSM 编制的网络游戏成瘾量表

#### 1. Young 版网络游戏成瘾量表

Young 最先以《精神疾病诊断和统计手册(第 4 版)》(DSM-4)中病理性赌博(pathological gambling)的诊断指标为基础,编制了网络成瘾量表(Internet Addiction Scale)。由于网络游戏成瘾经常被当作网络成瘾的一个子类型,所以很多研究者将表述中的"网络"替换为"网络游戏",改编为网络游戏成瘾量表对网络游戏成瘾进行测量(马庆国等,2011)。改编后的网络游戏成瘾量表有两个版本,一个为 8 个项目的简版量表,另一个为 20 道项目的完整版量表(表 5-1 和 5-2)。对被试从"完全不符合"到"完全符合"进行五级评分,量表得分越高表明游戏成瘾程度越深。

表 5-1　网络游戏成瘾简版量表

| 项目 | 完全不符合 | 不符合 | 无法确定 | 较符合 | 完全符合 |
|---|---|---|---|---|---|
| 1.觉得脑子里想的全是玩网络游戏的事情(总想着先前玩游戏的经历或下次去玩的事情)。 | 1 | 2 | 3 | 4 | 5 |
| 2.感到需要花更多时间玩网络游戏才能得到满足。 | 1 | 2 | 3 | 4 | 5 |
| 3.多次努力试图控制、减少或者停止玩网络游戏,但没有成功。 | 1 | 2 | 3 | 4 | 5 |
| 4.当减少或停止玩网络游戏时,会感到心神不安、郁闷或者易激惹。 | 1 | 2 | 3 | 4 | 5 |
| 5.每次上网玩游戏实际所花的时间都比计划的时间要长。 | 1 | 2 | 3 | 4 | 5 |
| 6.因为上网玩游戏而损害了重要的人际关系,或者损失了受教育或工作的机会。 | 1 | 2 | 3 | 4 | 5 |
| 7.曾向家人、朋友或他人说谎以隐瞒自己玩网络游戏的卷入程度。 | 1 | 2 | 3 | 4 | 5 |
| 8.把玩网络游戏作为一种逃避问题或排遣不良情绪(如无助感、内疚、焦虑、沮丧)的方法。 | 1 | 2 | 3 | 4 | 5 |

表 5-2　网络游戏成瘾完整版量表

| 项目 | 完全不符合 | 不符合 | 无法确定 | 符合 | 完全符合 |
|---|---|---|---|---|---|
| 1.上网玩游戏常常超过自己事先规定的时间。 | 1 | 2 | 3 | 4 | 5 |
| 2.因为上网玩游戏而忘了做作业。 | 1 | 2 | 3 | 4 | 5 |
| 3.经常觉得上网玩游戏比跟同学或伙伴一起玩更有意思。 | 1 | 2 | 3 | 4 | 5 |
| 4.经常在玩网络游戏时结交新朋友。 | 1 | 2 | 3 | 4 | 5 |
| 5.经常听到别人抱怨你花太多时间玩游戏了。 | 1 | 2 | 3 | 4 | 5 |
| 6.经常因为花太多时间上网玩游戏而影响了学习和成绩。 | 1 | 2 | 3 | 4 | 5 |
| 7.不顾身边需要解决的一些问题而玩网络游戏。 | 1 | 2 | 3 | 4 | 5 |
| 8.常常觉得由于上网玩游戏而影响了你的学习成绩和效率。 | 1 | 2 | 3 | 4 | 5 |
| 9.当别人问起你玩网络游戏的事情,会尽量隐瞒。 | 1 | 2 | 3 | 4 | 5 |
| 10.常常觉得通过上网玩游戏能够消除生活中的烦恼。 | 1 | 2 | 3 | 4 | 5 |
| 11.常迫不及待地想再次上网玩游戏。 | 1 | 2 | 3 | 4 | 5 |
| 12.常常觉得如果没有网络游戏,生活将变得无聊、空虚或烦躁。 | 1 | 2 | 3 | 4 | 5 |
| 13.在你上网玩游戏时,如果有人来找你,经常觉得很生气。 | 1 | 2 | 3 | 4 | 5 |
| 14.经常因为上网玩游戏而缺少睡眠。 | 1 | 2 | 3 | 4 | 5 |

续表

| 项目 | 完全不符合 | 不符合 | 无法确定 | 符合 | 完全符合 |
|---|---|---|---|---|---|
| 15.下网离线时,常常会觉得若有所失或恋恋不舍。 | 1 | 2 | 3 | 4 | 5 |
| 16.上网玩游戏时,经常对自己说,"再玩一会就不玩了"。 | 1 | 2 | 3 | 4 | 5 |
| 17.曾想努力减少玩游戏的时间,但是觉得做不到。 | 1 | 2 | 3 | 4 | 5 |
| 18.经常设法对自己家人隐藏上网玩游戏的时间。 | 1 | 2 | 3 | 4 | 5 |
| 19.更愿意选择待在网上玩游戏,而不想跟别人一起玩。 | 1 | 2 | 3 | 4 | 5 |
| 20.下网时常常觉得不开心焦虑,而一旦重新上网玩游戏,这些不快就将一扫而空。 | 1 | 2 | 3 | 4 | 5 |

### 2.陶然等的网络游戏成瘾量表

2008 年,由北京军区总医院陶然制订的我国首个《网络成瘾临床诊断标准》通过专家论证,游戏成瘾被正式纳入精神病诊断范畴。陶然等以 DSM-5 中的游戏障碍诊断标准为依据编制了网络游戏成瘾量表,共 9 道题,采用 0,1 评分方式,即每道题如果答"是"计 1 分,答"否"计 0 分,得分≥5 分被判定为网络游戏成瘾,分数越高网络游戏成瘾越严重。该量表是评估受测者是否网络游戏成瘾的初步评估诊断工具（表 5-3）。

表 5-3　网络游戏成瘾量表

| 项目 | 否 | 是 |
|---|---|---|
| 1.你是否花大量时间想着游戏即使你没在玩的时候,或计划着什么时候能玩下一次? | 0 | 1 |

续表

| 项目 | 否 | 是 |
| --- | :---: | :---: |
| 2.当尝试去减少或停止游戏,或当你不能玩时,你是否感到不安、暴躁、易怒、生气、焦虑或悲伤? | 0 | 1 |
| 3.为了得到过去得到的同样的兴奋度,你是否感到需要增加玩游戏的时间,玩更刺激的游戏或使用更强的装备? | 0 | 1 |
| 4.你是否觉得应该少玩游戏,但是未能减少时间? | 0 | 1 |
| 5.因为游戏,你是否失去了兴趣或减少了其他娱乐活动(爱好、会见朋友)? | 0 | 1 |
| 6.即使知道负面后果,你是否会继续玩游戏?(比如没有得到足够的睡眠、上课/上班迟到、花太多钱、同他人争吵或忽视了重要的职责) | 0 | 1 |
| 7.你是否向家人、朋友或他人撒谎玩游戏的时间,或尽力不让你的家人或朋友知道你玩游戏的时间? | 0 | 1 |
| 8.你是否玩游戏来逃避或忘记个人问题,或缓解不舒服的感觉比如内疚、焦虑、无助或沮丧? | 0 | 1 |
| 9.你是否因为游戏危险到或失去重要关系,或失去工作、教育及就业机会? | 0 | 1 |

### 3.李欢欢等的网络游戏认知-成瘾量表

李欢欢等(2008)根据网络成瘾的临床表现、DSM-5 的病理性赌博和物质滥用诊断标准,以及在参考一般性网络成瘾量表的基础上,编制了网络游戏认知-成瘾量表(Internet Game Cognition-addition Scale,IGCAS)。该表分为游戏非适应性认知和游戏成瘾行为两个维度,共 16 个项目,采用从"1＝完全不符合"到"5＝完全符合"的五级评分,量表得分愈高表明个体网络游戏成瘾倾向愈明显(表5-4)。

表 5-4  网络游戏认知-成瘾量表

| 项目 | 完全不符合 | 不符合 | 无法确定 | 符合 | 完全符合 |
|---|---|---|---|---|---|
| 1.我上网的大部分时间都用来玩游戏。 | 1 | 2 | 3 | 4 | 5 |
| 2.我对网络游戏有难以控制的强烈渴望。 | 1 | 2 | 3 | 4 | 5 |
| 3.我曾分不清游戏的虚拟世界和现实世界。 | 1 | 2 | 3 | 4 | 5 |
| 4.我玩游戏时输了再玩直到赢为止。 | 1 | 2 | 3 | 4 | 5 |
| 5.在游戏中不断练习使用新的战术才能让我过瘾。 | 1 | 2 | 3 | 4 | 5 |
| 6.不上网时我脑海里浮现网络游戏的场景。 | 1 | 2 | 3 | 4 | 5 |
| 7.玩网络游戏的时间超出我的计划。 | 1 | 2 | 3 | 4 | 5 |
| 8.向周围人隐瞒自己痴迷网络游戏的程度。 | 1 | 2 | 3 | 4 | 5 |
| 9.曾一度想不玩网络游戏但是失败了。 | 1 | 2 | 3 | 4 | 5 |
| 10.因为玩网络游戏而忘记吃饭或写作业。 | 1 | 2 | 3 | 4 | 5 |
| 11.我如果有几天不玩网络游戏就会坐立不安心神不宁。 | 1 | 2 | 3 | 4 | 5 |
| 12.宁愿玩游戏也不愿意和人出去玩。 | 1 | 2 | 3 | 4 | 5 |
| 13.因为要玩游戏而忘记吃饭或写作业。 | 1 | 2 | 3 | 4 | 5 |
| 14.玩游戏让我获得别处得不到的满足感。 | 1 | 2 | 3 | 4 | 5 |
| 15.在虚拟的游戏世界里感到安全。 | 1 | 2 | 3 | 4 | 5 |
| 16.游戏高手可以得到别人的尊重和羡慕。 | 1 | 2 | 3 | 4 | 5 |

**4. Pontes 等的网络游戏障碍量表**

Pontes 等(2014)在 DSM-5 中提出的游戏障碍的 9 条诊断标准基础上,编制了自评式网络游戏障碍量表(Internet Gaming Disorder Scale,IGDS)。该表共 9 个项目,采用从"从来没有"到"总是有"的 5 级评分,得分越高代表其网游游戏成瘾的倾向越高(表 5-5)。

表 5-5  网络游戏障碍量表

| 项目 | 从来没有 | 经常没有 | 有时有 | 经常有 | 总是有 |
|---|---|---|---|---|---|
| 1.你是否很在意自己的网络游戏行为?(比如:你是否会回想之前玩过的网络游戏或者期望下一次网络游戏活动?你认为网络游戏已经成为你日常生活中的主要活动了吗?) | 1 | 2 | 3 | 4 | 5 |
| 2.你是否觉得需要用更多的时间来玩网络游戏以获得满足或者开心的感觉? | 1 | 2 | 3 | 4 | 5 |
| 3.你是否因为玩网络游戏而对以前的爱好和其他娱乐活动失去了兴趣? | 1 | 2 | 3 | 4 | 5 |
| 4.你是否会继续玩网络游戏,尽管你知道它会在你和其他人之间造成问题? | 1 | 2 | 3 | 4 | 5 |
| 5.你玩网络游戏是为了逃避或缓解负面的情绪(如无助、内疚、焦虑)吗? | 1 | 2 | 3 | 4 | 5 |
| 6.你是否因为网络游戏而影响或者失去了一段关系或者是学习的机会? | 1 | 2 | 3 | 4 | 5 |
| 7.你会想方法减少玩网络游戏的时间但最终失败吗? | 1 | 2 | 3 | 4 | 5 |
| 8.你会对人隐瞒你玩网络游戏的时间吗? | 1 | 2 | 3 | 4 | 5 |
| 9.你会因为不能玩网络游戏而变得很烦躁,而一旦可以玩就不会这样吗? | 1 | 2 | 3 | 4 | 5 |

## (二)其他常用量表

### 1.周治金和杨文娇的网络游戏成瘾量表

周治金等(2006)编制了网络成瘾类型问卷的网络游戏成瘾分量表。该分量表包括 8 个项目,题目如"我的课余时间基本是花在玩游戏上",采用 5 点计分法,1 为"完全不符合",5 为"完全符合"(表 5-6)。计算项目的平均分,得分越高,表明个体的网络游戏成瘾的程度越高。

该问卷具有较高的信度。

表 5-6　网络游戏成瘾量表

| 项目 | 完全不符合 | 比较不符合 | 一般 | 比较符合 | 完全符合 |
|---|---|---|---|---|---|
| 1.我玩游戏比做其他的事情要用心得多。 | 1 | 2 | 3 | 4 | 5 |
| 2.我常采用上网玩游戏的方式发泄自己的情绪或暂时回避困难。 | 1 | 2 | 3 | 4 | 5 |
| 3.我的课余时间基本是花在玩游戏上。 | 1 | 2 | 3 | 4 | 5 |
| 4.玩游戏的时间总是太少,满足不了我的要求。 | 1 | 2 | 3 | 4 | 5 |
| 5.我曾尝试减少玩游戏的时间,但是没有成功。 | 1 | 2 | 3 | 4 | 5 |
| 6.我在玩完游戏后仍然会沉浸在其中的某些情节里。 | 1 | 2 | 3 | 4 | 5 |
| 7.我花了太多的时间玩游戏,以至于影响了自己的学习。 | 1 | 2 | 3 | 4 | 5 |
| 8.我常常因为专心于玩游戏而忽视了身边的许多事。 | 1 | 2 | 3 | 4 | 5 |

## 2. Kim 等人的问题性网络游戏使用量表

韩国研究者 Kim 等人编制的网络游戏成瘾量表(Kim et al.,2010),包括欣快感、健康问题、冲突、失去自我控制和偏好虚拟关系等5 个维度。该表共 20 个项目,采用从"极不符合"到"非常符合"的 5 级评分,得分越高表明问题性网络游戏使用程度越高(表 5-7)。

表 5-7　问题性网络游戏使用量表

| 项目 | 极不符合 | 不符合 | 无法确定 | 符合 | 非常符合 |
|---|---|---|---|---|---|
| 1.我在玩网络游戏的时候感到无拘无束。 | 1 | 2 | 3 | 4 | 5 |
| 2.我在玩网络游戏的时候感到兴趣盎然。 | 1 | 2 | 3 | 4 | 5 |

续表

| 项目 | 极不符合 | 不符合 | 无法确定 | 符合 | 非常符合 |
|---|---|---|---|---|---|
| 3.我在玩网络游戏的时候感到阵阵兴奋。 | 1 | 2 | 3 | 4 | 5 |
| 4.玩网络游戏时,我大多数时候都感到很快乐。 | 1 | 2 | 3 | 4 | 5 |
| 5.我的健康状况从玩网络游戏之后开始变差。 | 1 | 2 | 3 | 4 | 5 |
| 6.我因过度玩网络游戏而感到头痛。 | 1 | 2 | 3 | 4 | 5 |
| 7.我的视力因过度玩网络游戏而下降。 | 1 | 2 | 3 | 4 | 5 |
| 8.我因为玩网络游戏而失约。 | 1 | 2 | 3 | 4 | 5 |
| 9.父母常常告诫我玩网络游戏的时间过多。 | 1 | 2 | 3 | 4 | 5 |
| 10.因为玩网络游戏,我的学业相其他活动都受到了影响。 | 1 | 2 | 3 | 4 | 5 |
| 11.玩网络游戏对我来讲是优先要做的事情。 | 1 | 2 | 3 | 4 | 5 |
| 12.玩网络游戏经常干扰我的学业。 | 1 | 2 | 3 | 4 | 5 |
| 13.玩网络游戏的时候,我总会比最初打算要玩的时间更长。 | 1 | 2 | 3 | 4 | 5 |
| 14.当我没有玩网络游戏的时候,我会想象自己正在玩。 | 1 | 2 | 3 | 4 | 5 |
| 15.当玩网络游戏的时候,我意识到自己总会说只玩一小会。 | 1 | 2 | 3 | 4 | 5 |
| 16.我经常设法减少自己玩网络游戏的时间,但却无济于事。 | 1 | 2 | 3 | 4 | 5 |
| 17.我倾向于花越来越多的时间玩网络游戏。 | 1 | 2 | 3 | 4 | 5 |
| 18.与现实生活中的人相比,我觉得自己和游戏玩友更亲密。 | 1 | 2 | 3 | 4 | 5 |

续表

| 项目 | 极不符合 | 不符合 | 无法确定 | 符合 | 非常符合 |
|---|---|---|---|---|---|
| 19. 与现实生活中的人相比,我的游戏技术得到了更多游戏玩友的认可。 | 1 | 2 | 3 | 4 | 5 |
| 20. 与现实生活中的人相比,我更容易理解在网络游戏中遇到的人。 | 1 | 2 | 3 | 4 | 5 |

除此之外,应用较多的还有下列量表:崔丽娟(2006)采用安戈夫方法编制的网络游戏成瘾界定量表,共 10 个项目,采用 0、1 计分方式,每题回答"是"计 1 分,回答"否"计 0 分,得分越高成瘾倾向越明显;黄思旅等(2006)修订的青少年网络游戏成瘾量表,共 37 个项目,采用从"-2=非常不符合"到"2=非常符合"的五级评分,量表得分越高表明个体网络游戏成瘾倾向越明显;Yee(2006)编制的网络游戏成瘾量表,包含 7 个题目,采用 5 点记分法,得分越高网络游戏成瘾度越高;马庆国等(2011)编制的网络游戏成瘾界定量表,共 11 个项目,被试从"0=非常不符合"到"4=非常符合"进行五级评定,得分越高表明网络游戏成瘾程度越深;喻承甫等编制的网络游戏成瘾问卷,共 11 个项目,采用"1=从不""2=有时""3=经常"的三级评分,分数越高表示网络游戏成瘾程度越高(Yu et al. ,2015);甄霜菊等(2017)在参考 Gentile(2009)的病理性视频游戏使用量表的基础上编制了网络游戏成瘾问卷,包括 12 个项目,采用"1=从不""2=有时""3=经常"的三级评分,分数越高表示网络游戏成瘾倾向越严重。

## 二、网络游戏成瘾的诊断

### (一)临床诊断标准

目前已有研究提示,行为成瘾和物质成瘾在症状上有很多相似之处,比如二者都存在渴求、耐受和戒断症状,也都可以引起患者内心苦恼以及社会功能受损。脑影像的研究也揭示了游戏成瘾和物质成瘾的类似机制。此外,流行病学研究提示,有游戏成瘾问题的人逐年增加,尤其是在亚洲国家的青少年中,游戏成瘾已经成了公共卫生的重要议题。这些因素都支持把游戏障碍列为精神与行为障碍的正式诊断(American Psychiatric Association,2013)。

2013 年发布的 DSM-5 虽然首次单独设立了"行为成瘾"的分类,但是并没有把游戏成瘾列为正式诊断,而是把它列在了附录的"尚需要进一步研究和观察的精神障碍"中。DSM-5 认为,目前缺乏足够的临床实证研究来确定统一的游戏成瘾诊断标准,玩游戏到何种程度应列为成瘾也缺乏共识,因此建议应进一步研究。DSM-5 虽然没有把游戏成瘾列为正式疾病,但是列出了建议的诊断标准,这一标准其实很大程度借鉴了北京军区总医院陶然医生在 2008 年制定的《网络成瘾临床诊断标准》。

DSM-5 提出的诊断标准一共有 9 条:

(1)对玩游戏的渴求(玩游戏的行为、回想玩游戏和期待玩游戏支配了个体的日常生活);

(2)不能玩游戏时出现戒断症状(可以表现为易怒、焦虑、悲伤);

(3)耐受症状(需要玩的时间越来越长);

(4)无法控制要玩游戏的意图;

(5)因游戏对其他爱好丧失兴趣;

(6)即使知道玩游戏的潜在危害仍难以停止;

(7)因玩游戏而向家人朋友撒谎;

(8)用游戏逃避问题或缓解负性情绪;

(9)玩游戏危害到工作、学习和人际关系。

此外,世界卫生组织(WHO)在 2017 年 11 月发布的《国际疾病分类(第 11 版)》(ICD-11)测试版中,将"游戏障碍"首次列入精神与行为障碍章节。2019 年 5 月举行的世界卫生大会正式批准的 ICD-11 正式版中,游戏障碍被列为成瘾性疾病(disorders due to addictive behaviors)。

ICD-11 测试版对游戏障碍提出的 3 条诊断标准如下：

（1）对玩游戏的控制受损（比如开始时间、频率、持续时间、场合等）；

（2）玩游戏的重要程度高于其他兴趣爱好和日常生活；

（3）即使导致了负面影响，游戏行为仍在继续和升级。

玩游戏的行为模式可以是连续的、偶发的、经常性的。游戏行为和其他特征通常明显持续至少 12 个月。但如果满足上述所有表现，并且症状严重的则可以缩短观察时间。

需要指出的是，无论是 DSM 还是 ICD 的标准，都列出了区分病理性游戏行为的两条核心特征。一条是游戏成瘾者不仅仅是花大量时间和精力玩游戏，更重要的是，他们忽略了现实生活，无法再承担以往的社会角色，也不再参与社会生活。另一条是，他们丧失了对自我行为的控制，让游戏完全支配了生活。

## （二）量表诊断标准

### 1. Young 的诊断标准

Young 于 1999 年参照 DSM-5 病理性赌博的标准结合对网络成瘾的研究，编制了网络成瘾量，表共 8 项标准，对 5 个以上项目回答"是"，即被诊断网络成瘾。因网络游戏成瘾与网络成瘾的心理状态相似，把问卷中的"上网"一词改成"网络游戏"一词形成网络游戏成瘾量表，其表述和记分与网络成瘾相似，对其中的 5 个题目做出肯定回答，即可做出网络游戏成瘾的判断。

### 2. 崔丽娟的诊断标准

崔丽娟（2006）采用安戈夫方法编制的网络游戏成瘾界定量表，依据 Young 量表的 8 项标准、Goldberg 的 6 项标准，结合长期对青少年群体接触和研究的经验，编制了 10 个题目、采用 2 点计分法的网络游戏成瘾量表。10 个项目中，有 7 个肯定回答者即被判定为网络游戏成瘾。

**3. 李欢欢等的诊断标准**

李欢欢等(2008)编制了网络游戏认知-成瘾量表。如果被试满足非适应认知因子分≥20分,成瘾行为因子分≥13分或总分≥32分中的任一标准,则提示被试存在网络游戏成瘾倾向。网络游戏认知-成瘾量表因子分或总分在 $x+2SD$ 以上(分别为非适应认知因子分>26分,成瘾行为因子分>16分,总分≥41分),则提示被试符合网络游戏成瘾的标准。

**4. 喻承甫等的诊断标准**

喻承甫等编制的网络游戏成瘾问卷需要被试报告最近半年中,其网络游戏成瘾相关症状出现的频率等,共11个项目。该标准采用3级评分法,1代表"从不"、2代表"有时"、3代表"经常"。该问卷依据 Gentile(2009)的研究,对青少年的得分进行重新编码:1=0,2=0.5,3=1;该记分方式可以对青少年有时经历的游戏成瘾症状进行测量,相较于是否计分有其特有的优势。通过计算所有项目均分进行分析,得分越高表示其有越强的 IGA 倾向。依据国际上的游戏障碍划界标准,符合5条或以上的则划为成瘾(Yu et al.,2015)。

## 三、青少年网络游戏成瘾的发生率

中国青少年网络协会 2008 年 1 月 18 日发布的 2007 年中国青少年网瘾数据报告显示,我国网瘾青少年约占青少年网民总数的9.72%,在网瘾青少年中"玩网络游戏"的比例(40.77%)高于非网瘾青少年(28.61%),中学生和高中生的网瘾比例分别为 7.57% 和8.69%。该报告指出,青少年网络成瘾主要是网络游戏成瘾,且对青少年的成长有巨大的危害,已成为当前一个严重的社会问题。Kircaburun 等(2020)在一篇综述文章中总结道,游戏的成瘾率大概在1%到5%,但是样本代表性、测量工具和成瘾概念的异质性等因素导致成瘾率存在一定分歧。在此,我们梳理了近年来文献报告的青少年网络游戏成瘾发生率,以期在一定程度上揭示青少年网络游戏成瘾的现状和特点。

从表 5-8 中我们可以看出：一是大部分研究报道的青少年网络游戏成瘾的发生率在 10％以内，且这些年来基本保持稳定；二是游戏成瘾的测量工具相对分散，尚未达到统一，使用较多的是基于 DSM 标准编制的游戏成瘾界定量表；三是相对来说，国外研究者对被试信息、成瘾比率等信息描述得更为详细，我国研究者更强调澄清青少年游戏成瘾的相关心理机制。此外，对成瘾率的对比发现，男性青少年的成瘾率通常高于女性青少年。

**表 5-8　部分国家和地区青少年网络游戏成瘾的发生率**

| 国家 | 作者 | 被试年龄/岁 | 被试量 | 测量工具 | 成瘾率/％ |
| --- | --- | --- | --- | --- | --- |
| 挪威 | Johansson et al.(2004) | 12—18 | 3237 | IAT | 2.7 |
| 中国 | 罗江洪等(2007) | 中学生（未报告年龄） | 1106 | IAT | 5.8 |
| 荷兰 | Lemmens et al.(2009) | 12—18 | 1217 | game addiction scale | 5.6 |
| 美国 | Gentile(2009) | 8—18 | 1178 | pathological video game use scale | 8.5 |
| 中国 | 余祖伟(2009) | 中学生（未报告年龄） | 845 | 网络游戏成瘾界定量表 | 4.9 |
| 澳大利亚 | Batthyány et al.(2009) | 青少年（具体年龄不详） | 1068 | 基于 ICD-10 中的物质成瘾诊断标准改编 | 2.7 |
| 新加坡 | Choo et al.(2010) | 8—15 | 2988 | pathological aideo game use scale | 8.7 |
| 澳大利亚 | Thomas et al.(2010) | 12—24 岁为主 | 2031 | IAT | 4.8 |
| 美国 | Desai et al.(2010) | 14—18 | 4028 | 冲动控制障碍改编量表 | 4.9 |
| 荷兰 | Van Rooij et al.(2010) | 13—16 | 4559 | compulsive internet use scale | 1.5 |
| 中国 | 佐斌等(2010) | 含 18 岁以下中小学生 | 100201 | 网络游戏成瘾界定量表 | 3.2 |

续表

| 国家 | 作者 | 被试年龄/岁 | 被试量 | 测量工具 | 成瘾率/% |
|---|---|---|---|---|---|
| 澳大利亚 | King et al.(2013) | 12—18 | 1287 | pathological technology use checklist for video gaming | 1.8 |
| 匈牙利 | Papay et al.(2013) | 16 岁为主 | 5045 | problematic online gaming questionnaire | 4.6 |
| 匈牙利 | Kiraly et al.(2014) | 平均年龄 16.4±0.87 岁 | 4875 | 12-item problematic online gaming questionnaire short-form | 11.0 |
| 欧洲七国 | Müller et al.(2015) | 14—17 | 12938 | AICA-S-gaming | 1.6 |
| 德国 | Rehbein et al.(2015) | 13—18 | 11,003 | video game dependency scale | 1.2 |
| 斯洛文尼亚 | Pontes et al.(2016) | 12—16 | 1071 | 9-item internet gaming disorder scale | 2.5 |
| 韩国 | Yu et al.(2016) | 青少年（具体年龄不详） | 2024 | DSM-5-adapted internet gaming disorder scale | 5.9 |
| 德国 | Wartberg et al.(2020) | 12—17 | 1001 | german version of internet gaming disorder scale | 3.5 |
| 印度 | Undavalli et al.(2020) | 10—19 | 400 | DSM-5-adapted internet gaming disorder scale | 3.5 |
| 中国 | Liu et al.(2021) | 平均年龄 13 岁 | 1121 | DSM-5-adapted internet gaming disorder scale | 7.7 |
| 捷克 | Kňaek et al.(2021) | 11—19 | 3901 | AICA-S scale | 0.7 |

# 第三节　影响因素

雷雳等(2018)将青少年网络游戏行为的影响因素概括为网络游戏相关因素、个体心理因素和社会环境因素三个方面,阐述了其对青少年的网络游戏行为的影响。本文仍试图从游戏相关因素、个体心理因素和社会环境因素三个方面补充近年来的最新研究成果，着重考察其对青少年网络游戏成瘾的影响。

# 一、网络游戏相关因素

## （一）网络游戏体验

网络游戏玩家重要的游戏目的与动机之一就是获得网络游戏体验。所谓网络游戏体验，是指网络游戏玩家和网络游戏诸要素在一定游戏情境下交互作用产生的认知和情绪反应（张国华等，2016）。不同的玩家和游戏类型会带来不同的体验，如有趣、放松、竞争、合作、沉醉、享乐或者浪费时间、挫折、无聊等。即使是玩同一款网络游戏，不同玩家获得的游戏体验也可能会有差异。我们的研究显示，青少年的网络游戏体验包括社交体验、控制体验、角色扮演、娱乐体验、沉醉体验和成就体验等 6 个维度（张国华等，2015a）。大量的研究发现网络游戏体验与网络游戏成瘾之间呈显著的正相关（Hu et al.，2021），网络游戏体验越强的大学生其网络游戏成瘾的可能性越大。而且，网络游戏体验是青少年网络游戏成瘾的重要预测变量（张国华等，2015b）。究其原因，网络游戏积极体验越多，个体就越可能依赖网络来满足自己的需要，从而与现实世界更加疏离，在这一过程中就容易形成网络游戏成瘾（魏华等，2012）。

## （二）网络游戏卷入程度

随着网络游戏产业的迅速发展，玩网络游戏逐渐占据了儿童和青少年甚至是成年人的大部分休闲时间。随着游戏行为的增加，玩家的网络游戏卷入程度不断提高，这可能导致不良后果。大量研究表明，网络游戏卷入程度与青少年网络游戏成瘾存在较高的相关，能够显著预测网络游戏成瘾（张国华等，2015c），并可能导致一些玩家成瘾（Hsu et al.，2009）。

## (三)网络游戏动机

网络游戏动机是网络游戏的心理学研究的重要方向,一直深受研究者的关注。研究者运用实验、问卷调查、深度访谈、田野观察等方法,对网络游戏动机进行了实证研究。结果发现,青少年玩家的游戏动机是多元化的,包括乐趣、沉醉、社交、成就感、逃避、好奇和竞争等诸多方面(魏华等,2011)。以往的研究表明,游戏动机与玩家的网络游戏行为意向密切相关(张红霞等,2008)。一项研究发现,逃避动机能够显著预测大学生的网络游戏成瘾(董睿等,2021)。

# 二、个体心理因素

## (一)非适应性认知

非适应性认知是指个体对网络的错误观念和预期,它是形成网络成瘾的核心因素(Davis,2001)。如果个体在社会交往过程中讨论游戏并从中获得"正性"体验,就越容易对网络游戏产生不恰当的、过于积极的评价,而忽视其负面作用,即形成关于网络游戏的非适应性认知。还有研究发现,在网络游戏成瘾的形成过程中,非适应性认识通常能够起到重要的中介作用。例如,安宏玉(2020)的研究表明,网络游戏认知偏差在无聊倾向与中职生的网络游戏成瘾之间起部分中介作用。丁倩等(2018b)的研究发现非适应性认知在相对剥夺感与大学生网络游戏成瘾之间起中介作用。

## (二)人格特征

### 1. 冲动性

冲动性人格是一种稳定的人格特质。具有此属性的人将对外部或内部刺激做出快速而无计划的反应,无论这些反应是否对他人或对自己造成负面影响。以往的研究表明,冲动性是网络游戏成瘾的重要风险因素,网络游戏成瘾者最重要的行为特征就是冲动（Hou et al.,2020）。也有研究表明,冲动性人格是大学生网络游戏成瘾具有预测性的人格因素之一（Argyriou et al.,2017）。冀东杰等（2021）的研究发现网络游戏成瘾者在冲动性方面的特点是在正性或者负性情绪激发状态下容易表现出冲动行为,主要表现在缺乏预见性和毅力等方面。

**2.无聊倾向**

无聊倾向是一种相对稳定的人格特质,是个体因外部和内部刺激不足导致自身需求得不到满足,而出现的包括抑郁、焦虑和孤独等消极情绪状态,常伴随缺乏动机、兴趣减退和注意力不集中等特点（黄时华等,2010）。以往的研究提示,孤独感是网络游戏成瘾的重要预测因素。究其原因,一方面,心理需求的网络满足补偿模型指出,心理需求的现实缺失可以通过网络满足补偿影响个体的网络成瘾。个体会无意识地将现实途径和网络途径进行比较,一旦发现网络的优势,个体就会越来越倾向于通过网络来进行需求满足（如成就感、社会归属感和自尊）,进而导致网络成瘾。另一方面,消极情绪是网络成瘾的易感因素,个体为了回避自身的抑郁和孤独等消极情绪问题,会主动寻求网络刺激进而产生网络成瘾障碍。这与个体为了摆脱消极情绪体验,追求其他行为刺激（如过量饮食行为、赌博行为、酒精或药物成瘾行为、沉迷于电视或网络等）的心理机制相似（安宏玉,2020）。

# 三、社会环境因素

## （一）家庭因素

家庭背景理论认为,消极的家庭环境是青少年成长过程中的风险性因素。青少年时期是个体发展的特殊时期,家庭中的消极因素（如父母婚姻冲突等）会导致青少年产生消极、不稳定的情绪,伴随着各种问题行为,如网络游戏成瘾。

### 1. 父母教养方式

纪凌开等(2020)考察了父母完美主义教养方式(即完美主义期望、完美主义批评)与青少年网络游戏成瘾的关系,发现父母的完美主义对初中生网络游戏成瘾具有显著的正向预测作用。这意味着在网络游戏泛滥的背景下,父母对子女高标准要求且过分干涉、批评的教养方式会提高初中生网络游戏成瘾的水平。

### 2. 父母心理控制

父母心理控制是父母通过言语或非言语的方式侵犯性地控制青少年的感受和想法,破坏他们的自主性发展,不理睬孩子的情感和心理需要的一种控制行为。根据自我决定理论的观点,当父母教养行为(如心理控制)不能满足孩子的心理需求时,将会引发孩子适应不良(如网络游戏成瘾)。邓林园等(2021)的追踪研究表明,父母心理控制与青少年的网络游戏成瘾发展存在密切关系。

### 3. 父母体罚

父母体罚(corporal punishment)指父母用身体的力量使子女感受到痛苦(但并不造成伤害),以矫正或控制子女行为的手段。"打是亲骂是爱"的传统观点经常会使体罚被解读为父母管教子女甚至关心子女的一种行为(Wang et al. ,2014)。大量证据表明,体罚对青少年的多种外化行为问题有着显著的正向预测作用(Mendez et al. ,2016)。鉴于体罚的所带来的负面影响,已有二十四个国家通过立法明确禁止了体罚的使用,现行的《中华人民共和国未成年人保护法》也明令禁止教职人员在教学过程中使用体罚手段。但由父母实施的体罚依然广泛存在于家庭教育中,有研究发现53.73%的父亲和48.29%的母亲报告其对子女实施了体罚(Wang et al. ,2014)。

田云龙等(2018)的研究发现,青少年所感知的父母体罚水平与其网络游戏成瘾行为显著正相关,表明父母的体罚水平可以正向预测青少年网络游戏成瘾的风险。根据社会学习理论,体罚行为的本质一种暴力的形式,青少年对于父母在体罚中所表现的价值观的内化可以解释父母体罚与包括网络游戏成瘾在内的行为问题之间的关系。处于较高父母体罚水平下的青少年更可能从网络游戏中寻求攻击性价值观的表达。同时,父母也是青少年成长过程中重要的社会化资源,高体罚环境中的青少年会产生更高的心理压力,并增加通过网络游戏来缓解压力进而产生网络游戏成瘾的风险(Foster et al.,2009)。因此,父母要高度重视对孩子的体罚问题,体罚会在很大程度上促使青少年沉迷网游,在教育子女的过程中应尽量减少体罚。

### 4. 父母心理困扰

父母心理困扰指父母受内外因素的影响,在工作和生活中不定期地出现烦躁、迷茫、抑郁等消极情绪和不良心态,具体包含自我认知、情绪表达和行为方式方面的困境与干扰,或对家庭、事业、婚姻等层面的不良心理反应。已有研究表明,父母心理困扰会影响青少年的心理状态与内外化问题。因父母心理困扰而出现身心发展受阻的青少年,很可能长期通过网络游戏来发泄情绪、满足自己的需求,从而达到自我内部平衡,如此长时间地沉溺于网络游戏很可能会导致网络游戏成瘾。尹霞云等(2021)的研究发现,父母心理困扰能显著预测青少年网络游戏成瘾,提示父母应注重对自身心理健康的维护,以有效预防和干预青少年网络游戏成瘾。

### 5. 父母婚姻冲突

父母婚姻冲突是指父母因意见不一致或其他原因而产生言语或身体的攻击、争执(池丽萍等,2003)。研究均表明,父母婚姻冲突与青少年网络游戏成瘾关系密切,是青少年网络成瘾的重要预测因素。随着父母婚姻冲突程度的加深,家庭关系更加不稳定,青少年网络成瘾行为会明显加重(邓林园等,2013)。

### 6. 父母虐待

父母虐待儿童的形式包括身体虐待、心理虐待、性虐待和忽视,其中忽视是最为普遍的一种类型(Gilbert et al.,2009)。父母忽视是抚养者长期忽略儿童基本需求(包括情感需求、身体需求、监督需求和认知需求)的行为,这种行为会危害儿童的健康发展(邓云龙等,2007)。在我国12—14岁的城市和农村初中生中父母忽视的发生率分别为

22.4%和45.1%(潘建平,2014)。成长在被忽视环境中的青少年,其基本心理需求在现实中得不到满足,需要向网络世界寻求慰藉以缓解不良情绪,此时具有高吸引力和高反馈性的网络游戏恰好成为一种满足心理需求的途径。因此,被忽视的青少年通过网络游戏来满足基本心理需求进而发展为网络游戏成瘾。林悦等(2021)的研究发现,父母忽视对青少年网络游戏成瘾具有正向预测作用。

### 7. 父母网络监管

社会控制理论(social control theory)指出,父母监控是对青少年问题行为实现社会控制的一个重要途径。父母通过知晓、约束和指导子女的活动等监控方式,可以有效规范青少年的行为。以往的研究表明,父母行为控制往往可以对青少年的网络成瘾起到有效的抑制作用(van Den Eijnden et al.,2010)。父母网络监管是父母监控子女在网络使用领域的具体表现。父母网络监管涉及父母对子女上网地点、时间、内容和频率等方面的知晓和限制程度,侧重于对子女网络行为的监督和管理,也属于父母行为控制。进一步研究表明,父母网络监管与初中生网络游戏成瘾呈显著负相关(张永欣等,2020)。在高水平的父母网络监管条件下,父母知晓子女网络使用时间、地点、内容等,能指导其合理地分配上网时间和内容,增加网络学习投入、减少网络游戏时间,由此减少网络游戏成瘾的风险。

### 8. 父母电子产品干扰

手机及其他电子设备,比如电脑、游戏机、电视等对社会性人际(包括夫妻关系、情侣关系、朋友关系等)互动活动产生侵入、干扰和破坏,这一现象被称为电子产品干扰(technoference)(McDaniel et al.,2018)。亲子互动中的这种电子产品干扰可能会导致儿童青少年的问题行为和情绪功能紊乱。曲敏丽等(2020)的最新研究发现,父母电子产品干扰与青少年网络游戏成瘾呈显著正相关。因此,建议在青少年早期阶段,父母尤其是母亲应合理、适量地使用各种电子产品,以便为青少年提供良好榜样,降低网络游戏成瘾的发生概率。

## (二)学校因素

### 1.学校氛围

学校氛围(school climate)是指学校生活的质量和特征,包含教师支持、同学支持和自主性机会三个组成部分,反映学校的准则、目标、价值观、人际关系、教与学的实践经验和学校的组织结构。它不仅是一种个人经验,也是一种群体现象。研究发现,校园氛围能够显著负向预测青少年网络游戏成瘾(朱键军等,2015)。根据发展系统理论的观点,青少年的发展与其所处的环境息息相关,在网络游戏成瘾的影响因素中,感知校园氛围是不容忽视的重要内容。处在积极校园氛围的青少年会更少有网络游戏成瘾的倾向,而处在消极的校园氛围的个体网络游戏成瘾的倾向会大大增加。可见,感知校园氛围在网络游戏成瘾中扮演着极为重要的角色。

### 2.学校参与

学校参与(school engagement)是包含行为、情感和认知三个维度的多元结构。其中,行为参与指青少年参加学校活动并遵守班级的规则,按时、积极地融入班级;情感参与指学生对学校活动的积极的情感反应,比如乐趣、爱好;认知参与指学生对学习活动的参与,主要包括学习动机、学习技巧和问题的解决(Owen et al.,2016)。青少年在学校参与的过程中培养规则、责任意识,并得到的来自同伴的社会支持,是其社会化过程的重要组成部分。研究表明,学校参与水平对青少年的网络游戏成瘾有显著的负向预测作用(田云龙等,2018)。

## (三)同伴因素

### 1.同伴游戏比例

由于网络游戏在青少年中流行,关注玩网络游戏的同伴数量对个体的影响具有重要的价值。而目前,只有少数研究探讨了这个问题。例如,汪涛等考察了同伴玩家比例、非适应性认知与网络游戏成瘾的关系,发现同伴玩家比例越高,个体的网络游戏成瘾程度也越高,非适应性认知总结了同伴玩家比例对个体网络游戏成瘾的影响(甄霜菊等,2017)。上述研究提示,父母可以从孩子的朋友圈着手改善孩子的网络游戏成瘾问题。在网络成瘾/网络游戏成瘾的干预中,教师需要充分考虑同伴的影响。具体而言,可以通过教导学生选择不玩游戏的同伴或与玩游戏、但尚未成瘾的同伴一起参加辅导的方式,利用同伴的力量来对网络游戏成瘾进行干预。

### 2. 不良同伴

良好的同伴关系能促进儿童的健康成长,不良的同伴关系则恰恰相反。通过模仿学习不良同伴的行为,青少年更容易出现网络游戏成瘾。在探究青少年网络游戏成瘾的影响机制时,不良同伴对青少年有难以忽视的影响。不少研究都表明,不良同伴能够显著正向预测青少年的网络游戏成瘾(Li et al.,2013)。在中小学校园中,不少青少年正是因为结交了不良同伴而沉溺于网络游戏,若能削弱这条路径,则会有效减少青少年网络游戏成瘾行为。对存在不良同伴关系的个体,教师要耐心引导,鼓励班级中的其他同学主动接近该"问题"孩子,共同进步。

### 3. 同伴侵害

在青少年网络游戏成瘾的众多影响因素之中,同伴侵害的作用受到了越来越多研究者的关注。同伴侵害(peer victimization)是指遭受来自同伴的身体、关系、言语等的攻击行为(Su et al.,2018)。青春期青少年与同伴相处的时间越来越长,受同伴的影响越来越大,遭受同伴侵害的青少年可能依赖网络游戏来应对这一压力。大量实证研究表明,同伴侵害是青少年网络游戏成瘾或网络成瘾的重要风险预测因素(Su et al.,2018;王建平等,2020)。当青少年遭受同伴侵害时,其焦虑抑郁情绪以及攻击性信念会增加,进而增加其沉迷网络游戏的风险。此外,遭受同伴侵害的青少年的同伴交往、学校参与水平往往也下降,同伴联结水平降低。依据社会控制理论,青少年与社会重要团体(如学校、同伴)的联结程度下降,将会较少受到这些团体的约束和影响,从而会增加沉迷网络游戏等风险行为。同时,受到同伴侵害的青少年往往会被其他同伴群体拒绝，缺乏亲密的伙伴关系。而网络提供了一个更加广阔的空间，使得他们更可能通过网上虚拟的空间来逃避现实生活环境，寻找可信赖的群体，逃避广泛的社会关系。正是这种奖赏刺激吸引了受侵害青少年沉迷于网络游戏(王建平等，2020)。

## 第四节　影响后果

近年来，青少年网络游戏成瘾逐渐成为一个公共卫生问题，长期沉迷于网络游戏会给青少年的日常生活、社会交往、心理健康等方面带来破坏性影响。但是网络游戏成瘾对青少年身心发展的影响作用和机制比较复杂，在此我们选取研究成果相对充分的几个方面来进行阐述。

### 一、出现决策障碍

#### (一)冲动性选择

冲动性选择体现在个人的动机和决策风格上，例如人们在做选择时常常偏好较小的即时回报而非较大的延迟回报。研究表明，网络游戏成瘾者的成瘾程度越严重，他们越无法选择延迟奖赏，延迟折扣对青少年网络游戏成瘾程度有着正向预测的作用(徐希铮等，2019)。彭朕磊等(2021)的研究结果进一步说明大学生网络游戏成瘾没有单一的总体冲动性特征，但有两个有意义的潜在因素，即冲动性人格与冲动性选择，其中大学生网络游戏成瘾与延迟折扣(即冲动性选择)关系更加密切。对于网络游戏成瘾者来说，成瘾的严重程度除了受到自身冲动性人格特质的影响以外，还可能受到延迟折扣即冲动性选择的影响。冲动性人格特质、只注重眼前利益、做选择时注意力不集中，这些都使青少年更容易被网络游戏吸引，沉迷于其中而无法自拔。

### (二)风险决策

以往的研究发现,网络成瘾大学生具有冒险决策的倾向,他们的决策具有寻求新奇刺激和高奖赏、参与冒险行为、不考虑后果等特点(Pawlikowski et al.,2011;Ko et al.,2012)。梁三才等(2010)采用罗杰斯决策任务(RDMT)、爱荷华赌博任务(IGT)和概率反转学习任务(PRT)对网络成瘾大学生进行研究,结果表明网络成瘾者并没有表现出更大冒险倾向,其风险决策成绩与正常被试无差异。但张颖(2015)使用网络游戏成瘾量表和IGT对网络游戏成瘾男性大学生的研究发现,网络成瘾大学生倾向于高风险、高收益的风险决策。一项研究表明,在损失框架下,高冲动性和中等冲动性的网络成瘾大学生的风险决策得分均显著高于低冲动性成瘾大学生(涂小莲等,2019)。总的来说,不同研究者基于不同的研究范式和实验被试,所得结果有所差异甚至相反,可能的原因在于研究任务不同以及以往研究的局限性。此外,风险决策研究的常用方法和范式具有各自的优势和不足之处,结合使用才能全面反映网络游戏成瘾者风险决策的特点。

## 二、增强攻击性

自20世纪80年代起,研究者开始使用电子游戏作为刺激材料,研究其对人类攻击性的影响。随着网络游戏的盛行,有关暴力网络游戏对人类攻击性的影响成为研究的焦点。大多数研究表明,网络游戏特别是暴力网络游戏会显著提高玩家的攻击性(邵嵘等,2019)。一系列有关网络游戏成瘾与攻击性的研究表明,游戏成瘾水平能够显著预测玩家的攻击性,包括愤怒、敌意、身体攻击和言语攻击(Evren et al.,2019)。此外,研究发现游戏成瘾青少年具有较高的攻击性和避免伤害(harm avoidance)倾向,因此针对这类青少年应考虑更为积极的治疗干预措施(Seung-Yup et al.,2018)。

### 三、减少亲社会行为

亲社会性是人类区别于动物的重要特征,包括在人际交往中个体所表现出的利他、助人等一切使他人受益的认知、情感和行为,包括亲社会认知(如亲社会言语加工、人性化知觉等)、亲社会情感(如共情、内疚等)以及亲社会行为(如助人行为、捐赠行为等)三个方面(邵嵘等,2019)。目前的大部分研究都表明,暴力游戏可能减少玩家的亲社会性行为。研究者对大学生与儿童两个群体分别采用量表施测与七巧板范式考察被试的攻击行为,结果表明玩暴力游戏的大学生显现出更少的积极情感(Saleem, et al.,2012a),而玩暴力游戏的儿童较玩亲社会游戏的儿童显现出更少的助人行为(Saleem et al.,2012b)。此外,对大学生群体的调查结果显示,暴力游戏接触与三种指向的低水平亲社会行为都存在显著正相关(Fraser et al.,2012)。靳宇倡等(2014)的研究发现,玩暴力游戏的被试较亲社会游戏的被试表现出更少的亲社会行为。温广辉(2014)的研究结果同样显示玩暴力游戏的儿童表现出更少的亲社会行为。邵嵘等(2019)对暴力视频游戏与亲社会行为的三类指标进行了多元分析,结果证明暴力视频游戏对玩家的亲社会性有负性影响,但效应较小。该研究提示,纳入文献中的男性被试比例、被试群体类型与被试的平均年龄在暴力游戏与亲社会行为的关系中皆存在显著的调节作用。

### 四、导致情绪与心理健康问题

网络游戏的过度使用或者游戏成瘾,与一系列负性情绪的产生发展以及心理健康水平的下降有关。网络游戏成瘾者容易表现出明显的情绪问题,可能引发或者与焦虑、抑郁等症状共存,然而研究者们对相关心理过程发生的潜在机制知之甚少。罗江洪等(2007)的研究指出,网络游戏成瘾者孤独、抑郁和社交焦虑感均较非成瘾者强。具有这些心理特征的学生在现实人际交往中缺乏自信,有自我封闭的倾向。为了摆脱内心的压抑和孤独，他们畅游在网络游戏里，并通过在游戏中得分和晋级为自己树立自信。

后续研究表明，过度游戏的青少年也表现出其他心理社会和精神病理的异常，比如社交冲突、注意缺陷、适应不良的应对行为、应激和社交恐惧（Batthyány et al.，2009）。青少年的网络游戏成瘾与一系列精神病理症状有关，尤其是攻击和违反规则的行为以及社交问题（Müller et al.，2015）。还有研究发现，网络游戏成瘾可能导致严重的情绪问题（如焦虑、抑郁和冲动性），并与游戏成瘾障碍的产生和维持的共病症状有关（Yu et al.，2016）。此外，游戏成瘾与男性性别、更高的反社会行为、愤怒控制问题、情绪压力、自尊问题和多动/注意力不集中有关（Wartberg et al.，2020）。

Pontes 等（2016）发现，青少年的网络游戏成瘾与问题性社会媒体使用（PSMU）呈明显的共病性，且与抑郁症状存在密切相关。Evren等（2019）的研究发现，游戏成瘾严重程度与抑郁显著相关。我们的一项研究也表明，网络游戏成瘾与抑郁症状显著正相关，成瘾程度越高的玩家其抑郁症状也越明显；情绪平衡在网络游戏成瘾与抑郁症状的关系中起中介作用，沉醉体验在这一中介过程中起到调节作用（Hu et al.，2021）。值得指出的是，前述研究大多为横断面研究，有纵向追踪研究发现抑郁症状是游戏成瘾的重要预测变量（Liu et al.，2021）。

## 第五节　预防与干预

前已述及，青少年网络游戏成瘾的影响因素大体包括游戏相关因素、个体心理因素和社会环境因素三个方面。社会环境因素中的家庭因素受到研究者的格外关注。因此，针对青少年网络游戏成瘾的预防和干预，也有不少研究者试图从上述方面进行探索。

# 一、预防策略

以往大量研究表明，父母、学校以及同伴等因素对青少年网络游戏成瘾具有重要影响。雷雳等（2018）从家庭、学校和社会三个层面提出青少年网络游戏成瘾的干预路径，在此简要阐述。

## （一）家庭路径

家庭环境是个体社会化最初的场所，对于个体发展有着重要而持续的影响。随着个体年龄的增长，青少年与家庭的联系会减弱，但家庭环境的影响会长期存在，并有着不可替代的作用。根据以往研究，基于家庭的青少年网络游戏成瘾的预防应该集中于教养方式、亲子关系、家庭活动和父母对于网络游戏行为的监控这几个方面。

一是父母适宜的教养方式，父母的情感温暖和理解可预防青少年网络游戏成瘾，而惩罚和严厉、拒绝和否认、过度保护和干涉则更多与成瘾有关；二是加强父母的行为控制，削弱父母的心理控制；三是增加家庭活动和亲子沟通，促进亲子关系；四是解决夫妻之间的分歧，父母尽量减少冲突行为；五是父母要为青少年制定严格的规范，而且还要约束自己的网络使用行为，特别是网络游戏使用行为。

## （二）学校路径

学校是青少年生活的主要场所，学校在青少年网络游戏成瘾的预防和干预方面也起着非常重要的作用。根据以往研究，结合中国学校特点，基于学校的青少年网络游戏成瘾的预防和干预可以集中在以下几个方面。

一是学校可以通过降低青少年学习压力和提升青少年学业自我效能感来对青少年网络游戏成瘾进行预防和干预；二是学校可以通过改善青少年同伴关系质量、优化同伴交往结构；三是改善师生关系，为青少年提供有效的社会支持；四是制定明确的网络使用规范，引导学生健康的网络使用行为。

### (三)社会路径

以往研究大多从家庭和学校的角度对网络游戏成瘾的原因进行研究,并提出基于家庭和学校的干预方案,但是很少有研究者从社会路径出发关注政府和企业在这一过程中所起到的作用。政府和企业在青少年网络游戏成瘾预防中的作用应该重视。

政府在青少年网络游戏成瘾的预防和干预过程中应发挥关键作用,包括宣传网络游戏成瘾的相关信息和知识,支持预防网络游戏成瘾的相关机构发展,制定并实施网络游戏成瘾的政策法规。企业若能参与网络游戏的干预和矫治,也将会对自身发展起到积极的作用。企业可结合自身特点,优先选择一些活动,包括线下体育活动和线下社交活动。

## 二、干预效果

目前,关于青少年网络游戏成瘾的实证干预研究相对较少,总体效果并不理想。贺金波等(2019)的综述文章介绍了近些年来报告的针对网游成瘾的心理治疗方法(包括认知疗法、行为疗法、认知行为疗法、团体治疗和家庭治疗),分析了治疗原理,并进行了总结和展望,感兴趣的读者可以阅读参考。在此,我们通过对现有研究的梳理,选取比较成熟的干预模式为读者介绍,以期推动青少年网络游戏成瘾的干预实践工作。

### (一)认知行为治疗

认知行为疗法是一种短期的、目标导向的,试图通过认知转变来塑造行为的心理治疗方法。到目前为止,认知行为疗法仍然是青少年网络游戏成瘾的主要干预形式。李欢欢(2011)较早开展青少年网络游戏成瘾的干预实践。她以 Davis(2001)的病理性互联网使用认知-行为模型为基础,参照其网络成瘾矫治的七阶段方案,对网络游戏成瘾者进行了干预治疗,取得了较好的效果,并发现网络游戏认知干预比一般心理治疗有更好的效果。

## （二）家庭治疗

家庭治疗强调通过家庭活动的方式，来增加家庭成员互动，改善家庭成员关系，最终解决个体的心理问题。鉴于家庭因素在青少年网络游戏成瘾形成发展中的重要作用，家庭治疗在青少年网络游戏成瘾治疗中的作用不容忽视。有研究者指出，父母参与青少年的游戏成瘾治疗有助于加强青少年在治疗过程中的参与和保持（Bonnaire et al.，2019）。冯砚国等（2010）对103例沉迷电子游戏的儿童进行了综合家庭干预，通过调整家庭交流方式、提高家庭的亲密度、改善情感表达方式、合理安排家庭社会活动和明确每个家庭成员的责任等方式，明显改善了患者的异常心理行为。方晓义等（2015）也通过多家庭团体治疗的方法对青少年网络成瘾进行了干预，取得了良好的效果。

## （三）综合疗法

有研究者（唐任之慧等，2017）采用随机对照研究方法，结合以往相关的研究成果，探讨了认知行为疗法结合电针治疗网络游戏成瘾患者的临床效果。具体方法为，将64例IGD患者（年龄12－47岁，平均22.16±6.08岁）按照治疗方法分为三组，其中给予认知行为疗法的20例为对照组1，给予电针疗法的23例为对照组2，给予认知行为疗法结合电针疗法的21例为研究组。结果表明，治疗后，三组患者的焦虑自评量表（SAS）、抑郁自评量表（SDS）、视觉类比量表（VAS）、Barratt冲动性量表（BIS-11）及网络游戏成瘾自评量表（IGD）评分均优于治疗前，且研究组明显优于对照组1和对照组2；研究组患者的IGD评分最低，对照组2患者的IGD评分最高。研究组治疗的总有效率为80.95%，明显高于对照组2的47.83%。该研究提示，认知行为疗法结合电针治疗网络游戏成瘾的临床效果显著，可显著改善患者的临床症状，值得临床推广应用。

正念疗法应用于物质成瘾的治疗取得了良好的效果。有学者认为，正念疗法可能应用于网络游戏成瘾者的矫治，并改善网络游戏成瘾青少年的父母教养方式,巩固网络游戏成瘾的矫治效果(李心怡等,2019)。研究者采用正念疗法对30名(平均年龄25.0±5.4岁)游戏成瘾者进行为期8周的干预,结果发现正念治疗有效减少了成瘾者与游戏有关的非适应性认知,并降低了成瘾程度和对游戏的渴望(Li et al.,2018)。这说明基于正念的青少年网络游戏成瘾治疗值得深入探讨。

此外,团体综合心理干预对于青少年网络游戏成瘾的改善效果也受到关注。宋清海等(2017)考察了团体心理治疗对青少年网络游戏障碍的疗效。他们将40例诊断为网络游戏障碍的12—16岁青少年随机分入干预组(20例)和对照组(20例);两组均接受4个月的舍曲林治疗;在此基础上,干预组同时接受为期4个月的团体心理干预,每次干预时间为1小时,每周1次,共计17次。干预前、干预结束时、干预结束后第1、3和6个月末分别给予每周上网时间报告,测定。结果表明,两组在网络成瘾测验(IAT)、焦虑自评量表(SAS)评分及每周上网时间上存在显著差异,说明团体心理治疗有效改善了网络游戏障碍青少年的上网时间及焦虑症状,且有利于药物治疗后的长期康复和预防复发。

## ◀◀ 拓展阅读

### 沉迷手机网络游戏未成年人综合画像

随着互联网的快速发展,手机网络游戏已经深刻影响了未成年人的日常生活,甚至有部分未成年人严重沉迷。8月9日,北京青少年法律援助与研究中心(以下简称中心)发布了《未成年人沉迷手机网络游戏现象调研报告》。报告中,沉迷手机游戏给未成年人及其家庭带来的伤害触目惊心。中心呼吁重视未成年人沉迷手机游戏带来的严重影响,呼吁相关部门开展针对手机网络游戏的专项整顿。

本次调研以随机抽样的方式,深度访谈了全国各地反映孩子沉迷手机网络游戏的 103 位家长，同时详细整理了 49 封来自各地家长给中心的信件，归纳分析了共计 152 份材料。其中，83％的家长明确表示自己家孩子沉迷"王者荣耀"，15％的家长因为对游戏不了解，并不清楚孩子玩的是什么游戏，但大多描述为"打打杀杀的手机游戏"，另有 2％的家长表示自己孩子玩的是其他游戏。调研发现，沉迷手机网络游戏的未成年人以男生居多，占到 93％左右，女生所占比例相对较小。这些未成年人年龄最小的 11 岁，年龄最大的即将满 18 岁，14—17 岁的最多。

从家庭结构来看，3％的家庭属于联合家庭；3％的家庭属于隔代家庭；94％的家庭属于核心家庭，其中 14％的家庭属于单亲家庭。

从父母的工作性质上来看，这些未成年人的父母工作多为"务工"，即从事体力劳动工作，占 69％。其中夫妻双方均在本地的占 35％，夫妻双方均在外地的占 21％，夫妻一方在外地的占 13％。父母属于城市上班族的，占 15％；父母工作在体制内的，占 3％；父母已经退休的，占 3％；父母进行个体经营的，占 6％；还有一些父母并未提供具体的职业类型，占 4％。

需要注意的是，在接受访谈的家庭中，同一家庭中的多名子女同时沉迷于"王者荣耀"这一款手机网络游戏的，占比 8％。

# 第六章　网络社交成瘾

◀◀ **批判性思考**

1.目前比较流行社交网络平台包括 Facebook、My Space、eMarketer、人人网、微信等。其中 Facebook 已经拥有至少 10 亿全球用户,eMarketer 拥有至少超过 15 亿全球用户。社交网络正在改变人们的生活方式和交往方式,而当人们花费过量时间在社交网络上时,不可避免地会导致一些负面结果,造成社交网络问题性行为或成瘾行为。因此,有学者指出应将社交网络成瘾作为诊断纳入 DSM-5,对此你怎么看?

2.美国马萨诸塞州阿桑普逊学院曾进行了一项关于社交网络的有趣实验。该学院的老师马丽娅·艾尔对学院里的 70 个本科新生进行了一次调查,发现 Facebook 上面好友的数量可以预测学生对大学的适应性。有超过 200 个好友的新生在自尊、个人适应和学业适应问卷中的分数,低于那些没有那么多好友的新生。对于那些初来乍到的新生而言,在 Facebook 上的好友越多,现实中的朋友就越少。可见,社交网络对现实生活中的正常社交,并没有多大帮助,反而起反作用。对此结果你认可吗?

3.2017 年 7 月,新华网曾发布这样一篇报道,荷兰一项研究发现,社交媒体令人上瘾的程度堪比尼古丁。对社交媒体依赖程度重的人哪怕看上一眼社交媒体的标识就会忍不住想打开社交媒体。你是否会存在使用社交网络过度的情况? 你是否尝试做出改变?

## ◀◀ 关键术语

社交网络,问题性社交网络使用,社交网络成瘾,DSM-5,青少年,自我评价,行为成瘾,网络侵犯行为,睡眠质量,人格特质,心理动机,消极情绪,生活满意度,干预策略,心理治疗,认知行为疗法,家庭治疗,综合模式

本章主题为青少年社交网络成瘾,我们将概述社交网络成瘾,介绍青少年社交网络成瘾的测量、评估与诊断,澄清青少年社交网络成瘾的影响因素及其影响后果,为读者和研究者揭示青少年社交网络成瘾的现状和特点,并简述青少年社交网络成瘾干预和治疗的最新研究进展。

## ◀◀ 热点扫描

《光明日报》在2018年发布过这样一篇文章"社交媒体必须对未成年人负责",其中提到,根据英国方面的一项调查,有四分之三的孩子有自己的社交网络账号。社交网络对人们的影响是无孔不入的。研究者发现,社交网络起初仅仅是孩子们充当联络家人的工具,但是随着年龄的增长,他们开始意识到社交媒体与自己的形象有关系,就纷纷用社交媒体做别的事情,比如炫耀自己或者盲目模仿偶像的行为。

# 第一节　概述

## 一、社交网络的概念

社交网络是一个基于 Web2.0,由个体或组织以及其关系组成的社会网络结构,社交网络通过邮件、即时通信、视频音频等方式与他人建立联系、分享经验,当下社交网络已成为新时代连接人与人之间沟通的桥梁。有研究者指出(冯锐等,2014),社交网络是根据"六度分割理论"构建的一种以个人为中心,通过"朋友的朋友是朋友"的关系建立的在线社交网络,社交网络里的人可以是熟悉的,也可以是不熟悉的,但这些不熟悉的人之间总会与社交网络里的某个或某些人熟悉。基于"六度分割理论"构建的社交网络具有某些独有的群落特征。社交网络作为一种维护社会关系和自我展示的平台,仅对现实面对面社交方式起到补偿性作用,还无法替代现实的社会交往,也无法建立起与现实社会交往同样的联系纽带(姜永志等,2016)。

## 二、社交网络成瘾的概念

社交网络成瘾(social networking addiction)指过度使用网络的交际功能,沉迷于在网上建立、发展和维持亲密关系,而忽略了现实中的人际关系的发展和维持,导致个体心理、社会功能的损害。Yong 将网络成瘾分成 5 类,分别是游戏成瘾、网络色情成瘾、信息收集成瘾、网络强迫行为和网络关系成瘾。社交网络成瘾是网络成瘾的组成部分,属于网络关系成瘾,具有网络成瘾的凸显性、耐受性、戒断性等特征(Andreassen,2015a)。有研究者认为(雷雳等,2006),青少年对社交网络的过度使用与基于互联网的成瘾行为有密切关系,而且社交网络的过度使用行为与游戏成瘾、网络成瘾一样都可以产生类似的负面心理和生理后果。支持这种观点的研究者认为，社交网络过度使用是另一种导致青少年产生成瘾行为的网络在线活动，如以 DSM-5 为依据的网络成瘾诊断标准（American Psychiatric Association，2013）认为这种现象可以称为社交网络成瘾（social networking addition）。但也有研究者认为（Laconi et al.，2014），社交网络过度使用只是社交网络使用不当或长时间使用造成心理与行为不适，其症状还达不到网络成瘾的程度，用问题性社交网络使用（problematic social Networks usage）定义更为准确（Kittinger et al.，2012）。它与精神性成瘾障碍有较大区别，前者以偏离常态的病理性心理与行为症状为主，后者则以轻微偏离常态的正常心理与行为症状为主。

目前研究者对这一概念还没有达成一致，当前研究者对社交网络的过度使用的表述各有不同，如社交媒体成瘾（social media addition）、社交网站成瘾（social networking websites addition）、社交网站问题性使用（problematic social networking sites usage）、社交网络成瘾（social networking addition）、社交媒介成瘾（social media addition）和问题性社交网络使用（problematic social networks usage）。以往对社交网络过度使用的界定主要有以下两种倾向：一是认为社交网络过度使用与网络成瘾行为类似，会导致个体消极的心理与行为反应，应按照病理性或成瘾的标准来界定，可称为"社交网络成瘾"；二是认为社交网络过度使用不完全以网络成瘾的精神病学标准为主，尽管社交网络的过度使用会产生一定的消极后果，但它所引起的心理与生理症状（如焦虑、抑郁等）只停留于轻中度水平，很少会发展成为认知、情感或人格障碍，因此称为"问题性社交网络使用"。尽管 DSM-5 没有将社交网络成瘾正式界定为一种心理障碍，但它和其他成瘾障碍具有很多相似的特征，如耐受性与戒断反应，本章中倾向将之称为社交网络成瘾。

# 第二节　测量与评估

## 一、社交网络成瘾的测量

了解社交网络成瘾的概念,有助于研究者开发相应的社交网络成瘾的测量工具。研究者们基于不同的理论基础和诊断标准(如DSM)等,通过修订网络成瘾量表、病理性赌博的症状标准或其他行为成瘾标准来作为社交网络成瘾的诊断标准(Andreassen et al.,2014;Turel et al.,2012),编制了多个版本的社交网络成瘾量表。我国研究者经过不断的实践检验和验证,修订了已有的量表,使量表的心理测量学指标得以优化。下面根据量表类型和发表年代介绍几个目前研究中使用相对广泛、颇受认可的量表,供相关领域的读者参考。

### 1. 社交媒体诊断量表

Eijnden 等(2016)基于 DSM-5,并参考网络游戏成瘾量表,编制了社交媒体诊断量表(The Social Media Disorder Scale,SMDS)。社交媒体诊断量表有两个版本,一个为 27 道项目的完整版量表,另一个为9 个项目的简版量表(表 6-1 和表 6-2)。检测过去一年内个体社交网络成瘾状况,从"从不"到"总是"采用五级评分,分数越高表示社交网络成瘾的程度越严重。

表 6-1　社交媒体诊断量表

| 项目 | 从不 | 偶尔 | 有时 | 经常 | 总是 |
|---|---|---|---|---|---|
| 1. 当你做其他事情(如学校作业)时,经常发现很难不看社交媒体上的信息。 | 1 | 2 | 3 | 4 | 5 |
| 2. 经常除了使用社交媒体之外什么事都不想做。 | 1 | 2 | 3 | 4 | 5 |

续表

| 项目 | 从不 | 偶尔 | 有时 | 经常 | 总是 |
|---|---|---|---|---|---|
| 3.经常坐等社交媒体上再发生什么事。 | 1 | 2 | 3 | 4 | 5 |
| 4.觉得越来越需要使用社交媒体。 | 1 | 2 | 3 | 4 | 5 |
| 5.觉得越来越需要在社交媒体上查看信息。 | 1 | 2 | 3 | 4 | 5 |
| 6.经常感到不满意，因为你想花更多的时间在社交媒体上。 | 1 | 2 | 3 | 4 | 5 |
| 7.如果你不能在社交媒体上查看信息，就经常感到紧张或不安。 | 1 | 2 | 3 | 4 | 5 |
| 8.如果你不能使用社交媒体，就会经常感到愤怒或沮丧。 | 1 | 2 | 3 | 4 | 5 |
| 9.当你不能使用社交媒体时，常常感到很难过。 | 1 | 2 | 3 | 4 | 5 |
| 10.试图减少社交媒体的使用，但失败了。 | 1 | 2 | 3 | 4 | 5 |
| 11.试图减少在社交媒体上的时间，但失败了。 | 1 | 2 | 3 | 4 | 5 |
| 12.你一直无法停止使用社交媒体，即使其他人告诉你"你真的应该停止"。 | 1 | 2 | 3 | 4 | 5 |
| 13.经常使用社交媒体把注意力从你的问题上转移开。 | 1 | 2 | 3 | 4 | 5 |
| 14.经常使用社交媒体，可以使你不用去想不愉快的事情。 | 1 | 2 | 3 | 4 | 5 |
| 15.经常用社交媒体逃避负面情绪。 | 1 | 2 | 3 | 4 | 5 |
| 16.因使用社交媒体，做作业或工作时无法集中注意力。 | 1 | 2 | 3 | 4 | 5 |
| 17.因晚上使用社交媒体太晚，经常睡眠不足。 | 1 | 2 | 3 | 4 | 5 |

续表

| 项目 | 从不 | 偶尔 | 有时 | 经常 | 总是 |
|---|---|---|---|---|---|
| 18.因社交媒体的使用,经常和别人争吵。 | 1 | 2 | 3 | 4 | 5 |
| 19.经常对你的父母或朋友在社交媒体上花了多少时间上撒谎。 | 1 | 2 | 3 | 4 | 5 |
| 20.经常对别人隐藏社交媒体的使用。 | 1 | 2 | 3 | 4 | 5 |
| 21.经常偷偷使用社交媒体。 | 1 | 2 | 3 | 4 | 5 |
| 22.因使用社交媒体,经常不关注身边的人(如家人或朋友)。 | 1 | 2 | 3 | 4 | 5 |
| 23.因使用社交媒体,经常对兴趣爱好或其他活动失去兴趣。 | 1 | 2 | 3 | 4 | 5 |
| 24.因使用社交媒体,经常忽略其他活动。 | 1 | 2 | 3 | 4 | 5 |
| 25.因在社交媒体上花了太多时间,在学校或工作中遇到了严重的问题。 | 1 | 2 | 3 | 4 | 5 |
| 26.因社交媒体的使用,与你的父母和兄弟姐妹发生了严重的冲突。 | 1 | 2 | 3 | 4 | 5 |
| 27.因在社交媒体上花了太多时间而危及或失去了一段重要的友谊或关系。 | 1 | 2 | 3 | 4 | 5 |

表 6-2　社交媒体诊断简表

| 项目 | 从不 | 偶尔 | 有时 | 经常 | 总是 |
|---|---|---|---|---|---|
| 1.经常除了使用社交媒体之外什么事都不想做。 | 1 | 2 | 3 | 4 | 5 |
| 2.经常感到不满意,因为你想花更多的时间在社交媒体上。 | 1 | 2 | 3 | 4 | 5 |
| 3.当你不能使用社交媒体时,常常感到很难过。 | 1 | 2 | 3 | 4 | 5 |

续表

| 项目 | 从不 | 偶尔 | 有时 | 经常 | 总是 |
|---|---|---|---|---|---|
| 4.试图减少在社交媒体上的时间，但失败了。 | 1 | 2 | 3 | 4 | 5 |
| 5.因使用社交媒体，经常忽略其他活动（如爱好、运动等）。 | 1 | 2 | 3 | 4 | 5 |
| 6.因社交媒体的使用，经常和别人争吵。 | 1 | 2 | 3 | 4 | 5 |
| 7.经常对你的父母或朋友在社交媒体上花了多少时间上撒谎。 | 1 | 2 | 3 | 4 | 5 |
| 8.经常用社交媒体逃避负面情绪。 | 1 | 2 | 3 | 4 | 5 |
| 9.因社交媒体的使用，与你的父母和兄弟姐妹发生了严重的冲突。 | 1 | 2 | 3 | 4 | 5 |

## 2. 卑氏 Facebook 成瘾量表（Bergen Facebook Addiction Scale，BFAS）

该表由 Andreassen 在 2012 编制，以 423 名挪威大学生为样本。该量表包括 6 个项目，包括显著性、情绪改变、冲突、戒断、容忍和复发。以 5 点形式计分，综合分数从 6 分到 30 分，程度从很少到非常频繁，询问在过去一年中症状发生的频率（表 6-3）。量表得分越高表明 Facebook 成瘾倾向越严重。

表 6-3　卑氏 Facebook 成瘾量表

| 项目 | 从不 | 偶尔 | 有时 | 经常 | 总是 |
|---|---|---|---|---|---|
| 1.花大量时间思考 Facebook 或上 Facebook 时的情形。 | 1 | 2 | 3 | 4 | 5 |
| 2.越来越迫切地想上 Facebook。 | 1 | 2 | 3 | 4 | 5 |
| 3.上 Facebook 是为了忘记私人问题。 | 1 | 2 | 3 | 4 | 5 |
| 4.尝试减少上 Facebook 的次数但失败了。 | 1 | 2 | 3 | 4 | 5 |

续表

| 项目 | 从不 | 偶尔 | 有时 | 经常 | 总是 |
|---|---|---|---|---|---|
| 5.停止上 Facebook 会让你变得焦躁不安。 | 1 | 2 | 3 | 4 | 5 |
| 6.过度上 Facebook 对你的工作/学生产生消极影响。 | 1 | 2 | 3 | 4 | 5 |

### 3.青少年问题性移动社交媒体使用评估问卷

该问卷由姜永志等(2018)编制,共 20 个题目,包括黏性增加、生理损伤、遗漏焦虑、认知失败和负罪感 5 个因子(表 6-4)。该表以 5 点形式计分(1"完全不符合"～5"完全符合"),分数越高表明青少年问题性移动社交网络使用倾向越严重,单个因子得分越高表明青少年在问题性移动社交网络使用某方面的倾向越严重。

表 6-4　青少年问题性移动社交媒体使用评估问卷

| 项目 | 完全不符合 | 基本不符合 | 有些符合 | 基本符合 | 完全符合 |
|---|---|---|---|---|---|
| 1.每天都会无意识地频繁翻阅手机 APP、查看朋友圈动态等,自己都记不清有多少次。 | 1 | 2 | 3 | 4 | 5 |
| 2.我总是无意识地拿起手机打开社交应用程序,漫无目的地随意翻看。 | 1 | 2 | 3 | 4 | 5 |
| 3.总是不经意间延长了使用手机移动社交网络的时间而没有觉察。 | 1 | 2 | 3 | 4 | 5 |
| 4.我每天都会花费大量的时间用来登录和查看朋友圈。 | 1 | 2 | 3 | 4 | 5 |
| 5.我对手机移动社交网络产生了一定的依赖,有时不能控制玩的时间。 | 1 | 2 | 3 | 4 | 5 |
| 6.频繁和长时间使用移动社交网络刷朋友圈和浏览信息,常使我的眼睛干涩、视觉疲劳。 | 1 | 2 | 3 | 4 | 5 |

续表

| 项目 | 完全不符合 | 基本不符合 | 有些符合 | 基本符合 | 完全符合 |
|---|---|---|---|---|---|
| 7. 长时间使用手机刷朋友圈、聊天和浏览信息,保持固定姿势,常使我的颈椎酸痛。 | 1 | 2 | 3 | 4 | 5 |
| 8. 长时间使用手指滑手机屏幕,常使我的手指肌肉酸痛。 | 1 | 2 | 3 | 4 | 5 |
| 9. 长时间使用手机移动社交网络刷屏,使我的视力明显下降。 | 1 | 2 | 3 | 4 | 5 |
| 10. 频繁和长时间使用移动社交网络,常导致睡眠不足和睡眠质量差。 | 1 | 2 | 3 | 4 | 5 |
| 11. 当手机突然联不上网,无法查看社交应用程序时,常会感到担心和焦虑。 | 1 | 2 | 3 | 4 | 5 |
| 12. 如果一会儿没有在手机上查看微信、微博等,总担心会遗漏或错过什么信息。 | 1 | 2 | 3 | 4 | 5 |
| 13. 我只要打开手机社交 APP 就不愿意退出来,总想再看一会才会满足。 | 1 | 2 | 3 | 4 | 5 |
| 14. 我总是想要控制使用手机移动社交网络刷屏的时间、频率和强度,但却总是没什么效果。 | 1 | 2 | 3 | 4 | 5 |
| 15. 由于移动社交网络中的信息数量大、更新快,我没有时间去深入思考这些信息的价值。 | 1 | 2 | 3 | 4 | 5 |
| 16. 频繁和长时间使用移动社交网络刷屏看朋友圈等,深入思考问题的时间比以前少了。 | 1 | 2 | 3 | 4 | 5 |
| 17. 手机移动网络的便利,使我很少用脑子去记忆,这也导致了我的记性越来越不好。 | 1 | 2 | 3 | 4 | 5 |
| 18. 频繁和长时间手机使用移动社交网络,与现实生活中朋友、家人沟通减少了。 | 1 | 2 | 3 | 4 | 5 |

| 项目 | 完全<br>不符合 | 基本<br>不符合 | 有些<br>符合 | 基本<br>符合 | 完全<br>符合 |
|---|---|---|---|---|---|
| 19.当使用移动社交网络刷屏或聊天时间过长而耽误学习或工作时,常会感到后悔和内疚。 | 1 | 2 | 3 | 4 | 5 |
| 20.因使用社交网络而耽误了做正事,常会感到后悔玩手机耽误了时间。 | 1 | 2 | 3 | 4 | 5 |

### 4.大学生网络关系依赖倾向量表

钱铭怡等(2006)编制的大学生网络关系依赖倾向量表(IRDI),共27个项目,采用5点计分(1"非常不符合"~5"非常符合"),用于评估大学生网络关系依赖程度,测量其社交网络成瘾水平。量表包括依赖性、关系卷入、交流获益三个维度,总分愈高者网络关系依赖倾向愈显著(表6-5)。

表6-5　大学生网络关系依赖倾向量表

| 项目 | 非常<br>不符合 | 不太<br>符合 | 不确定 | 比较<br>符合 | 非常<br>符合 |
|---|---|---|---|---|---|
| 1.我非常期待某些网友在线。 | 1 | 2 | 3 | 4 | 5 |
| 2.网络不通或者网速慢影响网上交流时,我会感到愤怒、烦躁。 | 1 | 2 | 3 | 4 | 5 |
| 3.我喜欢回忆自己和网友在线交流时的场景。 | 1 | 2 | 3 | 4 | 5 |
| 4.我觉得对网上的某些朋友很牵挂。 | 1 | 2 | 3 | 4 | 5 |
| 5.我喜欢给予或接受网友的帮助。 | 1 | 2 | 3 | 4 | 5 |
| 6.如果几天不上网与人交流,我会感受到抑郁、孤单或者情绪不稳定。 | 1 | 2 | 3 | 4 | 5 |
| 7.我会为了与网友交流而减少睡眠时间。 | 1 | 2 | 3 | 4 | 5 |

**续表**

| 项目 | 非常<br>不符合 | 不太<br>符合 | 不确定 | 比较<br>符合 | 非常<br>符合 |
|---|---|---|---|---|---|
| 8.我试图减少网络交流的时间,但总是失败。 | 1 | 2 | 3 | 4 | 5 |
| 9.我有戒掉网络交流的冲动,但总是无法付诸行动。 | 1 | 2 | 3 | 4 | 5 |
| 10.我对网络交流没戒掉多久,就又忍不住上线了。 | 1 | 2 | 3 | 4 | 5 |
| 11.我发觉自己上网与人交流的欲望越来越强。 | 1 | 2 | 3 | 4 | 5 |
| 12.我会将一些网络交流的工具装了又删,删了又装。 | 1 | 2 | 3 | 4 | 5 |
| 13.当我不在线的时候,我会感到抑郁,情绪不稳定或者孤单,而这些感觉一旦上网与人交流就会消失。 | 1 | 2 | 3 | 4 | 5 |
| 14.上网与人交流影响了我的工作效率或者学习成绩。 | 1 | 2 | 3 | 4 | 5 |
| 15.如果某天没有上网与人交流,我做其他事情会心不在焉。 | 1 | 2 | 3 | 4 | 5 |
| 16.隐藏自己网络交流的情况,我曾向自己的朋友或者家人撒谎。 | 1 | 2 | 3 | 4 | 5 |
| 17.我通过网络与人交流的时候会感觉更放松。 | 1 | 2 | 3 | 4 | 5 |
| 18.在网上与人交流的时候有更多的话题。 | 1 | 2 | 3 | 4 | 5 |
| 19.由于大量时间用于网络交流而让我忽略与周围人的相处。 | 1 | 2 | 3 | 4 | 5 |
| 20.在网上与人交流我感觉是更真实的自己。 | 1 | 2 | 3 | 4 | 5 |

续表

| 项目 | 非常<br>不符合 | 不太<br>符合 | 不确定 | 比较<br>符合 | 非常<br>符合 |
|---|---|---|---|---|---|
| 21.在网上与人交流的时候我感到更无所顾忌。 | 1 | 2 | 3 | 4 | 5 |
| 22.当生活中遇到一些麻烦或者问题、困扰时,我会用网络交流来稳定自己的情绪。 | 1 | 2 | 3 | 4 | 5 |
| 23.在网上交流的时候感觉自己更有吸引力。 | 1 | 2 | 3 | 4 | 5 |
| 24.在网上交流比现实生活中的交流更容易。 | 1 | 2 | 3 | 4 | 5 |
| 25.每天在线与人交流的时间还和以前一样长我会感到不满。 | 1 | 2 | 3 | 4 | 5 |
| 26.我发誓不见网友没多久,就又忍不住去见了。 | 1 | 2 | 3 | 4 | 5 |
| 27.网络交流让我觉得更被认可。 | 1 | 2 | 3 | 4 | 5 |

### 5.中文社交网络成瘾量表

该表由 Liu 等于 2018 年编制而成。该量表是在借鉴早期社交网络成瘾的相关研究成果,以及参考已有社交媒体问卷的基础上,以社交网络如微信、微博和 QQ 为基础编制的、28 个项目的中文社交网络成瘾量表,用于考察个体的社交网络成瘾状况。该量表共分为六个维度:网上社交互动偏好、情绪变化、负面后果、戒断症状、突显性、复发性。量表以 5 点形式计分(1"完全不同意"~5"完全同意"),量表总得分越高表明大学生社交网络过度使用行为越严重(表 6-6)。

表 6-6　中文社交网络成瘾量表

| 项目 | 完全<br>不同意 | 基本<br>不同意 | 不确定 | 基本<br>同意 | 完全<br>同意 |
|---|---|---|---|---|---|
| 1.通过社交媒体,我得到了更多的尊重。 | 1 | 2 | 3 | 4 | 5 |
| 2.社交媒体网站上的朋友对我更友好。 | 1 | 2 | 3 | 4 | 5 |

续表

| 项目 | 完全不同意 | 基本不同意 | 不确定 | 基本同意 | 完全同意 |
|---|---|---|---|---|---|
| 3. 通过社交媒体的交流，我感到更加自信。 | 1 | 2 | 3 | 4 | 5 |
| 4. 通过社交媒体交流，我感到更舒适。 | 1 | 2 | 3 | 4 | 5 |
| 5. 通过社交媒体的交流，我感到更安全 | 1 | 2 | 3 | 4 | 5 |
| 6. 社交媒体上的朋友给了我更多的支持。 | 1 | 2 | 3 | 4 | 5 |
| 7. 当我不开心的时候，使用社交媒体可以让我开心。 | 1 | 2 | 3 | 4 | 5 |
| 8. 当我心情不好的时候，使用社交媒体可以让我感觉好一些。 | 1 | 2 | 3 | 4 | 5 |
| 9. 当我感到无聊的时候，使用社交媒体可以让我感觉更好。 | 1 | 2 | 3 | 4 | 5 |
| 10. 社交媒体可以让我远离不愉快的情绪。 | 1 | 2 | 3 | 4 | 5 |
| 11. 当我感到孤独时，使用社交媒体可以缓解我的孤独感。 | 1 | 2 | 3 | 4 | 5 |
| 12. 尽管社交媒体对我有一些负面影响，但我会继续使用它。 | 1 | 2 | 3 | 4 | 5 |
| 13. 尽管社交媒体对我有负面影响，但我仍然查看/发送帖子、回复他人等。 | 1 | 2 | 3 | 4 | 5 |
| 14. 尽管社交媒体对我有负面影响，我还是继续浏览、评论等。 | 1 | 2 | 3 | 4 | 5 |
| 15. 我会因使用社交媒体而分心。 | 1 | 2 | 3 | 4 | 5 |
| 16. 因使用社交媒体，我不止一次地减少了睡眠时间。 | 1 | 2 | 3 | 4 | 5 |
| 17. 如果没有时间使用社交媒体，我感觉我错过了什么。 | 1 | 2 | 3 | 4 | 5 |

| 项目 | 完全不同意 | 基本不同意 | 不确定 | 基本同意 | 完全同意 |
|---|---|---|---|---|---|
| 18.如果我不能使用社交媒体,我会感到焦虑。 | 1 | 2 | 3 | 4 | 5 |
| 19.如果我不能使用社交媒体,我会感到失落。 | 1 | 2 | 3 | 4 | 5 |
| 20.如果有一段时间我没有使用社交媒体,我会想知道社交媒体上发生了什么事。 | 1 | 2 | 3 | 4 | 5 |
| 21.如果我不能使用社交媒体,我会想念它。 | 1 | 2 | 3 | 4 | 5 |
| 22.当我被禁止使用社交媒体时,我感到有点烦躁。 | 1 | 2 | 3 | 4 | 5 |
| 23.在使用社交媒体的时候,我几乎忘记了所有其他事情。 | 1 | 2 | 3 | 4 | 5 |
| 24.在使用社交媒体的时候,我不会去想其他的事情。 | 1 | 2 | 3 | 4 | 5 |
| 25.当我使用社交媒体时,我几乎完全投入其中。 | 1 | 2 | 3 | 4 | 5 |
| 26.我尝试过减少使用社交媒体,但没有成功。 | 1 | 2 | 3 | 4 | 5 |
| 27.我努力控制使用社交媒体的时间,但是失败了。 | 1 | 2 | 3 | 4 | 5 |
| 28.我试图减少登录社交媒体的次数,但是失败了。 | 1 | 2 | 3 | 4 | 5 |

### 6. Facebook 入侵问卷

Elphinston 等(2011)以 342 名澳大利亚在校大学生为样本编制的 Facebook 入侵问卷(Facebook Intrusion Questionaire,FIQ),主要用来测量 Facebook 入侵水平,共包括 8 个条目(表 6-7)。以 1～7 点形式计分,分数越高表明其 Facebook 使用水平越高。

表 6-7　Facebook 入侵问卷

| 项目 | 非常不同意 | 不同意 | 比较不同意 | 不确定 | 比较同意 | 同意 | 非常同意 |
|---|---|---|---|---|---|---|---|
| 1.当我不使用 Facebook 时,我会经常想起它。 | 1 | 2 | 3 | 4 | 5 | 6 | 7 |
| 2.我经常使用 Facebook,没有特别的原因。 | 1 | 2 | 3 | 4 | 5 | 6 | 7 |
| 3.由于 Facebook 的使用,我与其他人发生了争执。 | 1 | 2 | 3 | 4 | 5 | 6 | 7 |
| 4.当我觉得需要访问 Facebook 时,我会停止我正在做的任何事情。 | 1 | 2 | 3 | 4 | 5 | 6 | 7 |
| 5.当使用 Facebook 的时候,我感觉和其他人有了联系。 | 1 | 2 | 3 | 4 | 5 | 6 | 7 |
| 6.我不知道自己用了多少次 Facebook。 | 1 | 2 | 3 | 4 | 5 | 6 | 7 |
| 7.一想到无法访问 Facebook,我就感到很难过。 | 1 | 2 | 3 | 4 | 5 | 6 | 7 |
| 8.我无法减少 Facebook 的使用。 | 1 | 2 | 3 | 4 | 5 | 6 | 7 |

## 7.青少年脸书成瘾量表

该表由谢龙卿(2015)编制,包括五个维度:自我解禁、重要与强迫、耐受与戒断、否定与异常、虚拟友情依赖,共 25 个项目,采用从"1＝非常不符合"到"5＝非常符合"的四级评分,量表总分从 0 分到 100 分,询问其在日常生活中青少年脸书(Facebook)的使用情况(表 6-8)。量表得分愈高,表明个体脸书成瘾倾向愈严重。

表 6-8　青少年脸书成瘾量表

| 项目 | 非常不符合 | 不符合 | 符合 | 非常符合 |
|---|---|---|---|---|
| 1.我曾上脸书而搁置重要的事情。 | 1 | 2 | 3 | 4 |
| 2.若生活缺少脸书会毫无乐趣可言。 | 1 | 2 | 3 | 4 |

| 项目 | 非常<br>不符合 | 不符合 | 符合 | 非常<br>符合 |
|---|:---:|:---:|:---:|:---:|
| 3.心情不好时,我会上脸书找朋友。 | 1 | 2 | 3 | 4 |
| 4.寂寞时,我会上脸书找人聊天。 | 1 | 2 | 3 | 4 |
| 5.我上脸书的时间常常超出自己的预期。 | 1 | 2 | 3 | 4 |
| 6.我曾尝试减少上脸书的时间却徒劳无功。 | 1 | 2 | 3 | 4 |
| 7.比起以前,我上脸书的时间越来越多。 | 1 | 2 | 3 | 4 |
| 8.我每次都只想上脸书待一会儿,但常常一待就待<br>很久。 | 1 | 2 | 3 | 4 |
| 9.只要有一段时间没上脸书就会就会觉得像失去什<br>么一样。 | 1 | 2 | 3 | 4 |
| 10.我在离线时会觉得空虚、心情不好或紧张,在上<br>脸书后,上述症状却一扫而空。 | 1 | 2 | 3 | 4 |
| 11.当我尝试减少或停止上脸书时,心情会变得<br>不好。 | 1 | 2 | 3 | 4 |
| 12.我只要一有空,就会忍不住想上脸书。 | 1 | 2 | 3 | 4 |
| 13.我只要一看到电脑就会有上脸书的冲动。 | 1 | 2 | 3 | 4 |
| 14.虽然上脸书对我的日常生活产生负面影响,但我<br>仍然没有减少上网的时间。 | 1 | 2 | 3 | 4 |
| 15.我曾因上脸书太久而有腰酸背痛等其他不适<br>症状。 | 1 | 2 | 3 | 4 |
| 16.因为上脸书的关系,我平时休闲活动的时间减<br>少了。 | 1 | 2 | 3 | 4 |
| 17.玩脸书对我的学业成绩已造成负面影响。 | 1 | 2 | 3 | 4 |
| 18.我觉得在脸书里比在现实世界中更容易交到<br>朋友。 | 1 | 2 | 3 | 4 |
| 19.我觉得脸书上的朋友是我重要的情感支持者。 | 1 | 2 | 3 | 4 |

续表

| 项目 | 非常<br>不符合 | 不符合 | 符合 | 非常<br>符合 |
|---|---|---|---|---|
| 20.我觉得在脸书中的自己与现实生活中的自己有很大的不同（如变得较不害羞、更善于社交、有更多的朋友、更有人缘）。 | 1 | 2 | 3 | 4 |
| 21.在脸书上可以做我想做的事情，不受约束。 | 1 | 2 | 3 | 4 |
| 22.被别人误解时，我会上脸书寻求慰藉。 | 1 | 2 | 3 | 4 |
| 23.在脸书上，我什么话都敢说。 | 1 | 2 | 3 | 4 |
| 24.我很喜欢在脸书上认识新朋友。 | 1 | 2 | 3 | 4 |
| 25.我会向脸书上的网友倾诉心中的秘密。 | 1 | 2 | 3 | 4 |

## 8. 问题性社交网络使用量表(FAS)

陈春宇等（2018）对 Facebook 成瘾量表进行修订，编制了问题性社交网络使用量表。该表采用李克特 5 点计分法，共 8 个项目，如"社交网站使用过多让我难以入睡"等，测量个体问题性社交网络使用的程度，得分越高，个体问题性社交网络使用程度越高（表 6-9）。

表 6-9　问题性社交网络使用量表

| 项目 | 完全<br>不符合 | 比较<br>不符合 | 不<br>确定 | 比较<br>符合 | 非常<br>符合 |
|---|---|---|---|---|---|
| 1.社交网站使用让我无法专心学习。 | 1 | 2 | 3 | 4 | 5 |
| 2.每天一早醒来，我最先想到的事就是登录社交网站。 | 1 | 2 | 3 | 4 | 5 |
| 3.社交网站使用过多让我难以入睡。 | 1 | 2 | 3 | 4 | 5 |
| 4.社交网站使用干扰了我的日常社交活动。 | 1 | 2 | 3 | 4 | 5 |
| 5.我的亲朋好友认为我都社交网站使用时间过长。 | 1 | 2 | 3 | 4 | 5 |
| 6.无法正常使用社交网站让我感到焦躁不安。 | 1 | 2 | 3 | 4 | 5 |

| 项目 | 完全<br>不符合 | 比较<br>不符合 | 不<br>确定 | 比较<br>符合 | 非常<br>符合 |
|---|---|---|---|---|---|
| 7.情绪低落时,我常登录社交网站以使自己<br>好受点。 | 1 | 2 | 3 | 4 | 5 |
| 8.我曾试图减少社交网站使用时间,但最终<br>没有做到。 | 1 | 2 | 3 | 4 | 5 |

除此之外,应用较多的还有下列量表:Wilson 等（2010）以 201 名大学生为样本编制而成的量表。该量表共包含 3 道题目,分别是:①我每天早上起来做的第一件事情是登录社交网站（如 My Space、Facebook 等）;②我很难控制自己不去使用社交网站（如 My Space、Facebook 等）;③当我不能使用社交网站（如 My Space、Facebook 等）时,我感到很迷茫。该表采用 7 点计分,1（非常不同意）～7（非常同意）,量表总分越高代表社交网站使用的成瘾倾向也越高。熊婕等（2012）年编制的大学生手机成瘾倾向量表中社交抚慰分量表,该分量表包含三个项目,采用李克特 1～5 点计分法,分数越高表明手机社交依赖性越强。研究者编制了适用于大学生群体的大学生社交网络成瘾倾向问卷,包含情绪改变、强迫性、冲突性三个维度,共 18 个项目,强迫性维度 5 道题、情绪改变维度 7 道题,社会适应性维度 6 道题。该问卷采用 5 点计分法,其 1～5 分别表示“非常不符合”到“非常符合”。总分越高代表社交网络成瘾的可能性即社交网络成瘾倾向越高。目前该问卷的信效度在本土化使用过程中也已得到验证（王昊,2021）。姜永志等（2017）参考前人关于社交媒体问卷的测量工具,编制出了 16 个项目的大学生问题性移动网络使用问卷,包括戒断症状、社交抚慰、社交功能受损、耐受性提高 4 个维度。该问卷采用 5 级评分,问卷得分越高表明社交网络过度的使用行为越严重。Hou 等（2017）对 Elphinston 等编制的 Facebook 入侵量问卷进行翻译与修订,他们根据对中国大学生的访谈,在原有的 8 个题目上另增了 2 个题目,形成了 10 个项目的社交网站入侵量表（微博版）,总分越高,表明个体有越高

水平的社交网站问题性使用。

## 二、社交网络成瘾的诊断

### (一)临床诊断标准

目前研究中暂无明确的诊断标准。

### (二)量表诊断标准

#### 1. Eijnden 的诊断标准

Eijnden 等基于 DSM-5 中的网络游戏成瘾量表的诊断标准，编制了社交媒体诊断简版量表，共 9 个项目，采用 5 级评分法，1 代表"从不"、2 代表"偶尔"、3 代表"有时"、4 代表"经常"、5 代表"总是"，包括 9 个诊断标准，分别为专注性、耐受性、戒断症状、持续性、逃避性、问题性、欺骗性、转移性、冲突性。如果在 12 个月内，个体状况符合这 9 项标准中的 5 项或以上，就会被诊断为患有社交网络成瘾(Eijnden et al, 2016)。

#### 2. 钱铭怡的诊断标准

钱铭怡等以 549 名中国大学生为样本编制的大学生网络关系依赖量表，共 27 个项目，采用 5 点计分法，1 代表"非常不符合"、2 代表"不太符合"、3 代表"不确定"、4 代表"比较符合"、5 代表"非常符合"，量表包含依赖性、关系卷入和交流获益三个维度，其诊断标准为个体总得分大于等于 85 分(钱铭怡等,2006)。

## 三、青少年社交网络成瘾的现状

随着社交网络的不断发展，各类产品之间寻求差异化的发展，研究者们将其称为从"增量性娱乐"到"常量性生活"的演变。目前社交网络逐渐拓展到移动手机平台领域，凭借手机普遍性、便利性、及时性等特性,利用各类交友软件、即时通信邮件、收发器等软件(QQ、微信、微博等)使得手机将成为新的社交网络的主要载体。数据显示,2018年12月,微信月活跃用户数10.2亿,QQ月活跃用户数6.5亿,微博月活跃用户数3.2亿,三者仍是市场主流应用。2018年12月中国有网民规模8.28亿人,互联网普及率59.60%;2019年6月中国有网民规模8.54亿,互联网普及率61.20%;2020年12月中国有网民规模9.89亿,互联网普及率70.40%;2021年6月中国有网民规模10.11亿,互联网普及率71.60%,详见图6-1。

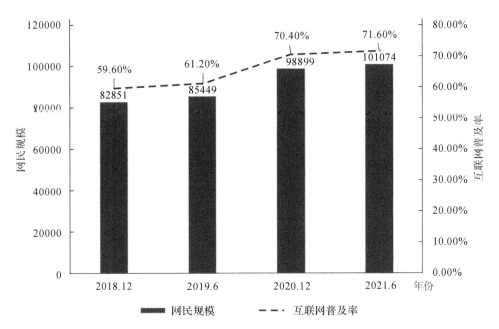

图 6-1　2018—2021 年我国网民规模和互联网普及率

在此,我们梳理了近些年来文献中的青少年社交网络成瘾的得分,以期在一定程度上揭示青少年社交网络成瘾的现状和特点。

从表 6-10 中我们可以看出:一是大部分研究报道的青少年社交成瘾的发生率并不高,但有逐年上升的趋势;二是社交网络成瘾的测量工具相对分散,尚未达到统一,较多是从以 DSM 为标准的游戏成瘾界定量表改编而来的;三是对成瘾率的比较发现,男女性青少年并无明显差异。

表 6-10　部分国家和地区青少年社交网络成瘾的得分或发生率

| 国家 | 作者 | 被试年龄/岁 | 被试量 | 测量工具 | 得分（总分）/发生率 |
|---|---|---|---|---|---|
| 挪威 | Andreassen,et al（2012） | 平均年龄 22±4 岁 | 423 | The Bergen Facebook addiction scale | 不详 |
| 秘鲁 | Wolniczak,et al（2013） | 平均年龄 22.1±2.5 岁 | 418 | The questionnaire of Facebook dependence | 8.61% |
| 中国 | Hong et al.（2014） | 18—22 | 215 | Facebook addiction scale | 30.59（72） |
| 法国 | Moreau et al.（2015） | 12—25 | 456 | 网络成瘾（IAT）改编版 | 10.31% |
| 中国 | Wang et al（2015） | 8 年级至 11 年级 | 920 | bergen facebook addiction scale（BFAS） | 16.30% |
| 中国 | 谢龙卿等（2015） | 国高中（具体年龄不详） | 1410 | 青少年脸书成瘾量表 | 60.64（120） |
| 德国 | Müller,et al（2016） | 青少年（具体年龄不详） | 9173 | scale for the assessment of internet and computer game | 2.14% |
| 希腊+英国+其他 | Xanidis et al.（2016） | 18—58 | 324 | internet addiction diagnostic questionnaire | 2.59±1.80（8） |
| 中国 | 马建苓等（2019） | 18—23 | 493 | 中文社交网络成瘾量表 | 74.45±18.00（140） |
| 中国 | 张志云（2019） | 平均年龄 19.69±1.46 岁 | 554 | 问题性社交网站使用问卷 | 2.70±0.80（5） |
| 中国 | 叶娜等（2019） | 大一至大四的大学生 | 615 | 社交抚慰量表 | 2.55±0.90（5） |
| 中国 | 张永欣等（2021） | 16—21 | 646 | 简版社交网站成瘾倾向量表 | 2.32±0.73（5） |
| 中国 | 张静等（2021） | 12—16 | 2672 | 青少年问题性移动社交网络使用评估问卷 | 2.69±0.79（5） |

# 第三节 影响因素

姜永志(2019)将青少年社交网络成瘾的影响因素概括为人格特质因素、情绪因素和社会交往因素三个方面,阐述了其对青少年的社交网络成瘾产生的影响。本书试图从人格特质因素、情绪因素和社会交往因素以及其他因素四个方面补充近年来的最新研究成果,着重考察其对青少年社交网络成瘾的影响。

## 一、人格特质因素

人格特质作为行为成瘾的重要预测指标,也对网络成瘾行为具有显著的预测作用。有研究发现高神经质人格可以显著预测网络成瘾行为(Bane et al.,2010);还有研究认为高外向性人格可以显著预测网络成瘾行为;也有研究认为高内向性可以显著预测网络成瘾行为(Yan et al.,2014)。社交网络成瘾常被看作网络成瘾子类型或社交使用偏好(姜永志等,2016),因此社交网络成瘾也会受人格特质的影响。

### (一)大五人格

现有研究中,主要使用大五人格理论与社交网络成瘾发生机制进行探讨(Andreassen et al.,2012)。具有高外向性和高神经质的青少年使用社交网络的频率更高,也更容易拥有更多的在线社交朋友。Wilson 等(2010)以大学生为研究对象的研究中,发现高外向性和低责任感对社交网络成瘾具有显著预测作用。此外 Wang 等(2015)对香港大学生的研究也发现,人格特质与社交网络成瘾有显著的相关性,尤其是高外向性、高神经质和低责任感可以显著预测社交网络成瘾。张静等(2021)的研究也发现,神经质人格能正向预测青少年的问题性移动社交网络使用。综合上述研究,在大五人格与社交网络成瘾的关系中,责任心、外倾性与神经质性三个人格因素均能对社交网络成瘾进行预测。其中,高外倾性的青少年更加活跃、合群、热情、富有表现力,并且具有更多的积极情绪,它对社交网络成瘾的预测验证了"富者更富模型";高神经质的青少年具有易情绪化、易冲动、易焦虑和逃避现实等特点,它对社交网络成瘾的预测也验证了"使用与满足理论"。

### (二)其他人格特质

除大五人格对社交网络成瘾的预测研究外,也有研究者使用特定的人格如抑郁性、自恋性和边缘性人格等,对社交网络成瘾的发生机制开展研究。其中抑郁性人格特质可以显著正向预测 Facebook 成瘾行为(Hong et al.,2014)。有自恋型人格倾向的青少年希望在社交网络中展示自己最好的一面,期望通过社交网络构建理想自我,使得他们在社交网络中表现得更加活跃,更可能出现社交网络成瘾。自恋不仅直接预测社交网络成瘾,还通过炫耀性自我呈现的中介作用间接预测社交网络成瘾(丁倩等,2019b)。对青少年社交网络成瘾行为的聚类分析的研究发现,青少年社交网络成瘾中呈现出某些精神学症状,以抑郁为核心的边缘性人格青少年组其社交网络成瘾的得分要高于正常组,抑郁症状被认为是社交网络成瘾的有效预测变量(Moreau et al.,2015)。

## 二、情绪因素

以往研究都认为积极情绪可以促进积极行为的发生,而消极情绪往往导致消极的行为。例如,在网络成瘾相关研究中,某些负性情绪(孤独感、无聊感等)在成瘾行为中起关键作用。此外,负性情绪与社交网络成瘾也存在密切关系。

### (一)社交焦虑

社交焦虑是个体在与他人交往过程中心理出现的紧张、焦虑、不安等消极情绪反应,这种持续性负性情绪反应会给个体的生理、心理和行为带来消极影响。个体在现实社交中感到焦虑与恐惧时,会渴求通过网络社交来减轻现实社会交往所带来的焦虑水平。即如果青少年具有较高的社交焦虑,那么基于对现实社交焦虑的回避和对社交的心理需求,青少年更愿意通过社交网络来获得满足(Lee et al.,2014)。而且对于高社交焦虑的青少年来说,他们使用社会网络的时间要远远长于低社交焦虑的青少年,这就更易导致问题性社交网络使用的产生(张志云,2019;滕雄程等,2021)。

### (二)错失恐惧

错失恐惧(fear of missing out)是个体因担心错失他人的新奇经历或正性事件而产生的一种弥散性焦虑。有研究指出,那些具有较低心理需求满足、情绪较低落和生活满意度较低的个体报告了更多的错失恐惧(Lee et al.,2014c)。并且错失恐惧会使人们每天大多数时间都无法离开手机,错失恐惧显著预测社交网络成瘾,错失恐惧水平越高,个体社交网络成瘾水平越高(马建苓等,2019;王昊,2021)。

### (三)孤独感

孤独感是由社会交往能力缺失产生的一种负性情绪体验,个体如果在社交中不能体验到愉悦感,就会产生孤独感。高孤独感的个体更容易体验到负面情绪,因此也易产生更多的行为问题。孤独感对人际交往具有重要影响,高孤独感的个体往往伴随着高社交焦虑,在现实生活中常无法建立稳固的人际关系,并通过网络寻求替代满足。高孤独感的个体更倾向于在网络中寻求社交需求的满足,以弥补现实生活中的社交不足。孤独感除了直接对社交网络成瘾产生作用外,对社交网络成瘾的影响还通过"人际关系→积极自我呈现"的链式关系发生作用(李笑燃等,2018)。张志云(2019)的研究还发现,高孤独感的个体使用社交网络的时间与频率都远高于低孤独感的个体,孤独感能显著正向预测社交网络成瘾,并且还通过"社交焦虑→社会自我效能感"的链式中介作用对社交网络成瘾产生影响。

## （四）无聊感

无聊感是一种复合的负面情绪，即个体体验到缺乏刺激或挑战、焦虑、空虚、无精打采、无趣、时间知觉过慢等。无聊常使青少年通过寻求刺激来缓解这种负性情绪，例如，进行网络社交、玩网络游戏、网络信息浏览等。无聊感也是预测社交网络成瘾的重要因素。以往的研究表明，无聊倾向的个体可能会发生一系列行为问题。例如，Chen等（2016）的研究发现，具有无聊倾向的大学生，使用移动社交网络的频率与时间都显著长于一般大学生，而且发现高孤独感、高无聊感和低自我控制能力能够显著预测社交网络成瘾行为。童伟（2019）也发现，无聊对问题性移动社交网络使用存在正向预测作用，并且还通过自我控制、交往焦虑、娱乐消遣动机的中介作用对问题性移动社交网络使用产生影响。

## （五）羞怯感

羞怯感是个体在人际交往中被他人评价时，在心理上产生的一种紧张、担心的心理倾向，其主要特征为个体花费较多的时间监控自己的感觉与行为，担心自己会给别人留下不好的印象，因而感到焦虑不安。赵长春等（2013）的研究发现，具有羞怯特征的大学生也具有强烈的社交需求与欲望，但他们的羞怯感抑制了这些需要的表现。此外雷雳等（2006）的研究发现，内向性人格的大学生更愿意通过网络社交平台（QQ、微信、微博等）来构建自己的人际关系。有研究发现，羞怯感除了对人际交往产生负面影响外，也可能是网络成瘾的重要影响因素。李菲菲等（2012）的研究中发现，羞怯感不但与网络人际交往依赖程度存在显著正相关，还能通过人际交往困扰间接影响大学生对移动社交网络的过度使用。

# 三、社会交往因素

互联网的高速发展极大地影响了人们的生活。尤其是基于智能手机的移动社交网络的发展,很大程度上改变了人们的社交方式,也产生了一系列社交交往问题。青少年正处于身心发展不平衡的年纪,移动社交网络中的某些错误信息可能会误导青少年的价值观或行为模式,从而产生消极影响。

## (一)社会适应

前人的研究表明,因社交技能缺失、自卑感、疏远感等导致的社会适应不良,可能是青少年沉迷社交网络的重要原因。尤其是当个体感到抑郁、疏离、焦虑等情绪时,因社会适应不良而不能在现实中与他人建立必要的联系,就更愿意通过使用社交网络与他人建立联系(Chen et al,2016)。Fox 等(2015)的研究也发现,社会适应不良的个体,往往表现出较低的自尊与自我认同水平,此外,社会适应不良会促使他们使用社交网络来提升自尊与自我认同水平。可见社会适应因素会促使个体倾向于使用社交网络,从而可能会影响社交网络成瘾。

## (二)人际交往困扰

人际交往困扰是个体与他人交往过程中,在交谈、交友、交往等方面存在沟通障碍,它常常伴随着消极情绪。以往的研究表明,人际交往困扰是影响手机网络过度使用行为的重要原因(李菲菲等,2012),管浩圻等(2015)的研究发现,高社交焦虑和高人际交往困扰的大学生更易形成移动网络过度使用行为。在新媒体时代,线上线下的双重生活构成了大学生的社交生活,存在高社交焦虑和高人际交往困扰的大学生自然更愿意通过网络社交的方式来满足自身人际交往的需要。

# 三、其他因素

## (一)自尊

自尊也可能是社交网络成瘾的影响因素之一。有研究表明,自尊心低的人,使用社交网络更为频繁,他们以此来提升自我形象和自尊。

低自尊水平的个体更容易形成社交网络成瘾，自尊与社交网络成瘾存在显著负相关（叶娜等，2019）。丁倩等（2020）的研究也发现，自尊能负向影响手机成瘾，自尊对手机成瘾的影响还通过"错失恐惧→问题性社交网络使用"的链式关系发生作用。

### （二）物质主义

物质主义是一种强调拥有物质财富重要性的个人价值观，包括四个具体的人格特质：嫉妒、小气、占有欲和保存。其中保存是指通过物品或照片等方式来使自己过去的体验重现。物质主义者通常倾向于以炫耀的方式展示自己或唤起他人的嫉妒。社交网络中上传照片和分享经历的功能正好能满足物质主义者的这些需求。有研究发现，物质主义能直接影响青少年的手机成瘾，并且社交导向的智能手机是其中的关键因素（Gentina et al.，2020）。张永欣等（2021）的研究表明，除了物质主义对社交网站成瘾的直接影响外，金钱、权利、声望和炫耀性自我呈现在物质主义与社交网站成瘾之间起多重中介作用。

### （三）生物因素

神经生物学经常被用来解释行为成瘾。从神经生物学的角度来看，对一些成瘾行为的治疗，如病理性赌博，往往是针对大脑奖赏系统进行药物干预。社交网络成瘾可能也存在类似的机制，一项研究结果表明，社交搜索（即从朋友的个人资料中提取信息）比社交浏览（即被动地阅读信息）更令人愉快。2017年的一项研究用结构磁共振成像对20个社交网站成瘾不同程度的被试者进行检测，结果表明社交网络成瘾很大程度上与大脑中的冲动系统有关，即通过减少在双侧杏仁核中的灰质体积（但在伏隔核中不存在结构差异）产生作用。

## 第四节　影响后果

随着青少年使用社交网络的时间越来越长、强度越来越高，长期沉迷于社交网络会给他们的日常生活、社会交往、心理健康等方面带来消极影响。但是社交网络成瘾对青少年身心发展的影响作用和机制较为复杂，在此我们选取研究成果相对充分的几个方面来进行阐述。

## 一、负面情绪

社交网络的过度使用可能会导致强烈的负面情绪，如压力、焦虑、抑郁和生活不快等。Müller 等（2016）年的研究发现，社交网络成瘾存在一系列成瘾症状如截断、耐受性等，这些会导致个体感到心理痛苦、从而引起一系列身心问题。其他研究也证实，在线社交网络成瘾、互联网成瘾和智能手机成瘾的增加会导致个体抑郁和焦虑水平的上升。智能手机的过度使用会导致焦虑水平的提升，从而导致个体生活满意度降低。

## 二、睡眠障碍

以往的研究指出，社交网络成瘾与晚睡和晚醒时间之间关系密切（Andreassen et al，2012）。同样，Wolniczak 等（2013）发现，社交网络依赖者睡眠质量较差的发生率是没有任何社交网络依赖症状参与者的 1.3 倍。那些对社交网络成瘾的人可能会在床上花费大量时间使用社交网络，可能会因为夜间浏览社交网络而睡眠时间较少，他们将自己暴露在蓝光光谱中，这会扰乱昼夜节律，从而扰乱睡眠质量。这一结论也得到了一项跨文化研究的支持，Xanidis 等（2016）以不同国家的 324 名大学生为研究对象，对社交网络使用与睡眠质量的关系进行研究。结果发现不同国家的大学生在持续使用社交网络之后，均出现了睡眠质量的明显下降，同时也报道白天会出现更多的疲乏和困倦，以及由睡眠质量下降导致更多的认知失败。

### 三、自我评价

在社交网络中，青少年的个人信息、资料和行为活动等都是公开可见的，这使在线的社会比较成为社交网络中的一种普遍现象。有研究显示，社交网络中的社会比较与现实中的社会比较相似，对于青少年来说可能是有害的，尤其是当青少年出现社交网络成瘾时，这种社会比较导致的消极影响会更明显（Johnson et al.，2014）。Fox 等（2015）使用焦点小组法进行研究，要求被试叙述与社交网络有关的消极心理体验。社交网络中的社会比较以及由此产生的嫉妒心理和焦虑情绪，是他们体验到最多消极心理体验。在社交网络中，青少年倾向于展示自我最好的一面，甚至使用虚假自我呈现来获得他人的关注，并获得积极的心理体验。事实上，青少年在社交网络中看到的都是他人最好的一面，这种与他人最好一面的社会比较是将自己与他人的优势方面进行比较，这种比较常会给青少年带来"我不如他"的自卑心理。

### 四、网络侵犯行为

社交网络成瘾可能增加青少年受到网络侵犯行为的概率。Kwan 等（2013）对欧洲 25 个国家 1000 名青少年社交网络使用行为进行调查，发现社交网络的过度使用会增加青少年受到网络欺凌、在线骚扰、在线跟踪等伤害的风险。还有研究者（Sampasa-Kanyinga et al.，2015）发现问题性社交网络使用与网络欺负、心理压力和自杀意向存在显著正相关。社交网络成瘾可以显著预测在线的网络欺负、心理压力和自杀意向。同时，研究者也发现网络欺负在社交网络成瘾与心理压力间存在完全中介效应，网络欺负在社交网络成瘾与自杀意向之间起部分中介作用。

# 第五节　预防与干预

前已述及,青少年社交网络成瘾的影响因素大体包括人格特质因素、情绪因素和社会交往因素三个方面。因此,针对青少年社交网络成瘾的预防和干预,研究者试图从上述方面进行探索。

## 一、预防策略

由于社交网络成瘾这些年才进入研究者的视野,相较于网络成瘾、网络游戏成瘾,它的概念、形成机制、影响因素等尚未明确。因此我们借鉴雷雳等(2018)提出的网络游戏成瘾干预路径,在此简要阐述青少年社交网络成瘾的预防策略。

### (一)学校路径

一是学校应加强校园网络建设,使网页信息更贴近大学生需求,为青少年学习、就业提供良好的网络平台。此外辅导员和教师及时对学生存在的问题进行疏导和帮助。二是学校可定期组织"人际交往团体辅导活动",培养青少年良好的社交能力,通过激发青少年与人交往的主动性,帮助其拓展人际互动,使学生在实践中学会理解、接纳他人,锻炼良好人际交往的品格与技巧,从而减少不良网络交际的影响。

### (二)社会路径

社交网站本身是中性的,它的积极或消极影响本质上取决于个体如何去运用它。因此需要政府的干预。通过宣传社交网络成瘾的相关信息和知识、制定相关政策法规等一系列方式引导青少年正确认识网络交往。让青少年既充分利用网络扩大社交圈,又充分认识网络中存在的道德缺失、交往欺骗、垃圾信息等问题,提高青少年自我约束、自我保护以及信息判断处理能力,抵制网络不良信息的影响。

## 二、干预效果

随着行为成瘾的干预方案逐步完善，许多其他行为成瘾的干预措施（如认知行为治疗（合理情绪疗法）、自我疗法、团体心理辅导等）也被成功应用于社交网络成瘾的研究。但总的来说，由于社交网络成瘾的概念与相关研究起步较晚，关于青少年社交网络成瘾的实证干预研究相对较少，总体效果也有待验证。在此，我们通过对现有研究的梳理，从中选取几种相对较为成熟的干预模式做简要介绍，以期推动青少年社交网络成瘾的干预实践工作。

### （一）认知行为治疗

认知行为治疗包括探索个体心理和改变个体认知两个过程（Young，2007）。社交网络成瘾是网络成瘾的一个子类。根据 Davis 的"认知-行为"模型分析，个体之所以会社交网络成瘾，很可能是因为个体对网络活动的认知偏差和上网行为被反复强化。针对这种情况可采取认知行为治疗中的合理情绪疗法。首先，在访谈中了解致使个体对社交网络的不合理认知，如在现实中产生自我怀疑、自我效能感低等；认为在现实生活中没有人会喜欢他、尊重他，自己能获得他人喜欢、尊重的唯一场所是社交网络。其次，让成瘾者了解到自己的成瘾行为是因自己的错误认知导致的，心理治疗师要帮助成瘾者挑战自己的不合理认知，重建正确的认知方式，如肯定自己以及自己的人际关系等。逐步训练自己养成正确的社交网络使用习惯。

### （二）自我疗法

自我疗法是指用户通过减少或者限定使用移动社交的时间来逐步缓解成瘾行为。例如用户可以在上班或学习期间不带手机，固定且合理安排使用移动社交的时间，积极参与线下的社交活动等（Shonin，2014）。现有研究认为自我治疗是治疗社交网络成瘾的有效方式，移动运营商们也关注到用户使用移动应用会导致的费时和成瘾行为,针对性地开发时间管理工具(如 forest、番茄时钟、atimeLogger2 等),帮助用户管理时间和使用行为。

### (三)团体心理辅导

团体心理辅导对于青少年社交网络成瘾的干预效果也得到了实证。王昊(2021)考察了团体心理治疗对青少年社交网络成瘾的干预效果。研究者将 50 名错失恐惧量表与社交网络成瘾倾向量表得分都是高分的被试分为干预组(24 人)和对照组(26 人),干预组进行 8 次时间为 90 分钟的团体心理辅导,团体心理辅导结束后 16 周再进行量表追踪。结果表明,团体心理辅导后实验组错失恐惧和社交网络成瘾倾向水平后测结果都显著低于前测结果,而对照组错失恐惧和社交网络成瘾倾向水平后测和前测结果无显著差异。这说明团体心理辅导干预效果具有一定的稳定性,团体心理辅导有效改善了社交网络成瘾者的错失恐惧水平和社交网络成瘾倾向水平。

### (四)其他措施

其他干预措施有激励性访谈、家庭治疗等。激励性访谈是一种以成瘾者为中心、半定向的治疗方式,通过指出成瘾者当下状态与理想状态的差异,改变成瘾者行为的内在动机来探索解决矛盾,本质上是引导成瘾者发现其内在行为的不合理性与负面性,增加其改善的内在动机。

此外,家庭治疗已被广泛应用于青少年网络游戏成瘾的干预之中(Bonnaire et al.,2019),鉴于家庭因素在青少年社交网络成瘾形成发展中的重要作用,已有研究者将家庭治疗应用于青少年社交网络成瘾治疗中。家庭治疗通过调整家庭交流方式、合理安排家庭活动、明确家庭成员的责任等方式,来增加家庭成员互动,改善家庭成员关系,最终解决个体的心理问题。

◀◀ **拓展阅读**

## 来自社交网络的焦虑

### 社交网络焦虑症为何加重？

2014年，由美国班尼迪克大学和普罗斯登学院联合进行的调查显示，使用社交网络与他人互动之后，人们在面对面交际时会产生更大的焦虑。2015年，中国青年报社会调查中心对2000人进行的一项调查显示，61.5%的受访者表示自己经常使用网络社交软件，21.3%的受访者坦言会随时随地刷屏，62.8%的受访者表示自己对网络社交的依赖程度比较大，48.7%的受访者认为自己在网上"闲逛"属于无效社交。2016年，英国皇家公共卫生协会的一项研究表明，那些每天在社交媒体上花费两个小时以上的人更可能遇到压力和沮丧感等问题。

### 社交网络在焦虑什么？

新华网有评论指出，社交圈子，在某种意义上都是这样"约吗"的状态。每个人看似都很忙，但又都害怕被冷落，期待被邀约。但是又不能直接表达，只能通过一些隐晦的方式去呈现。事实上，人们很忙，生活很焦虑。而社交，一直被视为改变命运的方式之一。人们穿梭于各种饭局、酒局之间，寻找所谓的"贵人"。在社交网络时代，这种社交的冲动延续到互联网上，期望网络能改变他们。

英国《金融时报》也指出，社交媒体之所以被认为有问题，是因为它让观点相近的人们聚集在泡沫中，对相反的观点充耳不闻。它还让你看到此前从未看到的世界的碎片，这些碎片通常是由海啸般的愤怒带来的。与此同时，社交媒体对信息的筛选与过度聚焦，更在无形中推动了网民焦虑感的提升。

　　简言之,社交网络的焦虑感,一方面来自传统线下社交问题,例如,缺乏自信、渴望得到关注与认可等,这些问题在社交网络上得以延伸与体现甚至放大;另一方面,社交媒体对外界信息的筛选与聚焦,正逐步改变网民对世界与社会的认识,从而促使外部危机成为网民内心焦虑的又一重要来源。

# 第七章  网络赌博成瘾

◀◀ **批判性思考**

1. 赌博成瘾，早已成为世界各国都关注的问题。不论是否合法，赌博成瘾都衍生出大量的问题，给社会和家庭带来严重的影响。然而从经济的角度出发，合法的赌博制度能够给当地政府带来巨大收益，也促使外地旅客踊跃前往消费，这是不容置疑的。若财政收益显著提高，也能够带动当地的文化与教育产业，政府可投放大量资金用于可持续发展的教育计划，以及针对成年人的回归教育。但从社会效益与民众素质来看，赌博也的确会给当地带来一定程度的负面影响性，影响青少年对金钱的概念，让部分民众的认知方式与价值观出现偏差。赌博似乎是一把双刃剑，对此你怎么看？

2. 在网络赌博领域，Griffiths 等发现学生网络赌徒对网络赌博具有积极的态度。相较于传统赌博方式，他们更喜欢网络赌博，因为网络赌博的最小投注量更低，具有匿名性、24 小时可用性，节省时间，且可同时进行多人游戏。他们普遍认为互联网是一个值得信赖的媒介，并认为网上赌博比离线赌博更容易向他人隐瞒。然而，未成年人未形成成熟的社会心理、情感和行为管理策略，极易形成病态赌博。网络赌博防不胜防,你认为应当如何进行预防和干预?

3.有研究发现,成年人的物质主义是网络赌博和病态赌博的动机之一。金钱收益一直被认为是中国成年人的一种显著的赌博动机,并与他们的赌博参与和问题严重程度呈正相关。因此,无论是线上赌博还是线下赌博,物质主义都可能成为中国人对金钱和财产的内在驱动的来源之一,从而成为中国人参与赌博的突出风险因素。从社会、个人层面,你认为应当如何改善物质主义对网络赌博的影响?

## ◀◀ 关键术语

网络赌博,病态赌博,DSM-4,网络赌博成瘾,匿名性,青少年赌徒,赌博筛查工具,可获得性,事件频率,亢措匮乏,社会治理,学校氛围,攻击性,风险决策,预防路径,干预策略,心理治疗,认知行为疗法,一致性配偶疗法,简短干预疗法

本章主题为网络赌博成瘾,我们将概述网络赌博成瘾,介绍网络赌博成瘾测量与诊断,澄清网络赌博成瘾的影响因素及其影响后果,为读者揭示网络赌博成瘾的现状和特点,并简述网络赌博成瘾干预和治疗的最新研究进展。

## ◀◀ 热点扫描

当前,互联网技术飞速发展,网络违法犯罪形态也在不断更新、升级。"净网2021"专项行动启动以来,全国公安网安部门始终牢记维护网络安全的职责使命,动态研究网络违法犯罪趋势,深入剖析网络违法犯罪特点,严厉打击整治网络赌博犯罪活动。

——坚持"以打开路",重拳打击境内外赌博犯罪团伙以

及为赌博犯罪团伙提供资金结算、技术支持、宣传推广等帮助服务的黑产链条；

——坚持"以打促管"，会同有关部门持续加大网络清理整治和安全监管力度，全面排查、清理各网络平台涉赌营销推广信息，加强对境内外赌博信息识别、阻断和清理力度，净化网络空间；

——坚持"打研结合"，针对涉区块链、暗网等新型网络犯罪，不断创新侦查手段和打击策略，牢牢掌握网络空间主动权；

——坚持"打财断血"，将大量购买空壳公司、批量注册第三方支付商户和个人账户等异常行为作为侦查重点，严厉打击侵犯公民个人信息等为第四方支付平台提供帮助的上游犯罪，同时建立大数据模型，不断提升线索挖掘能力。

# 第一节 概述

赌博是指将金钱或者有价值的物品投入有风险的活动中，以期获得更多金钱或者有价值的物品的行为，容易产生犯罪行为。赌博行为的连续统一体可以被定义为从非赌博，到社交和娱乐赌博，继而是有问题的赌博，最后到病态赌博（Council，1999）。其中，学者将扰乱个人、家庭及职业追求，且具有持续性和复发性的、适应不良的赌博行为定义为赌博障碍（gambling disorder，GD），也称为问题性赌博、强迫性赌博、病理性赌博（pathological gambling，PG）等，最早在DSM-3 和 ICD-10 中被归为冲动型控制障碍，在 DSM-5 中将赌博障碍正式列入"成瘾"范畴，是严重影响人们身心健康的心理疾病之一。对于未严格满足诊断标准的异常赌博行为，学者将其称为问题赌博（problem gambling），存在广泛问题赌博行为的个体为问题赌博者（problem gambler）（Namrata et al.，2002）

随科技的迅速发展,赌博也进入数字时代,个体可使用电脑或手机在任何时间和任何地点进行赌博,赌博机会大大提升。而网络赌博作为新型赌博方式,又称为互联网赌博或在线赌博,是指个体通过个人终端上网赌博的活动(李焕,2013)。网络赌博跟传统赌博的区别在于形式的不同,其赌博的本质并没有发生变化,参与赌博利用的赌资可以是虚拟财产,在赌博的过程中也发生了交换。网络赌博成瘾是否可以归类为网络成瘾是个关键问题。目前对于网络成瘾的概念、诊断标准和治疗存在争议,仍需进一步明确和界定。有观点认为网络成瘾更可能是对网上的物质成瘾,网络只是一种新的传递奖赏体验的渠道而已,因此很难把网络成瘾看作单一障碍,所以,将网络赌博成瘾归为赌博成瘾更为合适(李焕,2013)。但网络使得赌博增加了便利性、匿名性和去社会性,更容易让赌博者出现心理健康问题,并可使冲动赌博发展为病态赌博。目前对于网络赌博成瘾,尚无准确定义。

网络赌博是传统赌博的种类的延伸。目前,按赌博的对象来分,一般可归纳为四类:①以传统赌博形式作为赌博的对象,如传统赌博的百家乐、21点、摇骰子、老虎机等,均可借助互联网技术,如软件联机、视频直播等进行赌博;②以体育比赛作为赌博的对象,如足球、篮球、高尔夫、赛马等赛事,参赌人员可以投注输赢、排名,进球数,甚至细分为单、双球,净胜球数等,赌法繁多;③以金融证券市场预期态势作为赌博的对象,通常指在互联网上将金融市场的预期值,如外汇、股票、期货市场的走势和波动性;④以互联网游戏作为赌博的对象,一些网络游戏公司设置了具有赌博性质的游戏来吸引玩家,如被紧急叫停的联众游戏中的"财富游戏"、腾讯公司的"棋牌游戏"等。玩家用现实货币兑换虚拟货币,网络竞技娱乐后赚取或消费虚拟货币,现有不少青少年以游戏皮肤代替虚拟货币赌博。根据文化部、商务部2009年联合下发的《关于加强网络游戏虚拟货币交易管理工作通知》确定以上行为都是变相的赌博行为。

# 第二节　测量与评估

## 一、网络赌博成瘾的测量

目前尚无专门测量网络赌博的量表，研究者通常自编量表或使用已有的赌博诊断量表。自编量表通常将过去一年有网络赌博经验的人归为网络赌博者，并要求其提供有关参与网络赌博程度的信息，包括他们赌博频率、赌博支出、最高投注金额，赌博场所、同伴、时间等（Wu et al.，2015）。

在有些地区，由于赌博行为非法，患者往往更难承认赌博问题并鲜有寻求专业帮助，当患者不得不寻求治疗时，疾病往往已十分严重，且已在经济、工作或人际关系上造成不良的影响。因此，引进针对赌博障碍的早期筛查工具，用于识别高患病风险人群，对减轻该疾病的负担将大有帮助。网络赌博的研究通常涉及网络使用和赌博行为，本节将重点介绍赌博行为的诊断量表。

### （一）DSM-5 病理性赌博诊断标准

DSM-5 病理性赌博诊断标准共 10 个条目，"是"或"否"作答，"是"计 1 分，"否"计 0 分，是目前在我国使用较多的结构简单工具，适用于快速筛查（表 7-1）。

表 7-1　DSM-5 病理性赌博诊断标准

| 项目 | 是 | 否 |
| --- | --- | --- |
| 1.过去一年里有几段时间老想着过去的博彩经历、计划下一次赌博活动或想着如何获得钱去赌博。 | 1 | 0 |

续表

| 项目 | 是 | 否 |
|---|---|---|
| 2. 在过去一年里为了获得相同的刺激感觉,赌注需要越来越大。 | 1 | 0 |
| 3. 在过去一年里屡次想戒赌或少赌都以失败告终。 | 1 | 0 |
| 4. 在过去一年里想减少或者停止赌博时,会感到焦躁不安或易怒。 | 1 | 0 |
| 5. 认为赌博是一种作为逃避个人问题或是排遣不安情绪(比如紧张、无助、内疚、焦虑或难过)的方式。 | 1 | 0 |
| 6. 在过去一年里输了后,常常想着换一天再去赢回来。 | 1 | 0 |
| 7. 为了隐瞒自己的赌瘾,在过去一年里曾向家人、治疗师或其他人撒谎。 | 1 | 0 |
| 8. 为了赌或偿还债务,在过去一年里曾出现违法行为比如伪造、欺骗、偷窃或挪用公款等。 | 1 | 0 |
| 9. 因为赌博,在过去一年里差点或已经失去了一些重要人际关系、工作、教育或就业的机会。 | 1 | 0 |
| 10. 在因赌博而出现经济问题时,在过去一年里曾依赖其他人为自己偿还债务或账单。 | 1 | 0 |

## (二)南奥克斯赌博筛选量表

南奥克斯赌博筛选量表(South Oaks Gambling Screen,SOGS)是赌博障碍研究领域最早开发的量表之一,是一个评估无序赌博、对个人的赌博行为进行分类的量表,考察赌博对情感、家庭、社会、职业、教育和金融等的影响(Lesieur et al.,1991)。本量表包括 20 个项目,它的优点是可自我管理,题目易于理解,但用于社区样本的筛查时容易产生较高的虚报率,回答"是"计 1 分,"否"计 0 分,总分 20 分(表 7-2)。

## 表7-2  南奥克斯赌博筛选量表

请阅读以下问题，并将你的答案填写在相应的括号内：

Ⅰ.请指出在你一生中曾经涉足下列哪种赌博类型。对每种类型标示一个答案：

(A)"一次也没有"；(B)"一周少于一次"；(C)"一周一次或更多"

（　　）Ⅰ-1 赌牌

（　　）Ⅰ-2 赌马、赌狗或其他动物（在场外、跑场，或通过赌注经纪人下注）

（　　）Ⅰ-2 赌运动输赢（如玩固定赔率美式复式投注卡，通过赌注经纪人下注，在回力球娱乐场下注）

（　　）Ⅰ-4 赌骰子（包括双骰、大小，或其他骰子游戏）

（　　）Ⅰ-5.在合法或非法的赌场赌博

（　　）Ⅰ-6.赌数字或彩票

（　　）Ⅰ-7.赌宾果（BINGO）

（　　）Ⅰ-8.买卖股票、期权及/或期货

（　　）Ⅰ-9.赌投币机（角子机/老虎机）、扑克牌机或其他赌博机

（　　）Ⅰ-10.保龄球、桌球、高尔夫球或其他技巧性的赌钱竞赛

（　　）Ⅰ-11.除彩票外的其他抽签赌博

（　　）Ⅰ-12.打麻将

（　　）Ⅰ-13.上述未列出之其他赌博形式（请列举）

（　　）Ⅱ.请指出以下哪些人有（或曾经有）赌博问题

A.父亲

B.母亲

C.兄弟或姊妹

D.配偶或伴侣

E.子女

F. 曾祖父母

G. 其他亲戚

H. 我的家人或亲属中没有人有(或曾经有)赌博问题

以下是关于你在过去赌博情况询问。请将你的回答填写在问题前面的括号中：

(    )Ⅲ你在一天中曾经有过的最大赌额是多少？

A. 从未赌博

B. 1 元或以下

C. 超过 1 元但少于 10 元

D. 超过 10 元但少于 100 元

E. 超过 100 元但少于 1000 元

F. 超过 1000 元但少于 10000 元

G. 10000 元以上(请列出具体数额 Y            )

(    )1. 当你赌输了钱,改天再次前往想将赌输了的钱赢回来的次数有多少？

A. 没有

B. 有时会(少于一半赌输的时间)

C. 大多数输了钱之后会

D. 每次输了钱之后

(    )2. 你是否曾经声称你赌赢了钱,但事实上你却是赌输了钱？

A. 从不

B. 有时会(少于一半赌输的时间)

C. 是的,大多数输了钱之后会

(    )3. 你是否觉得你曾经有嗜赌的问题？

A. 没有

B. 有过,在以前而非现在

C. 是,我觉得目前的确存在嗜赌问题

请用"√＝是"或"×＝否"回答下列问题

（　　）4.你是否曾经赌博超出你原来的预算呢？

（　　）5.是否曾有人批评你的赌博问题？

（　　）6.你曾否为你的赌博方式或因其引发的后果感到内疚？

（　　）7.你曾否希望能停止赌博,但又自觉无能为力？

（　　）8.你曾否对你的配偶/伴侣,儿女或其他生命中重要的人隐藏赌注单据、彩票根、赌本或其他与赌博有关的证据呢？

（　　）9.你曾否和你同住的人士关于你的理财方法争执过？

（　　）10.（若你在9题的答案是"是"）那是否因为金钱上的争执集中在你的赌博问题上？

（　　）11.你曾否向别人借钱但因赌博而未归还？

（　　）12.你曾否因赌博而旷工（或旷课）？

如果你借钱用以赌博或偿还赌债,那么你向谁或从何处借钱？（在选中的答案前打钩）

（　　）13.家庭生活用钱

（　　）14.你的配偶

（　　）15.其他亲戚或姻亲

（　　）16.银行、借贷公司或信用机构

（　　）17.信用卡

（　　）18.放高利贷者（或称"贵利""大耳窿"）

（　　）19.变卖股票、债券,或其他证券

（　　）20.变卖个人或家庭的财产

（　　）21.从支票账户借钱（使用空头支票）

（　　）22.与赌注登记经纪人有（或曾经有）信贷额度

（　　）23.与赌场有（或曾经有）信贷额度

（　　）24.与朋友

（　　）24.其他

## （三）赌博问题严重指数量表（Problem Gambling Severity Index，PGSI）

该表是由 Ferris 等在 2001 年发布的，共有 9 个条目，其中 5 个条目来源于南奥克斯赌博筛选量表，2 个条目来源于 DSM-5 病理性赌博诊断标准，采用"0 = 从不"到"3 = 几乎总是"的低级评分，得分越高说明赌博问题越严重（表 7-3）。值得说明的是，赌博问题严重指数量表配合 22 个调查赌博相关状况的条目（只供临床工作者在干预过程中参考，不计分）即为加拿大问题赌博指数（Canadian Problem Gambling Index，CPGI）。

表 7-3　赌博问题严重指数量表

| 项目 | 从不 | 偶尔 | 经常 | 几乎总是 |
| --- | --- | --- | --- | --- |
| 1.您是否曾经押上超出自己真实支付能力的赌注？ | 0 | 1 | 2 | 3 |
| 2.在过去 12 个月中，您是否需要赌更多的钱，来获得同样程度的兴奋的感觉？ | 0 | 1 | 2 | 3 |
| 3.在您赌博时，您是否会试图改天去将输掉的钱赢回来？ | 0 | 1 | 2 | 3 |
| 4.您是否曾经借钱或卖掉任何物品来获得用于赌博的金钱？ | 0 | 1 | 2 | 3 |
| 5.您是否感到自己在赌博上可能存在问题？ | 0 | 1 | 2 | 3 |
| 6.赌博是否已经给您带来了健康上的困扰，例如使您感到焦虑或有压力？ | 0 | 1 | 2 | 3 |
| 7.是否有人批评过您的赌博行为，或者说您有过度赌博的问题（无论您是否认同这些说法）？ | 0 | 1 | 2 | 3 |
| 8.赌博是否引发了您或您的家人经济上的问题？ | 0 | 1 | 2 | 3 |
| 9.您是否曾因为自己赌博的方式或者在赌博中发生的事情而感到愧疚？ | 0 | 1 | 2 | 3 |

## 二、网络赌博成瘾的诊断

### (一)临床诊断标准

可根据上述的 DSM-5 病理性赌博诊断标准诊断赌徒是否确切有赌博成瘾,在排除躁狂发作等具有相似症状的疾病后,诊断标准为 0—2 分的赌徒被归为娱乐赌博者,3—4 分归为可能的问题赌徒,5 分及以上可能是病态赌徒。但要注意,在临床上医生需明确区分患者是已经表现出赌博成瘾的行为,还是因为一时冲动而发生了沉迷于赌博的行为。另外,要注意该患者是否曾经罹患过其他类型的成瘾症状,还要结合家属补充再确定诊断结果。

### (二)量表诊断标准

#### 1. 南奥克斯赌博筛选量表

SOGS 得分范围从 0 到 20 分,可以将个体分为可能有赌博问题和可能有病态赌博问题两种程度,但在分数的分割点上仍然存在争议。总分为 0 时,无赌博问题是被一致认可的,但在可能有赌博问题还是可能有病态赌博问题的分割点上出现了争议,从 3 分至 5 分不等,更有学者将得分 10 看作为临界值(Clarke,2004)。通常研究将以总分 1 分和 5 分作为无赌博问题、可能有赌博问题和可能有病态赌博问题的分割点来进行统计和分析。这里要强调的是,即便总得分在 5 分或以上,也不能完全判定该被试存在病态赌博问题,只是有潜在可能性。

#### 2. 赌博问题严重指数量表

根据量表得分,0 分是不赌博,1—2 分为轻微赌博问题,3—7 分为中度赌博问题,得分超过 8 分为严重赌博问题,即被试者为问题赌徒。

### 三、青少年网络赌博成瘾的发生率

挪威一项研究分析了 2013 年、2015 年和 2019 年三次横断面调查的结果，赌徒中在线赌博比例增加，无论是偶尔网络赌博还是频繁网络赌博的人数都有显著增长（Pallesen et al.，2021）。新加坡国家问题赌博委员会（NCPG）每三年就新加坡居民的赌博活动进行一次普查，网络赌博参与率较线下赌博低，但已由 2005 年的 0.1% 逐渐上升至 2008 年的 1%，且在之后持续保持稳定，该结果与澳门实证调查结果相似（Zhang et al.，2018）。因此，在线赌博已经成为一种新的娱乐形式。从 2016 年 6 月到 2017 年 6 月，葡萄牙有超过 58.7 万名玩家访问在线赌博平台（Hubert et al.，2018）。与线下赌徒相比，网络赌徒被归类为问题赌徒甚至病态的比例要高许多，超过 35% 的网络赌徒被归类为问题或病态。其中，网络体育赌博者中的病理性赌博率为 56.8%（李焕，2013），经常网络赌博的病态率是偶尔网络赌博的 2.2 倍，从不网络赌博的 8.7 倍。东西方的大规模研究发现，互联网赌徒往往是年轻的、受过良好教育的成年人，大学生甚至是青少年。有研究显示，澳门大学生样本的终身网络赌博盛行率为 6.8%，高中生的终身网络赌博盛行率为 6.6%（Wu et al.，2015）。青少年尚未形成成熟的社会心理、情感和行为管理策略，他们很有可能患上病态赌博。

## 第三节　影响因素

个体发展为网络病态赌徒绝不是单个因素造成的，受环境和个人特征的影响，且网络本身的特性加速了这个过程。过往研究发现，网络病态赌徒更倾向于认可与情境特征相关的陈述，而不是个人特征（Hubert et al.，2018）。结合已有文献，本文将从网络因素、环境因素、个体因素三方面阐述网络赌博成瘾的影响因素。

# 一、网络因素

有研究表明，在网络体育赌博中，与赌博成瘾关系较显著的一个独立变量是网络使用。而同问题网络使用相关的较显著的一个独立变量是网络赌博（李焕，2013）。正如前文所说，让人成瘾的不是网络本身而是网络所提供的便捷的信息和活动。同时，网络所具有的匿名性、便利性、逃逸性、离解性/沉浸性、易访问性、互动性、去抑制性、模拟性和联系性的特性使得赌博更容易成瘾（Hubert et al.，2018）。

## （一）可获得性

对可能上瘾行为（饮酒、药物等）的研究表明，刺激物可获得性的增加将导致使用频次增加，如在一个特定的区域内，赌博网点的数量越多，赌博人数越多。互联网在增加赌博机会上发挥了关键作用，让时空不再是限制。赌博网点触手可及，将导致过高的可及性（Barrault et al.，2016）。实证研究发现，在赌博的可及性增加的地方，不仅经常赌博的人数增加，问题赌客也增加。虽然不是每个人都容易染上赌瘾，但这确实意味着，在社会层面上，赌博机会越多，问题就越多（Gainsbury et al.，2015）。

## （二）匿名性

互联网的匿名性对于像赌博这样的活动，可能有一个积极的好处，能让用户对在线体验的内容、语气和性质有更大的控制感，也可以增加舒适感。因为在面对面的交流中，人们通过面部表情辨别对方的想法，可能会导致判断力下降。用户私下参与赌博，没有耻辱感，特别是在输了的时候，因为没有人会真正看到输的人的脸（Zhang et al.，2018）。尤其是未成年赌徒，在互联网上他们可以隐匿自己未成年的身份（Brunelle et al.，2012）。

### （三）便利性

交互式的在线应用程序，如电子邮件、社交软件、新闻网站或角色扮演游戏，为参与在线行为提供了方便的媒介。网络行为通常发生在熟悉舒适的家庭或工作场所，从而降低了风险感，并允许更冒险的行为。对赌徒来说，不必从家里或工作地点出去，便利性大大增加了网络赌博的频次。

### （四）逃避现实

网络是一个可以有效逃避现实的环境，其本身可以提供的解离感和沉浸感，更可能促进这种逃避的感觉，过度参与这种逃避现实的活动可能会导致上瘾。当你在网上赌博时，这些感觉可能会导致你玩得更久，因为"当你玩得开心时，时间会过得很快"，或者因为沉浸或游离状态的心理感觉会被强化。这属于连续统一体，从生活提升到病态和成瘾。

### （五）事件频率

赌博活动的事件频率（即给定时间内赌博机会的数量）是由赌博运营商设计和实施的。每个赌博事件之间的时间长度是极其关键的，每隔几秒或几分钟就会有结果的赌博活动（如老虎机）能比间隔时间更长的活动（如每周抽奖）造成更大的问题。较高的事件频率也意味着少有时间考虑财务问题，更重要的是，赢得的钱几乎可以立即赌博。网络赌博的事件的频率可以非常高，特别是赌博者订阅或访问多个网站时，具有提供视觉刺激效果的潜力，类似于老虎机，加剧网络赌博成瘾。

## 二、环境因素

### （一）历史因素

从历史的角度看，赌博是嬉戏娱乐的产物。人们对重复特定的娱乐容易感到单调乏味,为寻求刺激加入奖惩机制(如钱财),由此完成了嬉戏娱乐至赌博的质变。传统的赌博方式已无法满足人们的欲望,正值网络蓬勃发展之时,网络的匿名与便捷对于寻求刺激的赌徒来说是很好的选择。研究表明,网络赌徒发展为病态性赌博患者的可能性更大(Kuss et al.,2021)。

## (二)文娱匮乏

改革开放后,人民的物质生活水平飞速提升,但是精神文化却未得到相应发展。尤其在农村,一些网络赌博乘虚而入。一位网络赌博成瘾的患者曾说,赌博给他们那灰暗的生活抹上了一层亮色,网络赌博对他们来说触手可及,是一项反复重复而又令人时刻保持兴奋的活动,他们没有其他选择,更不愿拒绝。且现在许多家庭采取一种被称为"茧居"的休闲方式,家庭或个人将他们的休闲时间集中在室内的娱乐系统上,通过数字电视和互联网直接获得娱乐。在不久的将来,许多家庭的娱乐活动可能会包括网上赌博。

## (三)社会环境

从社会环境的角度分析,赌博是一种社会性行为。患者可能受到外界环境等多种因素的诱惑和影响,逐渐形成网络赌博成瘾。在某些特殊情况下,若其他人都参与了赌博,在从众心理驱使下,人们会更容易去尝试赌博行为。个体反复多次参与网络赌博活动后,便逐渐形成固定的认知方式和相应的赌博行为模式,最终导致符合赌博成瘾的各种症状和表现。且现在各类网站或以小广告,或以游戏伪装网络赌博。青少年心智发育未成熟,自控能力较差,若其亲朋好友有赌博习惯,或对赌博问题不重视,传递错误价值观念和不良行为方式,则极有可能诱发青少年赌博。

## (四)社会治理

管理不完善为赌博打开了方便之门。管理方面工作的不完善主要表现在管理机制的不健全。公安机关有时候对禁赌工作难以兼顾,以及在禁赌工作方法上有偏差,单纯以罚代法效果并不理想。网络的隐蔽性更大大提高了治理难度。网络赌场打一枪换个地方,成本低,速度快,让赌风越刮越盛。

## 三、个体因素

### (一)生理因素

从脑功能角度分析,病理性赌博者在脑功能上表现出腹内侧前额叶、腹外侧前额叶、纹状体激活程度低而背外侧前额叶、眶额叶激活程度高(Ruiter et al.,2009)。也有研究表明,网络赌博成瘾或许与个体体内激素分泌相关。病态性赌博患者体内去甲肾上腺素(NA)和 5-羟色胺(5-IIT)较一般正常人的水平要低,并且 NA 与成瘾程度呈负相关表现,而 NA 的缺乏可能会引起赌徒进行更多的赌博行为以刺激生成该激素(Pallanti et al.,2006)。赌博能刺激个体大脑产生多巴胺(DA),而多巴胺可以传递"快乐信号",很多人便会多次重复赌博以求体验快乐。

### (二)人格因素

戏剧性人格,人格不稳定,或情绪化的个体更容易发展为问题赌徒。另外,冲动型的问题赌徒更愿意追求刺激性的生活方式,有更大赌博成瘾的可能。其中,网络问题赌徒的逃避依赖型和强迫型人格障碍比例显著高于线下问题赌徒。虽然该研究受样本量限制,但仍提供了网络赌博和线下赌博在与特定心理健康障碍的关联方面存在潜在差异的初步证据。

### (三)风险决策

个体看到他人通过网络赌博一夜暴富,而自己辛苦工作仍薪水微薄或输钱后想要追回失去的财富继而形成错误认知,重复赌博行为(石永东等,2017)。有一种错误的思考方式叫"概率的误解"，即赌徒对运气和机会存在错觉控制，依据自己的判断产生"主观概率"。它往往并不符合客观规律，这是一种赌徒的谬论，不遵循事实和逻辑，导致个体不知不觉间赌博成瘾。

### (四)应激反应

精神分析观点认为，赌博反映个人的自卫机制。当个体在工作和学习中不顺利，或者事业受挫，精神上受到打击和伤害时，可能会激化这些冲动。为了"自救"，个体可能会选择赌博以维持平衡，更有甚者以此为精神寄托逃避现实，其心理承受能力会越来越差，最终加速沉迷其中。

### (五)消极情绪

Griffiths(1995)指出，赌博的人大多存在心理健康问题，是因为其本身就有心理健康问题，只是选择赌博作为宣泄和补偿。不管是赌博前还是赌博后的消极情绪状态，如抑郁、焦虑、压力、解离、无聊倾向和冲动，都对网络赌博玩家的病理性赌博有预测作用(Hopley et al.,2012)。

### (六)娱乐刺激

前文提到赌博由嬉戏娱乐发展而来，这符合人的基本需要。它们之间存在一个模糊的区域，使人的认识也发生模糊，这些都是诱导赌博成瘾的一个重要因素。具有外部赌博动机的人，为了赢钱而打赌；具有内在赌博动机的人是为了乐趣和刺激而赌博。虽然个体一开始抱着"小赌怡情"的想法，享受网络赌博的娱乐性，但一旦赌博的频率和持续时间达到一定程度，任何抱着消遣娱乐想法的人都有堕落的潜在危险。他们可能在输钱后还会"自我原谅，自我鼓励"，向坏的方向发展也不会警觉，最后也会"大赌伤身"。

### (七)物质依赖

与那些很少或没有参与网上赌博的人相比，网络赌徒使用非法药物的情况更为普遍。存在药物滥用和问题性酒精使用的网络赌徒更易发展为问题网络赌徒，且同时参与多活动的网络赌徒更普遍地使用非法药物、尼古丁及酒精。网络赌博和线下赌博的个体物质依赖存在差异，具体来讲，网络赌博者吸烟的可能性比线下赌博者低，但大量饮酒可能性高，Logistic 回归分析显示，酗酒的人使用互联网赌博的概率较不酗酒者要高出 2.5 倍(Griffiths et al. ,2011)。

# 第四节　影响后果

数字时代加速了网络赌博的发展，病态赌徒比例仍在提高，对社会、家庭、个人等方面都会产生巨大的影响。

## 一、对社会的影响

网络赌博行为与传统的赌博行为具有一样的社会危害性。很多人明知道是赌博是违法犯罪行为，但还是被高额奖金糊了眼蒙了心，且一些网络赌博平台的经营者会借机发展一些额外的项目，比如放高利贷等，这又使许多赌徒还不起欠款间接引发其他犯罪行为(李珲，2017)。虽然我国已出台了一系列法律规定来打击网络赌博这一违法犯罪行为，但相关体制建设尚不完全，难以完全打压这一行为。网络赌博虽然有网络使用记录，但是其证据毁灭快速方便，公安机关查不到有价值、有意义的线索。赌博行为肆意发展导致个体价值观的畸形转变、道德水平的降低，极大败坏了社会风气，加大了社会治理的难度。

## 二、对家庭的影响

成瘾赌徒的配偶有严重的情绪问题，如愤怒、抑郁、孤独，并可能导致酗酒、吸烟、暴食及强迫性购物等不良行为和严重的头痛、眩晕、呼吸困难等躯体不适。有 80％成瘾赌徒的配偶对其感到愤怒，并表示有过想杀害、伤害或虐待他们的想法或实际行动。有 23％问题赌徒的配偶及 17％的子女曾受到语言和暴力虐待，病态赌徒的子女更容易有吸烟、酗酒及滥用药物。此外，赌徒的子女会感到被遗弃、抑郁、愤怒等，而赌徒的子女成为赌徒的概率更是非赌徒子女的 4 倍。

## 三、对个人的影响

一般说来，问题赌徒的平均消费较其他人高很多。在英美国家，病态赌徒的平均每天赌博消费为 121～660 美元，为非病态赌徒消费的 4.5 倍，赌博支出占总体消费支出的 2～3 倍。在线赌博的赌注增加可能是因为使用在线信用赌博阻碍了现实感，即电子付款的内在感知价值较低，从而导致不受控制的赌博和更严重的财务后果。除金钱的影响之外，更重要的是赌瘾会影响个人的工作生活。赌博成瘾的人总是在工作中损失工时，甚至少数人会丧失工作。研究表明，网络赌博的个体心理健康水平显著低于正常人群甚至线下赌博群体，病态赌徒有较大的自杀倾向，尤其是共病抑郁症的赌徒（Bischof et al.，2015）。除了上述问题外，参与在线赌博以及一系列其他危险行为，如吸烟、饮酒和非法药物使用，可预测挥发性物质滥用（故意自行使用吸入剂或溶剂），甚至会犯罪。

# 第五节　预防与干预

## 一、预防策略

本文将从社会、学校、家庭、个人几个层面展开阐述。

### (一)社会路径

赌博是违法行为,是造成社会不安的重要因素。政府应当建立一套整治网络赌博的预警机制和快速反应机制。除此之外,更应大力发展健康向上的文娱活动,提高大众精神生活质量;加大对大众媒体的管理,如一些报道将赌徒刻画成一个高大的形象,这种危害是极大的,所以媒体一定要坚持正确的舆论导向;开展社区宣传教育,定期开展社区讲座,讲解网络赌博的危害,并正确引导金钱的观念和人生与健康的理财方案;向有需要的人士,如网络成瘾人士,提供心理服务热线(Throuvala et al.,2019)。

### (二)学校教育

学校除了教给学生知识之外,更应该注意对青少年德育方面的教育。学校可积极推广禁赌的讲座,可邀请学术专家、医生以及已成功戒赌的人士等讲述沉迷赌博的严重影响,提高青少年对赌博的认识,并培养其简朴勤奋的品质,使其明白只有通过努力拼搏才能获得人生的幸福。不劳而获是不正确的价值观念。可尝试开展有关于禁赌或戒赌的征文比赛或创作项目,让学生认清赌博的危害性。

### (三)家庭路径

加强家庭关系,避免个体遇到压力性事件时只一味沉浸在网络赌博中,及时疏导不良情绪,避免过度使用网络。针对自制能力差的青少年,家人和朋友要多加关注,以防他们不慎染上赌瘾,成为受害者。对于有网络赌博成瘾问题家庭成员的青少年,更要关注他们心理健康状况的变化,以免他们模仿或认同赌博成瘾人士的观点,纠正其错误的认知方式(严万森等,2016)。

### (四)个人路径

对于青少年而言,首先,要保持自我身心健康,学会用适当的方式解压,保障自我防卫机制处于合理状态,加强心理承受能力。避免因承受不了社会环境和家庭压力，而用沉迷网络赌博的方式逃避现实困境。其次，要保持良好的人际关系和交往能力，不要沉溺在虚拟世界中。对于成年人，可恰当安排工资分配，维持日常生活开销和适当的娱乐水平。

## 二、干预策略

### (一)药物治疗

生物医学模式强调把成瘾当作"生病"一样对待。根据网络赌博成瘾患者的生理机制，治疗药物主要有鸦片类拮抗剂、情绪稳定剂和选择性 5-羟色胺再摄取抑制剂(SSRIs)/抗抑郁剂。

**1. 鸦片类拮抗剂**

赌博成瘾曾被归类为冲动控制障碍，冲动与中脑腹侧被盖区-伏隔核-眶内侧前额皮层回路有关，鸦片类拮抗剂如纳曲酮和纳美芬能够有效减少多巴胺奖赏回路中的多巴胺释放，调制该区域脑功能从而改变赌博的冲动和行为。Grant 等研究发现，纳美芬能有效减轻赌博成瘾严重程度，但高剂量药物浓度存在强烈副反应，如恶心、晕眩和失眠，药物浓度过低治疗效果又不佳，因此需要仔细斟酌药物剂量（Grant et al.，2010）。

**2. 情绪稳定剂**

赌博成瘾同情绪障碍尤其是双相情感障碍的临床症状存在相似之处。情绪稳定剂中，托吡酯、碳酸锂、卡巴咪嗪等能有效治疗赌博成瘾，奥氮平效果不尽如人意。实证研究发现，冲动控制障碍患者皮质区葡萄糖代谢率(rGMR)较对照组高，而碳酸锂在减轻赌博症状的同时，进一步增加了这脑区的 rGMR，因此碳酸锂治疗机制未明。

**3. 选择性 5-羟色胺再摄取抑制剂(SSRIs)/抗抑郁剂**

部分网络赌博成瘾患者体内 5-羟色胺和去甲肾上腺素分泌异常，而 SSRIs 可通过抑制神经突触细胞对神经递质 5-羟色胺的再吸收，以增加细胞外可以和突触后受体结合的 5-羟色胺水平,有效抑制神经元从突触间隙中摄取 5-羟色胺,增加间隙中可供实际利用的 5-羟色胺,从而改善情感状态(李焕,2013)。可以尝试选 SSRIs 类型的帕罗西汀服用,这类药物同时具有抗抑郁作用(颜刚威,2018)。

药物治疗时需定时监控血液中相关的物质浓度变化,仔细询问患者赌博行为是否有所减少,从而增减药物的服用剂量和次数。该法虽有效,但不排除患者后续存在药物成瘾的问题。因此,不应该仅依赖药物,要配合社会扶持和心理辅导,正视成瘾者内心世界,加强其人际交往能力,使其回归社会,担任起恰当的社会角色。

### (二)家庭扶持

当个体极度困难和痛苦时,家人的关心和支持是他们巨大的后盾。家人的误解或口不择言会让患者再次堕入网络赌博成瘾的深渊,或许可以考虑家庭治疗或一致性配偶疗法(CCT)(Lee et al.,2014a)治疗网络赌博成瘾。一致性配偶疗法包括引起访客兴趣、使配偶一致并且评定配偶之间的交流、促进一致性、深化体验、链接过去和现在、巩固变化 6 个阶段。在为期 12 周的治疗后,患者赌博的冲动及行为显著减少,配偶关系显著改善,且在内心、人际、两代间、普遍精神,这四个维度上均有临床变化。虽然科技的进步可能导致在线赌博的发生率增加,但也可以用来控制赌客的赌博数量,如家人可帮助患者安装赌博过滤产品,防止患者进入赌博网站。

### (三)个体心理辅导

目前,治疗网络赌博成瘾的常用个体心理疗法分别有行为疗法、认知行为疗法(CBT)、动机访谈(JE et al.,2009)和简短干预疗法等。

#### 1.行为疗法

持行为主义理论观点的学者认为,成瘾行为的产生往往是受一种不可预测的幸福感的驱使,因此,治疗的时候可以采用条件操作法,又称奖励强化法。即患者用其他可被接受的行为代替网络赌博时,马上给予奖励,从而使该行为得到强化。或者采用系统脱敏法、厌恶疗法、模仿法等进行心理辅导均有较好的治疗效果，其原理均是用新的行为模式代替不良的赌博行为（颜刚威，2019）。

**2. 认知行为疗法**

认知行为疗法通过不同的方式和角度挑战网络赌博成瘾者对赌博行为的错误、歪曲的认识，使其重新建立对网络赌博行为的全面、客观的正确认识。认知行为疗法可采用认知重建、卡片警示、自我辩论和自我暗示等方式进行。可与患者一同找出他们对网络赌博不恰当的看法、给自己造成的不良影响，一起制作卡片时常进行自我提醒。当赌瘾发作时，成瘾者学习让"理想自我"与"现实自我"进行辩论，让内心的道德感、责任感与罪恶感、失败感斗争，加强戒赌动机，并且时常暗示自己如"我一定能戒除""我一定能行"。每当成功抵制网络赌博的诱惑后，就进行自我鼓励，如"今天我又赢得了一次胜利，继续坚持，加油"，通过不断强化，重建个体认知，加强赌博成瘾者的意志，使其赌博的欲望得到抑制。

**3. 动机访谈**

与一般网络成瘾不同，比起赌博者匿名协会这类团体治疗，个体心理治疗效果更佳，如去感觉化想象加动机访谈（IDMI）。IDMI一疗程包括6次课程，每次1个小时，持续8周，6次课程内容分别为：心理教育和动机增强，功能分析和行为策略，处理赌博的冲动和改变不合理的信念，去感觉化想象，放松训练和认知技巧，防止复发和自信训练，其他重要的参与、治疗、教育等。结果显示，无论是在短期还是长期效果上，IDMI治疗后成瘾者的赌博的严重程度、其他的心理功能以及生活质量等方面的改善均优于赌博者匿名协会。

**4. 简短干预疗法**

简短干预疗法时间短，疗效好，甚至不逊色于认知行为疗法。简短干预疗法类似宣教，每次大概10分钟，治疗师通过描述赌徒的赌博问题，指出其发展为严重问题赌博的危险因素，并提供4个步骤避免，包括限制花在赌博上的资金、减少赌博上的时间、不把赌博作为一种赚钱的手段、把时间花在做其他事上。研究表明，简短干预疗法对于那些没有积极寻求治疗的问题赌徒和病态赌徒仍有疗效（Petry et al.，2015）。

## ◀◀ 拓展阅读

### 青少年网络赌博干预不可仅仅拦住年龄这扇门

　　青少年倾向于参与网络赌博，常低估了在线赌博等冒险行为的风险，由于措施有限，网络赌博在一些青少年中已经成为一种流行活动。简单地给一项活动贴上"年龄限制"的标签并不能阻止青少年赌博；在某些情况下，它可能会增加网络赌博的吸引力。且在赌博合法的地区，需要金钱交易的网上赌博机构往往会设置年龄门槛，但赌博形式可能会被整合到电子游戏或虚拟社区中，从而模糊了边界。在这种情况下我们应当如何防止青少年进行网络赌博呢？

　　在电子游戏中，青少年可以将游戏皮肤作为赌注，虽然不是直接采用金钱交易，但游戏皮肤也是通过现金兑换的，这样的电子游戏附加功能可能是青少年问题赌博的途径。在预防和治疗网络赌博问题时，虚拟社区中的认同可能会极大地影响游戏内的消费行为。在线游戏和网络赌博经营商可以在这方面积极作用，经营者可以通过大数据锁定有潜在网络赌博风险的青少年，提供在线咨询、同伴支持聊天等服务，以防止过度使用电子设备。或者可以考虑通过限制游戏道具等方式限制青少年消费。

　　不能只研究年龄限制策略以减少问题赌博，应当拓展思路，从网络赌博的潜在因素出发，预防和减少赌博的可能性。

# 第八章 网络购物成瘾

## ◀◀ 批判性思考

1.随着网络和电子商务的发展,网络购物因其实惠和便捷成为一种时尚。网络购物成瘾相关研究仍处于初始阶段,目前缺乏有关网络购物成瘾、网络购物依赖、强迫性网络购物、冲动性网络购物等概念及测量的共识。你认为我们在使用这些概念时应注意什么? 未来大致研究方向是什么?

2.目前,网络购物成瘾并未被纳入DSM-5,缺乏统一的诊断标准。但在临床工作中不乏过度网络购物的行为,该行为还可能是其他精神障碍(如双相情感障碍的躁狂期)的伴发临床表现。你觉得精神科医生及心理治疗师该如何接诊这类患者?

3.中国互联网络信息中心(CNNIC)发布的《2012年中国网络购物市场研究报告》指出,大学生是网购群体的第二大组成部分;2021年9月,第48次《中国互联网络发展状况统计报告》显示,20—29岁群体心中互联网价值最高。大学生群体网络购物成瘾问题已引起各界的重视与关注,当前我国关于网络购物成瘾的研究也主要围绕大学生开展。结合本章内容,你认为应如何为该群体制定有效的预防和干预策略?

## ◀◀ 关键术语

　　网络购物,网络购物成瘾,网络强迫性购物、网络冲动性购物,大学生群体,网络购物环境,人格特质,自尊,冲动性购买倾向,焦虑,抑郁,生活满意度,快乐,行为成瘾,三级预防策略,心理治疗,认知行为疗法,团体辅导

本章主题为网络购物成瘾,我们将概述网络购物成瘾,介绍网络购物成瘾及相关概念的测量与评估,尝试总结归纳网络购物成瘾的影响因素及后果,为读者揭示网络购物成瘾的现状和特点,并揭示有关网络购物成瘾干预和治疗的最新研究进展。

## ◀◀ 热点扫描

　　中国互联网络信息中心发布的《2015 年中国网络购物市场研究报告》指出:中国网络购物市场的交易活跃度日益提升,年网购交易总次数已达 256 亿次,年度人均交易次数高达 62 次。2021 年 9 月,第 48 次《中国互联网络发展状况统计报告》显示,截至 2021 年 6 月,我国网络购物用户规模达 8.12 亿,较 2020 年 12 月增长 2965 万,占网民总体的 80.3%。但有调查指出,83% 的网购消费者曾有冲动购买经历,网络购物者比非网络购物者更易有冲动购物倾向。随着社会和学界对成瘾类疾病关注的增加,网络购物成瘾也逐渐受到重视,北京军区总医院陶然于 2008 年制定的《网络成瘾诊断标准》明确把网络购物成瘾列为网络成瘾的一种。

# 第一节　概述

## 一、网络购物

随着互联网技术的不断深化,我国网络购物市场保持着稳健的增长速度和较好的发展态势。《2016年中国网络购物市场研究报告》指出:我国网络购物用户规模已达4.13亿,同时使用手机进行网购的用户规模增速高达43.9%。网络购物具有方便、快捷、价格适宜、选择丰富等优势和特点,人们足不出户就可利用各种各样购物信息快速购得心仪商品,即时奖励、情感以及对身份的期望都可得到满足(Müller et al.,2019)。中国互联网络信息中心(CNNIC)将网络购物定义为:通过网络通信手段缔结的商品和服务交易,主要指发生在企业与个人、个人与个人之间的交易。具体流程为个体通过互联网检索商品信息,再通过电子订单发出购物请求,然后通过在线直接支付或货到付款的方式进行支付。但有学者将网络购物概括为:借助网络实现商品或服务从卖家转移到买家(用户)的整个过程,包括资金流、物流、信息流。但随着网络购物这一新颖、时尚购物方式的普及,网络购物成瘾也随之出现。

## 二、网络购物成瘾的概念

关于网络购物成瘾的说法和定义,当前尚未明确,但有学者建议参考行为成瘾的标准来界定网络购物成瘾(Rose et al.,2014)。Young(1998)将网络成瘾分为网络关系成瘾、网络色情成瘾、网络强迫性行为、计算机成瘾和信息超载五大类,其中网络购物便包含在网络强迫性行为之中。因为网络购物成瘾同样存在特定的成瘾症状如渴求、戒断、失控及耐受(Andreassen et al.,2015b),研究者认为网络购物成瘾是网络成瘾的一种特殊类型,并借鉴网络成瘾的内涵对其进行总结。因此,网络购物成瘾(online shopping addiction,OSA)被描述为一种倾向或状态,由于网购具有独特的吸引力(如缓解情绪、应对压力等),个体依托互联网进行重复、过度、冲动性、强迫性和有问题的网上购物,最终导致经济、情感和社会功能损害等方面的不良后果;上瘾者自知会造成负面影响却难以控制,若被强行限制或禁止则会导致其出现消极心理反应乃至生理反应,这使其极尽办法实施网购(Zhao et al.,2017)。

陈剑梅等(2010)认为网购成瘾表现出沉迷、失去自我控制、耐受性、依赖性等特征,并强调网购上瘾者主要为体验网购过程带来的快感而非需要商品本身。其具有三个核心特征:①产生强烈的网购冲动;②对网购失去控制;③对生活、社会及职业造成负面影响却坚持网购。网购成瘾者是沉迷于完成网络购买行为以及使用网络媒介参与购买决策过程的网络使用者。有学者将网购成瘾过程划分为3个阶段,分别为:"沉浸""成瘾"以及"脱瘾"。"沉浸"阶段个体对网购平台产生依赖,在沉迷网购体验逐步"成瘾";经过一段时间,个体看待网购信息趋于客观合理,愉悦体验下降后意识到网购成瘾的危害,走向"脱瘾"。关于网络购物依赖(online shopping dependency)的表述,当前有观点认为网购依赖是网购成瘾问题的先兆,属于网购成瘾的最初阶段,但当前尚未表现出严重的病理现象,也没有给个体造成生理、心理和社会功能的严重损害。因此,网购依赖与网络成瘾存在一定程度的差异,可将网购依赖定义为个体沉迷于网购并在其中体验到快感的心理状态,该心理状态下个体尚未有社会功能的明显损害。

## 三、网络强迫性购物和网络冲动性购物的概念

如上所述,当前关于互联网的问题性购物尚无统一、明确的界定。在购物的学术领域,强迫性和过度购物究竟属于冲动控制、强迫性还是成瘾性的障碍的问题已争论多年,有学者提出与网络购物成瘾有关的其他两个概念:网络强迫性购物(online compulsive shopping/

buying)与网络冲动性购物(online impulsive shopping/buying)，但也有研究直接将这两者归属于网络购物成瘾。

随着网络的普及与电商的发展，网络强迫性购物也日趋普遍。有研究发现，网购用户比实体店客户更易具有强烈的强迫性购物冲动（曾欣虹，2014）。但对于网购中发生的强迫性购物行为暂无统一的专用名词，也有用 e-compulsive buying、online compulsive buying 以及 compulsive buying on the internet 来描述，还有在线/线上强迫性购物的表述。曾欣虹等（2014）认为网络强迫性购物是一种长期、重复、被迫的网购行为，具体指个体由于心理的负面情绪如焦虑、紧张等，试图通过网购获暂时的缓解，从而在无网购计划的情况下形成强烈、无法控制的网购欲望，此时内心存在想要借"买"消愁与"不应不合理购买"的冲突感，但又无法阻止网购行为发生。网络强迫性购物者通常存在网购强迫性冲动、网购强迫性行为、网购前及网购后的负面情绪四个心理特征。

Duroy 等（2014）提出网络强迫性购物具有失控和动机等特定因素，会产生耗费时间和金钱等消极影响。Manchiraju 等（2017）同样强调网络强迫性购物是新兴现象，受无法控制的购物动机驱使，同经济（如债务）与心理（如低自尊）等方面消极后果有关。

网络冲动性购物也是网购成为日常重要生活方式下的新产物，它常跟理性和计划性购物相对而论，是一种突发性、无意识性、无计划性、难以控制的购物行为。胡慧楠等（2018）表示，具有网络冲动性购物的消费者会受到一种强烈的、难以抵抗的冲动性力量驱使，源于商品等特定外在刺激。孔寅平研究团队强调网络冲动性购物是消费者的一个快速性购买决定，缺少对于购物信息等的深思熟虑。有文概括整理出网络冲动性购物四个特征：非计划性、强烈的情感反应、放弃自我控制与未经深思熟虑。因此，网络冲动性购物可概括为受到网络购物环境的刺激，消费者突然产生购买冲动，伴随着渴望满足的强烈情绪，从而产生的、难以控制甚至不计后果的购物行为。

网络强迫性购物与网络冲动性购物在动机、自控及情绪方面，都存在相似之处，有综述从认知、情感、行为反应的视角对冲动性购物以及强迫性购物进行区分,可供参考。认知方面,冲动性购物由环境及产品刺激产生,在实施该行为时会产生关于本我(如需要满足)和超我(如不能铺张浪费)的内心冲突;而强迫性购物是为消除内心的焦虑、压力等引发的购物行为。关于情绪,冲动性购物属于受外在刺激引发的短期强烈情绪,但强迫性购物由源自内心强烈的情绪引发,是长期的。对于行为反应,两者会产生较大差异。冲动性购物在发生后对商品或服务进行重新评估时,可能会感到满意,行为反应未必全是负面的;但强迫性购物在行为发生后可能产生财务危机或者产生后悔等负面情绪,其行为反应全部是负面的。

# 第二节　测量与评估

## 一、网络购物成瘾的测量

了解网络购物成瘾及网络购物依赖、网络强迫性购物和网络冲动性购物的概念及特征后,我们介绍相应的网络购物成瘾的测量工具。网络购物是随着互联网技术的发展和普及而发展的,且美国精神病学协会(APA)部分工作人员认为:尚未有足够的研究将额外的行为成瘾(包括网络购物成瘾及强迫性购物)纳入 DSM 的行为成瘾分类(American Psychiatry Association,2013)。因此,目前尚无特别权威的专门测量网络购物成瘾的工具,但有不少学者勇于开拓创新,编制出不少心理指标良好且临床实践性强的量表。下面根据量表类型介绍几个目前研究中受到部分学者认可且应用较多的量表,供相关领域的读者参考。

### (一)网络购物成瘾量表

当前国内研究较多采用徐浪于 2014 年编制的网络购物成瘾问卷,且国内目前面向的大学生群体开展的研究居多。

## 1.大学生网络购物成瘾问卷

徐浪考虑到大学生群体具有空闲时间多、经济尚未完全独立等特性,在借鉴网络成瘾等其他成瘾行为研究(如雷雳(2007)等编制的青少年病理性互联网使用量表)基础上,编制了大学生网络购物成瘾问卷,涵盖功能损害(包括人际、健康、学业等损害),过度消费(花费过多时间与金钱),戒断反应(网购受限后的行为表现及情绪感受)以及网购快感(网购过程中产生的独特情绪体验)四个维度。问卷共包含22个项目,采用5级评分,1为"完全不符合",5为"完全符合"(表8-1)。总分越高表明大学生的网络购物成瘾的程度越高。

表 8-1　大学生网络购物成瘾问卷

| 项目 | 完全不符合 | 不太符合 | 一般 | 比较符合 | 完全符合 |
|---|---|---|---|---|---|
| 1.我每天总是花很多时间去逛购物网站。 | 1 | 2 | 3 | 4 | 5 |
| 2.如果不能网购了我会感到非常的焦虑。 | 1 | 2 | 3 | 4 | 5 |
| 3.我在网购下单的时候很有快感。 | 1 | 2 | 3 | 4 | 5 |
| 4.在拆快递的时候我非常开心。 | 1 | 2 | 3 | 4 | 5 |
| 5.网购成了我的习惯,每天不去逛一下购物网站会觉得少了点什么。 | 1 | 2 | 3 | 4 | 5 |
| 6.当我想网购但是又没有网的时候我会非常苦恼。 | 1 | 2 | 3 | 4 | 5 |
| 7.我发现我一开始逛购物网站,就很难停下来。 | 1 | 2 | 3 | 4 | 5 |
| 8.网购的时候我非常专注,会忘记压力。 | 1 | 2 | 3 | 4 | 5 |
| 9.因为总是在逛购物网站,我越来越少外出活动了。 | 1 | 2 | 3 | 4 | 5 |
| 10.如果网购还没完成就被中止,我就会一直想着这件事放不下。 | 1 | 2 | 3 | 4 | 5 |

| 项目 | 完全不符合 | 不太符合 | 一般 | 比较符合 | 完全符合 |
|---|---|---|---|---|---|
| 11.我会因为逛购物网站而很晚才睡觉或者特意早起。 | 1 | 2 | 3 | 4 | 5 |
| 12.在逛购物网站的时候,我总是忘了时间。 | 1 | 2 | 3 | 4 | 5 |
| 13.我曾尝试过采取一些措施减少网购,但是都没什么效果。 | 1 | 2 | 3 | 4 | 5 |
| 14.我会因为在网购上面花了太多的钱而有负罪感。 | 1 | 2 | 3 | 4 | 5 |
| 15.我没网购的时候也会想着跟网购相关的事情。 | 1 | 2 | 3 | 4 | 5 |
| 16.如果生活中没有了网购,我会觉得没有乐趣。 | 1 | 2 | 3 | 4 | 5 |
| 17.我本来只打算逛一会儿购物网站,但是一开始逛就会逛很长时间。 | 1 | 2 | 3 | 4 | 5 |
| 18.如果网购受限制(断网等),我一定会想尽一切办法去实现网购这件事。 | 1 | 2 | 3 | 4 | 5 |
| 19.我对别人隐瞒了我网购的实际花费。 | 1 | 2 | 3 | 4 | 5 |
| 20.我总是忍不住去逛各种购物网站,甚至会买一些当时并不需要的东西。 | 1 | 2 | 3 | 4 | 5 |
| 21.我花了太多的钱在网购上。 | 1 | 2 | 3 | 4 | 5 |
| 22.我网购的时候,如果因故必须立刻停止会让我非常不开心。 | 1 | 2 | 3 | 4 | 5 |

### 2.大学生网购依赖问卷

研究整合涂浪的大学生网购成瘾问卷以及 Manchiraju(2017)的冲动性网络购买问卷,结合文化层面、群体层面等因素,自编出大学生网络购物依赖问卷。问卷划分了四个维度,具体包括:过度消费,指在网购中过度花费了自己的时间和金钱;突显性,指网购在自己的整个生活中所占的比例或自己认为的网购重要性;戒断反应,指停止网购后所产生的消极体验;情绪变化,指在网购的整个过程中所产生的情绪起伏的状态。问卷共分为 21 个项目,计分方式采用 5 级评分,从 1 "完全符合"到 5"完全不符",问卷总得分越低代表个体的网购依赖越严重(表 8-2)。

表 8-2　大学生网购依赖问卷

| 项目 | 完全符合 | 比较符合 | 一般 | 不太符合 | 完全不符 |
|---|---|---|---|---|---|
| 1.当我想网购但是又没有网的时候我会非常苦恼。 | 1 | 2 | 3 | 4 | 5 |
| 2.如果网购还没完成就被中止,我就会一直想着这件事放不下。 | 1 | 2 | 3 | 4 | 5 |
| 3.如果生活中没有了网购,我会觉得没有乐趣。 | 1 | 2 | 3 | 4 | 5 |
| 4.如果网购受限制(断网等),我一定会想尽一切办法去实现网购行为。 | 1 | 2 | 3 | 4 | 5 |
| 5.我网购的时候,如果因故必须立刻停止会让我非常不开心。 | 1 | 2 | 3 | 4 | 5 |
| 6.我发现我一开始逛购物网站,就很难停下来。 | 1 | 2 | 3 | 4 | 5 |
| 7.在逛购物网站的时候,我总是忘了时间。 | 1 | 2 | 3 | 4 | 5 |
| 8.我本来只打算逛一会儿购物网站,但是一开始逛就会逛很长时间。 | 1 | 2 | 3 | 4 | 5 |
| 9.我总是忍不住去逛各种购物网站,甚至会买一些当时并不需要的东西。 | 1 | 2 | 3 | 4 | 5 |
| 10.我会经常主动把注意力集中在网购上而影响了学习。 | 1 | 2 | 3 | 4 | 5 |
| 11.同学朋友常说我太依赖网购。 | 1 | 2 | 3 | 4 | 5 |
| 12.我会因为网购而影响学习。 | 1 | 2 | 3 | 4 | 5 |

续表

| 项目 | 完全符合 | 比较符合 | 一般 | 不太符合 | 完全不符 |
|---|---|---|---|---|---|
| 13.我经常在一些公共平台发布自己的网购信息。 | 1 | 2 | 3 | 4 | 5 |
| 14.我经常和其他人一起交流网购经验。 | 1 | 2 | 3 | 4 | 5 |
| 15.我经常去一些论坛、贴吧去学习相关的网购技术。 | 1 | 2 | 3 | 4 | 5 |
| 16.我经常会推荐朋友们去网购。 | 1 | 2 | 3 | 4 | 5 |
| 17.网购时,我很少去关注产品价格信息,只在乎其好看不好看。 | 1 | 2 | 3 | 4 | 5 |
| 18.我在网购下单的时候有很强的兴奋感。 | 1 | 2 | 3 | 4 | 5 |
| 19.网购的时候我非常专注,会忘记压力。 | 1 | 2 | 3 | 4 | 5 |
| 20.在等待快递的过程中,我的心情无比焦急。 | 1 | 2 | 3 | 4 | 5 |
| 21.我经常对我的网购行为后悔。 | 1 | 2 | 3 | 4 | 5 |

### 3.大学生个体网购成瘾征兆评估表

郑梅钦根据大学生网购群体的购物时间、购物目的、心理变化以及行为变化等网购成瘾的判断指标,尝试制定大学生个体网购成瘾征兆评估表,对大学生网购者进行成瘾程度的判断。评估表有 20 个项目,采用从"1＝没有"到"5＝总是"的五级评分,根据成瘾征兆分的高低可分为三个等级,分别是:正常级(20－49 分),判断为"正常使用网购媒介级别,对网购行为的自我控制较强,不会对个人、家庭或社会造成不良影响";预警级(50－79 分),判断为"网购行为已经具有成瘾趋势,呈现一定的过渡性和问题性,但是还未达到积习难改的程度";危险级(80－100 分),判断为"网购行为已经引起了严重的后果,对自身、家庭及社会造成众多不良的影响,必须进行行为的控制及治疗,以期减轻成瘾程度最后达到脱瘾"(表 8-3)。

表 8-3　大学生个体网购成瘾征兆评估表

| 项目 | 没有 | 偶尔 | 有时 | 经常 | 总是 |
|---|---|---|---|---|---|
| 1.您使用购物网站的时间比预期长。 | 1 | 2 | 3 | 4 | 5 |
| 2.您会因为网购忽略其他重要的事情。 | 1 | 2 | 3 | 4 | 5 |
| 3.您更愿意网络购物而不是现实购物。 | 1 | 2 | 3 | 4 | 5 |
| 4.您会经常在网络购物社区结交新朋友。 | 1 | 2 | 3 | 4 | 5 |
| 5.朋友家人会抱怨您网购花费时间、金钱多。 | 1 | 2 | 3 | 4 | 5 |
| 6.您会因为使用购物网站而影响学习。 | 1 | 2 | 3 | 4 | 5 |
| 7.您是否经常网购自己并不需要的商品。 | 1 | 2 | 3 | 4 | 5 |
| 8.您是否因为网购影响日常生活。 | 1 | 2 | 3 | 4 | 5 |
| 9.您会因为心情不好而上购物网站。 | 1 | 2 | 3 | 4 | 5 |
| 10.您总是渴望再度网购。 | 1 | 2 | 3 | 4 | 5 |
| 11.您会因为网购或其相关事务而兴奋。 | 1 | 2 | 3 | 4 | 5 |
| 12.如果无法使用购物网站会觉得空虚无聊。 | 1 | 2 | 3 | 4 | 5 |
| 13.您会因为网购活动受到干扰而不悦。 | 1 | 2 | 3 | 4 | 5 |
| 14.您会因为网购到深夜而不休息。 | 1 | 2 | 3 | 4 | 5 |
| 15.您总是想着自己使用购物网站的行为。 | 1 | 2 | 3 | 4 | 5 |
| 16.您会暗示自己减少网购频率。 | 1 | 2 | 3 | 4 | 5 |
| 17.您想减少网购时间和金钱,但并不成功。 | 1 | 2 | 3 | 4 | 5 |
| 18.您会对人隐瞒使用购物网站时间和花费。 | 1 | 2 | 3 | 4 | 5 |
| 19.您会因为网购减少与朋友逛街的概率。 | 1 | 2 | 3 | 4 | 5 |
| 20.您如果一段时间没网购会感到烦躁。 | 1 | 2 | 3 | 4 | 5 |

## 4.卑尔根网络购物成瘾量表(BSAS)

Andreassen 等(2015b)从成瘾的视角去解读强迫性和冲动性购物，并基于行为成瘾的范式编制了卑尔根网络购物成瘾量表(the Bergen Shopping Addiction Scale,BSAS)，用于评估现代购物模式下(包含线上和线下)的购物成瘾。BSAS 涵盖显著性、情绪改变、冲突、耐受性、戒断、复发和问题产生共七个成瘾标准,总共 28 个项目,采用五级评分方式,0 为"完全不同意"、1 为"不同意"、2 为"一般"、3 为"同意"和 4 为"完全同意"(表 8-4)。量表总得分越高,个体的购物成瘾的程度越严重。

表 8-4　卑尔根网络购物成瘾量表

| 项目 | 完全不同意 | 不同意 | 一般 | 同意 | 完全同意 |
| --- | --- | --- | --- | --- | --- |
| 1.购物是我生命中最重要的事情。 | 0 | 1 | 2 | 3 | 4 |
| 2.我总是想要购物。 | 0 | 1 | 2 | 3 | 4 |
| 3.我会花很多时间在对购物的思考或计划上。 | 0 | 1 | 2 | 3 | 4 |
| 4.我的脑海里长期会有购物的念头。 | 0 | 1 | 2 | 3 | 4 |
| 5.我去购物是为了让自己感觉舒服。 | 0 | 1 | 2 | 3 | 4 |
| 6.我去购物是为了调节自己的情绪。 | 0 | 1 | 2 | 3 | 4 |
| 7.我去购物是为了忘掉自己遇到的困难。 | 0 | 1 | 2 | 3 | 4 |
| 8.我去购物是为了减少自身的内疚、焦虑、无助、孤独和抑郁的感受。 | 0 | 1 | 2 | 3 | 4 |
| 9.我买太多东西以至于对我的日常生活产生了负面影响。 | 0 | 1 | 2 | 3 | 4 |
| 10.我会因为购物而很少关注自己的爱好、活动以及工作/学习。 | 0 | 1 | 2 | 3 | 4 |
| 11.我会因为购物而忽视了自己的伴侣、家人和朋友。 | 0 | 1 | 2 | 3 | 4 |
| 12.我会经常因为购物和别人发生冲突。 | 0 | 1 | 2 | 3 | 4 |
| 13.我感觉自己越来越热衷购物。 | 0 | 1 | 2 | 3 | 4 |
| 14.我买的东西比我实际需要的多。 | 0 | 1 | 2 | 3 | 4 |
| 15.我觉得自己必须要买更多的东西才能获得和之前一样的满足感。 | 0 | 1 | 2 | 3 | 4 |

续表

| 项目 | 完全不同意 | 不同意 | 一般 | 同意 | 完全同意 |
|---|---|---|---|---|---|
| 16.我花在购物上的时间越来越多。 | 0 | 1 | 2 | 3 | 4 |
| 17.我曾经试图限制或禁止自己购物,但没有成功。 | 0 | 1 | 2 | 3 | 4 |
| 18.有人劝说我理性购物,但我没有听从。 | 0 | 1 | 2 | 3 | 4 |
| 19.我会有减少购物的念头,实际却做不到。 | 0 | 1 | 2 | 3 | 4 |
| 20.我曾成功限制或禁止自己购物,但不能坚持。 | 0 | 1 | 2 | 3 | 4 |
| 21.如果不能购物,我会感到有压力。 | 0 | 1 | 2 | 3 | 4 |
| 22.如果某些原因导致我不能购物,我会变得暴躁。 | 0 | 1 | 2 | 3 | 4 |
| 23.如果某些原因导致我不能购物,我会感到忧伤、情绪低落。 | 0 | 1 | 2 | 3 | 4 |
| 24.如果我已经有一段时间没有购物,我会有强烈的购物冲动。 | 0 | 1 | 2 | 3 | 4 |
| 25.我因为买的东西过多已出现经济方面的困难。 | 0 | 1 | 2 | 3 | 4 |
| 26.我因为买的东西过多导致自己幸福感降低。 | 0 | 1 | 2 | 3 | 4 |
| 27.我对自己的病态购物感到担忧,甚至有时因此失眠。 | 0 | 1 | 2 | 3 | 4 |
| 28.我因为购物而感到良心不安。 | 0 | 1 | 2 | 3 | 4 |

## 5. Zhao 等(2017)网络购物成瘾量表(The 18-item Online Shopping Addiction Scale)

Zhao 等(2017)为设计专门用于评估网络购物成瘾的有效工具,基于行为成瘾的六因素模型,即成瘾行为包含以下六个要素:突显性、情绪改变、耐受性、戒断性、冲突性和复发性，编制了网络购物成瘾量表（the 18-item Online Shopping Addiction Scale）。其中，突显性意味着成瘾行为已经成为成瘾者生活中最重要的活动，占据了他们的思想，支配了他们的动机；情绪改变是指伴随成瘾行为产生的主观体验，如满足后的兴奋、兴奋、安静、放松、麻木甚至抑郁；耐受性指为达到与过去相同的效果，行为成瘾者必须加大该活动的量；戒断性指戒断或限制成瘾行为后出现不愉快感觉和/或生理反应；而冲突性代表行为成瘾者会面临与他人之间的人际冲突以及自身内部的心理冲突；最后，复发性是指戒除或限制成瘾行为后，有重新出现该成瘾行为的可能。量表共由 18 个项目组成，采用 5 级评分法，从 1 代表"完全不同意"到 5 代表"完全同意"，量表总分越高表明受试的网络购物成瘾的症状越明显（表 8-5）。

表 8-5　网络购物成瘾量表

| 项目 | 完全不同意 | 不同意 | 一般 | 同意 | 完全同意 |
|---|---|---|---|---|---|
| 1. 即使没有网购，我也会一直在心里想着。 | 1 | 2 | 3 | 4 | 5 |
| 2. 我经常会思考如何花更多的时间或金钱在网购上。 | 1 | 2 | 3 | 4 | 5 |
| 3. 网购对我来说非常重要。 | 1 | 2 | 3 | 4 | 5 |
| 4. 最近一段时间，我的网购冲动越来越强烈。 | 1 | 2 | 3 | 4 | 5 |
| 5. 我花在网购上的时间越来越多。 | 1 | 2 | 3 | 4 | 5 |
| 6. 最近一段时间，我常常出现非计划性的网购。 | 1 | 2 | 3 | 4 | 5 |
| 7. 当我心情不好时，网购可以让我心情变好。 | 1 | 2 | 3 | 4 | 5 |
| 8. 当我心情不好时，我会去网购以缓解消极情绪。 | 1 | 2 | 3 | 4 | 5 |

续表

| 项目 | 完全不同意 | 不同意 | 一般 | 同意 | 完全同意 |
|---|---|---|---|---|---|
| 9.网购可以帮我暂时忘却现实生活中遇到的困难。 | 1 | 2 | 3 | 4 | 5 |
| 10.由于某些原因不能网购时,我会变得抑郁甚至迷失自我。 | 1 | 2 | 3 | 4 | 5 |
| 11.有一段时间不能网购的生活对我来说是枯燥无味的。 | 1 | 2 | 3 | 4 | 5 |
| 12.我想去网购但现实无法满足时,我会感到焦虑不安。 | 1 | 2 | 3 | 4 | 5 |
| 13.我曾经尝试限制或禁止自己网购,但失败了。 | 1 | 2 | 3 | 4 | 5 |
| 14.我曾经尝试减少自己网购的次数,但没有做到。 | 1 | 2 | 3 | 4 | 5 |
| 15.我曾在一段时间内严格控制自己网购的次数,但稍有松懈便打回原形。 | 1 | 2 | 3 | 4 | 5 |
| 16.网购导致我的工作/学习效率降低。 | 1 | 2 | 3 | 4 | 5 |
| 17.我曾因网购和父母起冲突。 | 1 | 2 | 3 | 4 | 5 |
| 18.网购导致我和家人朋友的相处时间大大减少。 | 1 | 2 | 3 | 4 | 5 |

## （二）网络强迫性购物和网络冲动性购物量表

### 1. 大学生网络强迫性购物量表

曾欣虹探索大学生网络强迫性购物的心理结构并编制了大学生网络强迫性购物量表,包括网购强迫性冲动、网购强迫性行为和网购后的负面情绪共三个维度,13 个项目,采用 5 级评分法,"完全不符合"记 1 分、"比较不符合"记 2 分、"难以确定"记 3 分、"比较符合"记 4 分、而"完全符合"记5分（表8-6）；量表总得分越高表示大学生网络强迫性购物程度越高。

表8-6　大学生网络强迫性购物量表

| 项目 | 完全<br>不符合 | 比较<br>不符合 | 难以<br>确定 | 比较<br>符合 | 完全<br>符合 |
|---|---|---|---|---|---|
| 1.我常常莫名其妙地网购一些东西。 | 1 | 2 | 3 | 4 | 5 |
| 2.即使我很忙,我还是忍不住想要网购。 | 1 | 2 | 3 | 4 | 5 |
| 3.我常常在没有计划的情况下,网购一些东西。 | 1 | 2 | 3 | 4 | 5 |
| 4.我常常在持续地、狂热地网购之后感到自责。 | 1 | 2 | 3 | 4 | 5 |
| 5.即使我没有钱,我还是忍不住想要网购。 | 1 | 2 | 3 | 4 | 5 |
| 6.我常常网购一些东西,即使我根本支付不起。 | 1 | 2 | 3 | 4 | 5 |
| 7.我常常在持续地、狂热地网购之后感到惭愧。 | 1 | 2 | 3 | 4 | 5 |
| 8.即使我不需要任何东西,我还是忍不住想要网购。 | 1 | 2 | 3 | 4 | 5 |
| 9.我常常网购一些我不需要或没有用的东西。 | 1 | 2 | 3 | 4 | 5 |
| 10.我常常在持续地、狂热地网购之后感到紧张或焦虑。 | 1 | 2 | 3 | 4 | 5 |
| 11.我总是做出很大的努力来克制自己想要网购的强烈欲望。 | 1 | 2 | 3 | 4 | 5 |
| 12.我常常会有"我下次一定不网购这么多东西"的想法,并且对自己的网购行为感到抱歉。 | 1 | 2 | 3 | 4 | 5 |

续表

| 项目 | 完全<br>不符合 | 比较<br>不符合 | 难以<br>确定 | 比较<br>符合 | 完全<br>符合 |
|---|---|---|---|---|---|
| 13.我常常会有"我再也不网购了"的想法，并且对自己的网购行为感到后悔。 | 1 | 2 | 3 | 4 | 5 |

### 2. 冲动性网络购物问卷

胡慧楠等(2018)参考斯恩特对冲动性购买行为的分类模型，结合分析访谈的内容，编制了冲动性网络购物问卷。该问卷将冲动性网购分为情绪型冲动网购、突破型冲动网购、建设型冲动网购以及盲目型冲动网购四个维度。问卷共有 19 个项目，采用从"1＝非常不同意"到"5＝非常同意"的 5 级评分法，问卷总分越高代表个体出现网络购物的冲动性越强烈(表 8-7)。

表 8-7　冲动性网络购物问卷

| 项目 | 非常<br>不同意 | 稍不<br>同意 | 一般 | 稍同意 | 非常<br>同意 |
|---|---|---|---|---|---|
| 1.我常常会有计划外的网购，只是因为觉得未来可能会有所需要。 | 1 | 2 | 3 | 4 | 5 |
| 2.我是一个理性的消费者，不会想要弥补自己而一时冲动地网购。 | 1 | 2 | 3 | 4 | 5 |
| 3.如果我这段时间内心焦虑，我会更加毫不犹豫地网购。 | 1 | 2 | 3 | 4 | 5 |
| 4.当看到令我享受和感到优越的商品时，我会毫不犹豫地购买。 | 1 | 2 | 3 | 4 | 5 |
| 5.我经常在没有认识到产品的实际用途时就买下某些产品，因为它象征着更高的地位。 | 1 | 2 | 3 | 4 | 5 |
| 6.我一般都会按照计划购买，不会买现在不需要的东西，即使未来可能用得到。 | 1 | 2 | 3 | 4 | 5 |

续表

| 项目 | 非常<br>不同意 | 稍不<br>同意 | 一般 | 稍同意 | 非常<br>同意 |
|---|---|---|---|---|---|
| 7. 在网购能提供更高享受的物品时,我喜欢<br>先买了再说,先不管以后钱够不够花。 | 1 | 2 | 3 | 4 | 5 |
| 8. 网上购物时我会考虑到未来需求而加大<br>购买量,尽管我现在并不需要这么多。 | 1 | 2 | 3 | 4 | 5 |
| 9. 有时候我网购只是为了用购物改善自己<br>的情绪,而并非确实需要。 | 1 | 2 | 3 | 4 | 5 |
| 10. 当某种商品让我有了想买的想法,我会<br>在了解更多信息后才购买。 | 1 | 2 | 3 | 4 | 5 |
| 11. 当我心情不好时,我会看购物车并购买<br>之前舍不得买或不着急买的东西。 | 1 | 2 | 3 | 4 | 5 |
| 12. 面临内心的焦虑时,我在网购时花钱更<br>加漫不经心了。 | 1 | 2 | 3 | 4 | 5 |
| 13. 当看到有打折促销时,我会考虑到未来<br>使用而买多一些。 | 1 | 2 | 3 | 4 | 5 |
| 14. 即使有打折促销活动,我也只购买计划<br>内的商品。 | 1 | 2 | 3 | 4 | 5 |
| 15. 比起一般商品,我更多购买更贵但更有<br>纪念意义的商品,甚至会借钱去购买。 | 1 | 2 | 3 | 4 | 5 |
| 16. 我不会在没有细细思虑的情况下网购,<br>即使我目前心情焦虑。 | 1 | 2 | 3 | 4 | 5 |
| 17. 我发现自己难以克服想要不停网购的<br>冲动。 | 1 | 2 | 3 | 4 | 5 |
| 18. 在我心情不佳的时候,我会想要补偿自<br>己而一时冲动地网购。 | 1 | 2 | 3 | 4 | 5 |
| 19. 我不会为了让自己"有面子"而去购买并<br>不需要的东西。 | 1 | 2 | 3 | 4 | 5 |

### 3. 强迫性网络购物量表（COSS）

Manchiraju 等（2017）在美国心理学会的行为成瘾诊断量表（DSM-5）及 Andreassen 等（2015）的卑尔根网络购物成瘾量表的基础上，编制出强迫性网络购物量表（Compulsive Online Shopping Scale，COSS），将强迫性网络购物分为网购在生活中的重要性（salience）、情绪改变（mood modification）、冲突（conflict）、耐受性（tolerance）、重复性（relapse）、戒断反应（withdrawal）、所引起的问题（problems）七个维度。量表共有 28 个项目，计分方式采用 7 级评分法，从 1 为"非常不同意"到 7 为"非常同意"，量表总分越高代表个体的强迫性网络购物问题越严重（表 8-8）。

表 8-8　强迫性网络购物量表

| 项目 | 完全不同意 | 不同意 | 部分不同意 | 一般 | 部分同意 | 同意 | 完全同意 |
|---|---|---|---|---|---|---|---|
| 1.网购是我生命中最重要的事情。 | 1 | 2 | 3 | 4 | 5 | 6 | 7 |
| 2.我总是想要网购。 | 1 | 2 | 3 | 4 | 5 | 6 | 7 |
| 3.我会花很多时间在对网购的思考或计划上。 | 1 | 2 | 3 | 4 | 5 | 6 | 7 |
| 4.我的脑海里长期会有网购的念头。 | 1 | 2 | 3 | 4 | 5 | 6 | 7 |
| 5.我网购是为了让自己感觉舒服。 | 1 | 2 | 3 | 4 | 5 | 6 | 7 |
| 6.我网购是为了调节自己的情绪。 | 1 | 2 | 3 | 4 | 5 | 6 | 7 |
| 7.我网购是为了忘掉自己遇到的困难。 | 1 | 2 | 3 | 4 | 5 | 6 | 7 |
| 8.我网购是为了减少自身的内疚、焦虑、无助、孤独和抑郁的感受。 | 1 | 2 | 3 | 4 | 5 | 6 | 7 |
| 9.我网购太多东西以至于对我的日常生活产生了负面影响。 | 1 | 2 | 3 | 4 | 5 | 6 | 7 |

| 项目 | 完全<br>不同意 | 不同意 | 部分<br>不同意 | 一般 | 部分<br>同意 | 同意 | 完全<br>同意 |
|---|---|---|---|---|---|---|---|
| 10.我会因为网购而很少关注自己的爱好、活动以及工作/学习。 | 1 | 2 | 3 | 4 | 5 | 6 | 7 |
| 11.我会因为网购而忽视了自己的伴侣、家人和朋友。 | 1 | 2 | 3 | 4 | 5 | 6 | 7 |
| 12.我会经常因为网购和别人发生冲突。 | 1 | 2 | 3 | 4 | 5 | 6 | 7 |
| 13.我感觉自己越来越热衷网购。 | 1 | 2 | 3 | 4 | 5 | 6 | 7 |
| 14.我网购的东西比我实际需要的多。 | 1 | 2 | 3 | 4 | 5 | 6 | 7 |
| 15.我觉得自己必须网购更多的东西才能获得和之前一样的满足感。 | 1 | 2 | 3 | 4 | 5 | 6 | 7 |
| 16.我花在网购上的时间越来越多。 | 1 | 2 | 3 | 4 | 5 | 6 | 7 |
| 17.我曾经试图限制或禁止自己网购,但没有成功。 | 1 | 2 | 3 | 4 | 5 | 6 | 7 |
| 18.有人劝说我理性网购,但我没有听从。 | 1 | 2 | 3 | 4 | 5 | 6 | 7 |
| 19.我会有减少网购的念头,实际却做不到。 | 1 | 2 | 3 | 4 | 5 | 6 | 7 |
| 20.我曾成功限制或禁止自己网购,但不能坚持。 | 1 | 2 | 3 | 4 | 5 | 6 | 7 |
| 21.如果不能网购,我会感到有压力。 | 1 | 2 | 3 | 4 | 5 | 6 | 7 |
| 22.如有某些原因导致我不能网购,我会感到暴躁与不满。 | 1 | 2 | 3 | 4 | 5 | 6 | 7 |

续表

| 项目 | 完全不同意 | 不同意 | 部分不同意 | 一般 | 部分同意 | 同意 | 完全同意 |
|---|---|---|---|---|---|---|---|
| 23.如果某些原因导致我不能网购，我会感到忧伤、情绪低落。 | 1 | 2 | 3 | 4 | 5 | 6 | 7 |
| 24.如果我已经有一段时间没有购物，我会有强烈的网购冲动。 | 1 | 2 | 3 | 4 | 5 | 6 | 7 |
| 25.我因为网购东西过多已出现经济方面的困难。 | 1 | 2 | 3 | 4 | 5 | 6 | 7 |
| 26.我因为网购东西过多导致自己幸福感降低。 | 1 | 2 | 3 | 4 | 5 | 6 | 7 |
| 27.我对自己的病态网购感到担忧，甚至有时因此失眠。 | 1 | 2 | 3 | 4 | 5 | 6 | 7 |
| 28.我因为网购而感到良心不安。 | 1 | 2 | 3 | 4 | 5 | 6 | 7 |

## 二、网络购物成瘾的发生率

《中国青年报》社会调查中心通过民意中国网和网易新闻中心于2011年对2580人进行了一项在线调查。结果显示:71.1%的受访者认为自己存在"网购成瘾"，其中25.6%的人感觉自己"比较严重"或"很严重"，45.5%的人表示"有一点上瘾"。中文互联网数据资讯中心于2013年7月上传的某知名门户网站"网民网购情况"的调查结果显示:日常有网购行为的网民占90%以上，其中53%的人"网购较多"，5%的人表示"购物几乎靠网购";39%的人表示"对网购有一定程度的依赖"，12%的人表示"依赖比较严重"。

依据相关文献和数据,我国的研究大多以大学生群体为被试,网络购物成瘾包括网络购物成瘾、网络冲动性购买以及网络强迫性购物。石晓妮利用徐浪编制的大学生网络购物成瘾量表得出,2020年大学生网络购物成瘾为 20.03％；郑梅钦利用自编的个体网购成瘾征兆评估表得出大学生网购成瘾发生率为 22.8％；曾欣虹等（2014）采用自编的大学生网络强迫性购物量表分析 968 名大学生的网购成瘾，其发生率为 8.401％。国外同样存在使用概念多样、选取的评估工具多样的特点，但较我国不同的是，其被试较为丰富，不局限于单一群体或选择有现实意义的临床样本。在法国，Duroy 等（2014）测得 200 名平均年龄为 20.2±3.1 岁的被试，其网络强迫性购物比率为 16％；Ko 等（2020）招募近 600 名年龄在 20—69 岁的被试，得出韩国网络强迫购物的发生率为 12.5％；Adamczyk（2021）选用德国版本的强迫性网络购物问卷分析 1000 名波兰人，得出其中强迫性网络购物为 3.6％，网络补偿性购物为 16.9％；有学者则寻找有求治强迫性网络购物意愿的 20—68 岁被试 122 名，算得其发生率高达 33.6％（Müller et al.，2019）。用卑尔根网络购物成瘾量表（BSAS）进行测量的全球大样本研究得出，全球网络购物成瘾发生率为 13.8％（Lam et al.，2017）。

　　不同研究显示，网络购物成瘾发生率差异较大。可能的原因是文献提供的流行病学和临床数据较少或采用了不同的调查方法（Ko et al.，2020）。具体而言，网络购物成瘾及相关行为较少有学者涉足，处于研究初期阶段，其概念尚未明确界定，亦无权威的测量评估工具，更有学者认为新修订的量表可能没有实质性的改进；且更为重要的是，尚无官方的诊断标准，网络购物成瘾并未包括在 DSM-5 中（American Psychiatry Association，2013；Andreassen et al.，2015b）。因此多数研究者通过阅读文献选取当前较有说服力的理论或工具进行调查，如学者郑梅钦便参考 DSM-4 与类似领域的专业工具，从强迫性、耐受性、戒断性、兴奋性、复发性和冲突性六个方面观察、研究以判断网购成瘾。

# 第三节　影响因素

根据相应文献,当前网络购物成瘾及相关概念的影响因素可概括为两个层面:外部因素和内部因素。网络购物成瘾等是内外部因素综合作用的结果。其中外部因素包括网络购物环境因素与社会文化因素,内部因素则包括人口统计学因素、个性特质因素及心理与行为因素(胡慧楠等,2018)。

## 一、网络购物环境因素

### (一)网络购物的便捷性和趣味性

网络购物平台的通达为消费者提供了极大的便利,除淘宝、京东等购物应用程序外,还有微商等,消费者只需打开手机 APP 或者朋友圈便可迅速获取商品或服务信息。网络购物满足了足不出户的方便,也为沉迷和形成网络购物成瘾造就了可乘之机(陈剑梅等,2010;李环宇等,2018)。此外,陈剑梅等(2010)提到,由于网络电商可以通过制作精美的图片或配合舒缓的音乐等方式,让消费者身临其境地感受趣味性和满足其愉悦感、新鲜感和好奇心,也为消费者沉迷网购埋下了伏笔。

### (二)网络购物的匿名性和去抑制性

Müller 等(2019)认为网络匿名性的特征有助于形成过度购物。Rose 等(2014)分析,网购具有消费者不用担心拘束与被评价的强大优势,还会催化消费者的某些不恰当行为(如进行深入的自我表露),这些优势也会导致网购环境缺乏相应监管。

### (三)网络购物的营销策略和优惠活动

李环宇等(2018)表示网络商家会利用"双十一"等购物狂欢节或者饥饿营销等手段,消费者易被"凑满减"与"先付定金"等形式迷惑,迫于价格及存货等因素的"压力",压缩思考和决策时间从而造成冲动性网络购物。不少学者也认为,网店的促销和抢购等营销活动是拉动冲动性网络购物的原因。

### (四)网络购物的第三方评价

第三方评价是先前消费者对商品或服务的评价及使用体验信息。鉴于互联网虚拟的性质,网购过程中第三方评价更易成为消费者决策时的重要参考指标。吕泊怡等(2015)便指出,好评度等倾向性越高,越容易激发消费者的冲动性网络购物。除第三方评价这一反映商品质量的指标外,详细的产品介绍、优质的互动服务、全面的购物承诺等都属于刺激消费者冲动网购的有效影响因素。

### (五)网络购物的产品卷入度

产品卷入度指消费者感知到商品或服务与其内在需要、价值和兴趣的相关程度。产品卷入度越高,消费者越可能产生进一步了解商品的后续行为,寻求信息和购买产品的动机更为强烈,甚至会影响消费者购买过程中脑力和体力的付出。

## 二、社会文化因素

研究表明,如果个体追求时尚、个性及享乐主义和物质主义,网络购物作为一种时尚的购物方式,可促使过度消费。陈剑梅等(2010)也认可将追求物质财富当作生活的中心目标,会出现更多的网络购买行为。消费者把物质主义放在价值观的中心位置,则容易形成恶性循环。个体一方面缺乏自尊感、主观幸福感,另一方面将网络购物视为补偿行为,通过网络购物调节情绪,最终导致网络购物成瘾。

# 三、人口统计学因素

## (一)性别

多项研究认为女性更易出现网络购物成瘾。男性消费者在网购时大多表现理性，其自我控制力强于女性，而女性更易受冲动消费作用的影响；此外，女性也比男性更愿意在购物上耗费金钱，线下购物也较男性冲动；同时女性网购的情绪变化明显，愿意分享网购经历与提高网购技术。还有研究显示，女性对理想自我和现实自我的差距敏感，会因为外表、社会形象，以及家庭的采购而产生冲动性购物。但也有其他研究得出相反的结果，男性是风险因素，他们解释可能是男性在购物时随机性强，也更愿意接受新事物，女性则倾向于综合考虑多方面因素（李环宇等，2018；Manchiraju et al.，2017）。

## (二)年龄

青少年是网络购物成瘾的易感人群。2021年6月，第48次《中国互联网络发展状况统计报告》数据显示，不同年龄段比较中20—29岁群体认为互联网价值最高，该群体生活类需求如网络购物等在互联网上得到了满足。同样，有实证研究也表明网购成瘾常始于青春期晚期和成年期，随年龄增长而减少，这可能涉及额叶皮层等脑功能的成熟（Andreassen et al.，2015b；Manchiraju et al.，2017）；也可能与互联网技术的熟悉程度有关，已发现网购成瘾与网络成瘾存在显著正相关（Müller et al.，2019）。

## (三)经济条件

家庭经济状况会影响个体的网络购物成瘾。具体而言，来自高收入家庭或月开销较高的个体由于有较多的可支配资金，具有网购的物质基础，其网购成瘾与冲动性网络购物的可能性更大。经济状况窘迫者由于经济压力也会减少网购,其网购成瘾的可能性降低。此外,有研究发现生源地也是影响青少年学生网络购物的重要的影响因素。首先,由于经济原因,城市和农村存在一定的经济差距,消费观念也存在差异,农村提倡节俭,作风也较为保守,因此来自农村的消费者通常较少进行线上购物;其次,互联网技术在城镇地区普及更快,城镇的消费者更早接触网购。但有研究反映初期农村消费者对网购的不信任和不安全感可能在后期体验到网购便利等优势时发生转变,这促使其容易出现网购成瘾及冲动性网络购物(李环宇等,2018)。

## 四、个性特质因素

### (一)人格特质

研究表明,责任心与网络强迫性购物、网购成瘾存在显著负相关,而神经质则与网络强迫性购物、网购成瘾显著正相关(Andreassen et al.,2015b)。责任心反映自律、计划、实干等人格特点,因此自控能力不足、缺乏计划的个体难以抵制网络购物的诱惑,并更可能采取不恰当的方式如过度网购来寻求自尊和认同感;神经质则具有敏感、焦虑等人格特点,强迫性网络购物易成为其处理负面情绪(如逃避焦虑情绪)的代偿行为。开放性与网络强迫性购物存在显著正相关。开放性与创新、好奇、自由等特点有关,乐于寻求新鲜感觉刺激与兴奋的个体会增加强迫性网络购物的风险。Andreassen 等(2015b)认为外向性是网购成瘾的风险因素,而宜人性则属于保护因素。具有外向性人格特征的个体会需要更多刺激以求表达及张扬个性;网购成瘾也存在发生人际冲突的冲突性症状,这在宜人性个体上较少出现。异常人格特质如高孤独、焦虑和抑郁也被证实与网购成瘾存在密切联系,通常异常人格特质的个体自我功能较弱,自尊以及自我控制力较低,且难以建立与维持现实的人际关系,倾向于逃避现实,沉迷于虚拟世界,导致网购成瘾与强迫性网络购物(陈剑梅等,2010)。

## (二)自尊

自尊与网络购物成瘾存在显著的负相关。低自尊的个体被证实会通过过度网络购物获得重复行为带来的奖励,这包括购买商品时的成就感、贵重商品带来的群体内"赞美"与"喜欢"等,以逃避低自尊的感觉(Andreassen et al.,2015b;Rose et al.,2014)。

## (三)购物相关个性特质

金融素养和冲动性购买倾向作为消费者特质是网购成瘾与冲动性网络购物的重要影响因素。金融素养是指有助于个体在财务上做出正确判断的知识和技能。Lam 等(2017)认为,通过教育和培训以提高理财能力有助于预防网购成瘾。金融素养是一个可以被修正的防范网购成瘾的特质。冲动性购买倾向是指个体面对商品无意识性、无计划性、想要立即购买的倾向,高冲动性购买倾向的消费者在购物过程中容易被冲动情绪控制。吕泊怡等(2015)指出冲动性购买意愿是冲动性网络购物行为发生前的一个重要的中介变量。

# 五、心理与行为因素

## (一)负性情绪

日常生活中体验到的负性情绪如焦虑、抑郁可引发冲动性网络购物及网络购物成瘾。Manchiraju 等(2017)证实抑郁是强迫性网络购物的有效预测因子;我国学者也发现伴有抑郁或焦虑情绪的中国大学生网络冲动性购物的可能显著增加。这可能是由于网络购物的易获取性和即时满足的特征有助于减少过度消费及成瘾者的消极情绪状态(Rose et al.,2014),即网络购物可被认为是一种情绪补偿策略,以及负性情绪的逃避机制(Andreassen et al.,2015b);从生理的角度看,购物过程以及等待快递到来的过程中大脑会分泌多巴胺,个体进入愉悦状态(李环宇等,2018)。但在面临情绪困扰时,个体的自控能力随之下降,换以冲动、非理性的方式缓解情绪,因此提高了冲动和过度消费的可能性。生活中的压力也与冲动性网络购物行为存在显著正相关,尤其是大学生群体。胡慧楠等(2018)分析得出大学生无论是源于个人烦扰还是学业的压力都可正向预测冲动性网络购物,即大学生面临高压容易出现冲动性网购行为;网购是他们应对压力和排解消极情绪的方式。

## (二)正性情绪

研究发现,体验到的正性情绪(如生活满意度)同负性情绪一样,均可以促发大学生冲动性网络购物行为与网络购物成瘾。国内研究者发现大学生的社会支持度和生活满意度与冲动性网络购物存在显著的正相关;Manchiraju 等(2017)得到类似的结果。快乐的情感反应与冲动性网购行为也呈显著正相关,浏览购物网页可以体验到愉快和兴奋,快乐也是网购的动机之一(胡慧楠等,2018)。网络购物的过程中个体可以体验到快乐和满足,寻求这些正性情绪体验是冲动性网络购物的基础性原因;换言之,正性情绪也可视为网络购物行为产生的导火索,是从冲动性与强迫性网络购物行为中得到的奖励(李环宇等,2018;Rose et al.,2014)。

## (三)行为成瘾

其他的行为成瘾(如网络成瘾)被多个研究证实与网络购物成瘾存在密切联系。Manchiraju 等(2017)研究得出网络成瘾(internet addiction)是强迫性网络购物的强有力的预测因子。但有研究建议,针对不同的成瘾行为应依据其特殊性进行诊断和干预,因为结果表明网络购物成瘾对强迫性购物的影响显著大于其对网络成瘾的影响(Zhao et al.,2017)。Ko 等(2020)则发现问题性网络购物的被试,其赌博程度高于非问题性网络购物的被试。由于问题性赌博被归为 DSM-4 的冲动控制障碍部分，该结果侧面验证了问题性网络购物或许可以视为一种行为成瘾。Jiang 等（2017）的研究认为，网络购物成瘾与行为成瘾明显的症状特征相似，并发现网购的时间对网购成瘾有积极的预测作用。

# 第四节　影响后果

网络购物成瘾作为一个互联网发展带来的新兴社会问题，其造成的负面影响日益被重视。国内相关研究主要针对大学生群体，可概括为对自身的影响、对家庭的影响与社会的影响。

## 一、对自身的影响

对网购成瘾大学生自身的影响又可以分为生理与心理上的变化。生理上主要是由于长时间网购诱发的各种生理及疾病如紧张性头痛。心理上的变化首先是不良和负性情绪的困扰，如网购行为后成瘾者会体验到后悔、自责等消极情绪，与此同时，所产生的负性情绪又会对自身生活造成不良的影响；其次，成瘾的消费者会出现人际关系紧张等社交问题。这是由于其与现实世界的联系减少，出现了社交焦虑与被社会孤立的消极体验。此外，沉迷网购的大学生学习效率可能会降低，造成其学业成绩下降，学业压力增加。

## 二、对家庭与社会的影响

网购成瘾可能会破坏家庭关系与家庭和谐，甚至引发家庭矛盾。网购成瘾者可能抵制不住诱惑掉入网络购物陷阱，造成网络市场秩序混乱；更为甚者，会由于经济问题等走上违法犯罪的道路（如偷窃）。

# 第五节 预防与干预

陈剑梅等(2010)构建了网络购物成瘾的三级预防策略,鉴于网络购物成瘾的预防与干预尚无系统的可参考框架,且该策略在理论上简洁易懂、实践上可操作性强。我们在此基础上进行文献资料的补充作为本节的主要内容。

## 一、一级预防——针对普通人群

首先,提倡健康的网络购物方式,保证网络购物具有目的性、计划性与非冲动性,不妨碍生活的其他方面。结合一些学者观点,建议购买前明确消费需求,合理、客观评价商品、定期统计消费支出。

其次,学习缓解压力、宣泄负性情绪以及人际交往技巧。如胡慧楠等(2018)提出主观审视自身近期压力状况,采用积极健康的方式如进行体育运动以缓解压力。或可通过加强自我情绪认知以学习调节负性情绪,并尝试积极学习人际沟通技巧,提高共情能力。

最后,培养现实生活中的兴趣、爱好,防止依赖虚拟世界满足现实需求。针对大学生网购成瘾,有学者建议学校通过开展丰富、有意义的文化体育活动,吸引学生积极参与现实活动,以建立正常人际关系,并挖掘其特长与兴趣。

## 二、二级预防——针对易感人群

亚健康网购者即网购依赖患者,是指存在过度网络购物以缓解负性情绪,难以合理控制金钱和时间等问题但尚未对其生活及社会功能造成明显影响的网购用户。

首先,针对该类人群需进行专门的心理辅导。建立良好的咨访关系有助于其正确看待其负性情绪和人际交往困难等问题；相应培养亚健康网购者寻求帮助及求治的意识。高校还可以定期为大学生开展心理咨询活动。

其次，重视并认真落实一级干预中提到的策略，并做到"三改变"：改变购物和支付方式，如设置延时支付；改变缓解情绪和压力的方式，如选择听音乐、旅游；改变娱乐的方式，寻求现实的人际互动。

## 三、三级预防——针对网络购物成瘾者

网络购物成瘾者需接受系统的心理治疗，可采用理性情绪疗法、认知行为治疗、团体辅导及家庭治疗等心理治疗方法，情况极为严重者还要配合药物治疗。

有综述表示，当前尚无针对网络购物成瘾治疗的研究，主要采用经批准的相似的行为成瘾的干预措施。认知行为疗法可能是有效的干预。Lourenço等（2014）表示虽然没有治疗的标准方法，但采用认知行为疗法治疗的病例在 6 个月后的随访中出现了改善，于是据此开发了包含 12 疗程的付费治疗手册。这 12 个疗程分别是：1——治疗概述及认识认知-行为模型；2——识别正常与问题性购买行为；3——强迫性购物的利与弊；4——财务和支付管理；5——反应：想法、感觉和行为；6——冲动情绪的调节；7——重组思想；8——暴露及反应预防（联合心理治疗师）；9——自尊；10——社会技能培训；11——压力管理和问题解决；12——复发预防和复发计划。

提升控制能力是网络购物成瘾有效的干预措施。石晓妮则以自我控制的五个维度设计八次关于大学生提升自我控制、改善网购成瘾的针对性团体辅导，干预研究证实了自我控制主题团体辅导的有效性。实验组在网购成瘾总分、过度消费、功能损害和戒断反应三个维度上与安慰剂组、对照组的差异明显。八次的内容主要是：第一单元，相识，为成员未来的参与和成长奠定基础。第二至第七单元，工作阶段，包括清晰自我认知，了解了自我控制的脑机制等相关理论知

识,讲解习惯养成并提供时间分配管理策略,提升自我效能感、情绪自控力、意志力水平与思维自我控制力,布置作业。第八单元,结束阶段,分享感受和收获并将其迁移到现实生活。

## ◀◀ 拓展阅读

### "银发经济"崛起下的老年网购成瘾

中国互联网络信息中心第 48 次《中国互联网络发展状况统计报告》指出,我国 50 岁及以上网民占比为 28.0%,较 2020 年 6 月增长 5.2 个百分点,中老年群体网民规模增速最快。京东消费及产业发展研究院发布《"银发经济"崛起——2021 老年用户线上消费报告》,报告显示:疫情加速"银发"群体融入数字生活的进程,多方正努力帮助"银发族"跨越数字鸿沟,2021 年前三季度"银发族"手机消费增 1 倍;"银发族"是消费市场的重要增长动力,2021 年前三季度"银发族"网购销量同比增长 4.8 倍。

为有效解决互联网适老化问题,2021 年 2 月,工业和信息化部发布《工业和信息化部关于切实解决老年人运用智能技术困难 便利老年人使用智能化产品和服务的通知》,明确开展适老化工作的总体要求和重点工作。同年 4 月,相关部门又发布了《互联网网站适老化通用设计规范》和《互联网网站适老化通用设计规范》,在服务原则、技术要求等方面进行了具体的要求,为中老年网民更加深入地融入互联网生活,共享互联网红利创造了便利条件。

近年来,老年人沉迷网络购物的案例愈发多见。2020 年,山西太原一 70 岁婆婆自从学会网购后一发不可收拾,经常在网上购买大量便宜但使用率不高的商品。她对晚辈的劝告也置之不理,最多的一天可收到 6 个包裹。

　　据此，有学者分析，老人网络购物一方面是一种心理减压的方式，通过购物弥补其年轻时物资匮乏期的遗憾；另一方面则是为了缓解退休后的孤独感和无聊感，网购对老年人来说既新奇又为家庭买到物美价廉商品而满足了自身存在感和价值感。相关医生表示，老年人适当上网有益身心健康但切勿过度沉迷，家人的关爱、沟通是避免老年人成瘾的有效办法，有助于老人在虚拟世界外寄托情感。

# 第九章  手机低头行为与短视频过度使用

## ◀◀ 批判性思考

1.现如今,人们已经习惯了线上交流。无论是在坐车、就餐还是行走时,都可以看到很多人默默地低头看手机。我们有时会低头使用手机冷落别人,也不时因别人的这种行为而觉得受到冷落。你觉得我们应该如何走出这种不良的循环?

2.网络短视频行业蓬勃发展的同时,也导致青少年不同程度的沉迷问题。试想青少年为何如此喜欢观看短视频? 或者说相对于其他互联网应用,短视频吸引青少年的地方在哪里?

## ◀◀ 关键术语

手机低头族,手机低头行为,手机冷落行为,注意力,睡眠质量,心理问题,基本心理需要满足,社会适应,短视频,短视频过度使用,抖音,政府部门,企业行业,学校,家庭,未来趋势

本章主题为手机低头行为与短视频过度使用。我们将简要介绍几种新近出现的青少年网络行为成瘾现象。

## ◀◀ 热点扫描

互联网已经成为未成年人重要的休闲娱乐渠道。尤其在疫情防控期间，互联网在一定程度上帮助未成年人缓解了无法正常外出和上学的心理压力。根据中国互联网络信息中心发布的《2020年全国未成年人互联网使用情况研究报告》，短视频作为新兴互联网娱乐服务，仅次于网络音乐和网络游戏，成为未成年网民第三大网络娱乐活动。2020年未成年网民在互联网上经常收看短视频的比例达到49.3%，较2019年（46.2%）提升3.1个百分点。其中，小学生网民收看短视频的比例达到38.8%，初中和高中生网民分别为59.7%和60.2%，中等职业教育学生网民占比最高，达到67.0%。该报告还显示，10.6%的未成年网民在工作日收看短视频超过2小时，在节假日该比例则提升至19.0%。

# 第一节　手机低头行为

## 一、手机低头行为的概念

随着使用的激增，在课堂、人际交往等情景下的手机低头行为越来越被各界广泛关注。时至今日，手机"低头党"和手机"低头族"比比皆是。手机低头行为（phubbing）也称手机冷落行为，描述的是21世纪一种普遍而特殊的社会现象，即个体在社交情境中只顾低头玩手机，而无暇顾及身边的人或事物的行为（Chotpitayasunondh）。值得指出的是，手机成瘾与手机低头行为关系密切。有分析表明，手机成瘾与手机低头行为共享相同属性，手机成瘾可能是手机低头行为的一个重要成分,两者之间具有中等程度的相关(Karadağ et al.,2016;Chotpitayasunondh et al.,2016)。也有研究发现,手机成瘾可能是手机低头行为的重要预测变量(Chotpitayasunondh et al.,2016)。

## 二、手机低头行为的测评

目前尚未形成一套较为成熟的手机冷落行为测量量表(龚艳萍等,2019),使用相对广泛的量表是手机低头行为通用量表(Generic Scale of Phubbing,GSP),见表 9-1。该量表由 Chotpitayasunondh 等(2018)编制,张璐等将其修订为中文版,适合测量青少年的手机低头行为。该表包含 4 个维度:无手机恐惧、自我疏离、人际冲突和问题认知。该表共 15 个项目,从"1＝从不"到"7＝总是"进行 7 点计分,得分越高表示手机低头行为越严重。此外,还有手机冷落量表(Phubbing Scale)和受手机冷落行为影响通用量表(Generic Scale of Being Phubbed)也可用于测量一般人际情景下的手机低头行为。

表 9-1　手机低头行为通用量表

| 序号 | 项目 | 从不 | 几乎没有 | 偶尔 | 有时 | 时常 | 经常 | 总是 |
|---|---|---|---|---|---|---|---|---|
| 1 | 手机不在身边时我会感到紧张不安。 | 1 | 2 | 3 | 4 | 5 | 6 | 7 |
| 2 | 我不能忍受手机不在身边。 | 1 | 2 | 3 | 4 | 5 | 6 | 7 |
| 3 | 我把手机放在我能看到的地方。 | 1 | 2 | 3 | 4 | 5 | 6 | 7 |
| 4 | 如果不查看手机我总担心会错过一些重要信息。 | 1 | 2 | 3 | 4 | 5 | 6 | 7 |
| 5 | 我因使用手机而与他人产生冲突。 | 1 | 2 | 3 | 4 | 5 | 6 | 7 |
| 6 | 别人经常告诉我花在手机上的时间太多了。 | 1 | 2 | 3 | 4 | 5 | 6 | 7 |
| 7 | 如果别人要我放下手机去与他们交谈,我会很生气。 | 1 | 2 | 3 | 4 | 5 | 6 | 7 |

**续表**

| 序号 | 项目 | 从不 | 几乎没有 | 偶尔 | 有时 | 时常 | 经常 | 总是 |
|---|---|---|---|---|---|---|---|---|
| 8 | 即使在知道会惹怒别人的情况下,我还是会使用手机。 | 1 | 2 | 3 | 4 | 5 | 6 | 7 |
| 9 | 我宁愿把注意力集中在手机上,也不愿意与人交流。 | 1 | 2 | 3 | 4 | 5 | 6 | 7 |
| 10 | 比起与人交流,玩手机更能让我感到满足。 | 1 | 2 | 3 | 4 | 5 | 6 | 7 |
| 11 | 停止关注别人,专注于玩手机,会让我觉得舒服。 | 1 | 2 | 3 | 4 | 5 | 6 | 7 |
| 12 | 我通过忽视别人和玩手机来摆脱烦恼。 | 1 | 2 | 3 | 4 | 5 | 6 | 7 |
| 13 | 我使用手机的时间总比预计的要长。 | 1 | 2 | 3 | 4 | 5 | 6 | 7 |
| 14 | 我很清楚在使用手机的时候会错失与人交流的机会。 | 1 | 2 | 3 | 4 | 5 | 6 | 7 |
| 15 | 在使用手机的时候,我脑子里总想着"再多玩儿分钟"。 | 1 | 2 | 3 | 4 | 5 | 6 | 7 |

## 三、手机低头行为的影响因素与后果

有研究者(龚艳萍等,2019)从个体特征、问题性移动技术使用两个方面对手机低头行为的影响因素进行了初步探讨。总体而言,人口统计学因素(包括性别和年龄)、个体心理因素(包括神经质、孤独感、抑郁、错失恐惧、缺乏自控等)及其交互作用都能显著预测手机冷落行为,问题性移动技术使用(如问题性手机使用、手机成瘾和网络成瘾等)也与手机冷落行为显著正相关。

手机低头行为可能导致一系列的消极不良后果。不少研究发现,手机低头行为可导致注意力不集中,睡眠质量下降,甚至产生心理问题(丁倩等,2019c)。此外,手机低头行为还会对人际关系质量和生活满意度产生负面影响(龚艳萍等,2019)。实证研究和日常经验都表明,手机低头行为会对个体的初级心理需要满足、积极情绪表达以及谈话质量感知产生负面影响,具有低头行为的个体更易被认为缺乏礼貌和教养,不愿意亲近别人(肖曼曼等,2020)。手机成瘾程度高的大学生在人际交往过程中更有可能过度关注手机而忽略与身边人的交流,这加剧了他们的手机低头行为,并进一步导致应有的社交技能得不到发展,容易出现人际适应障碍。过度沉溺于使用手机(如手游、短视频等应用)的大学生,更有可能在与他人互动的过程中出现手机低头行为(Chotpitayasunondh et al.,2016),进而导致人际适应性的下降。具体而言,手机的存在会降低个体对交流对象的感知同理心,阻碍亲密感和信任的发展,从而对关系质量产生不利影响(龚艳萍等,2019)。甚至青少年子女感受到父母的手机低头行为,也可能激发其社会退缩和网络过激行为。

## 四、手机低头行为的干预策略

在手机低头行为的预防和干预方面,有研究者(姜飞,2015)提出从尊重"低头族"的心理诉求、整合"碎片"时间、寻求替换法、自我正强化、自我暗示与鼓励等方面进行矫正。尊重"低头族"的心理诉求,是指教育工作者或心理咨询师要以朋友的方式进入青少年的生活,在平等的基础上进行交流互动,准确了解他们的内心世界,在肯定其诉求的前提下,引导他们发现达到目的的正确方式,帮助他们缓解"低头族"的行为症状。整合"碎片"时间,是指引导青少年把时间"化零为整",将每天零碎的、低头玩手机、刷平板的时间进行有效集中,固定在每天的某个时间段专门来进行数字娱乐,在这个时间段"低头族"可以尽情地宣泄自己的情绪,释放压力。一旦过了这个时间段就不可以再玩手机刷平板,起初实行阶段最好能有专门的人负责监督。这样既可以减少"低头"的次数,同时也将时间有效化管理。寻求替换法,就是寻求另一种方式来替换"低头"状态,比如用看书或体育运动来弥补"低头"玩手机看平板带来的身体破坏。自我正强化和自我暗示与鼓励,是采用一定的行为强化和暗示技术对青少年个体的手机低头行为进行改变，最终脱离"低头族"行列。

总的来说，低头看手机害人又害己。没事不要看手机，多和亲人、朋友出去走走、聊聊天，既锻炼身体又增进感情，一举两得。

# 第二节　短视频过度使用

## 一、短视频过度使用的概念

短视频即短片视频，指在各种新媒体平台上播放的、适合在移动状态和短时休闲状态下观看的、高频推送的视频内容，时长一般在 5 分钟以内（路琦等，2021）。短视频观看便捷、内容新奇，对不少青少年有很大的吸引力。其中，以抖音、快手最为常见且用户数量最多。2018年 5 月，共青团中央维护青少年权益部牵头发起的一项调查显示，20％的青少年表示"几乎总是"在看短视频，"每天看几次"的比例也接近10％。《2019 年全国未成年人互联网使用情况研究报告》则显示，2019年未成年人在互联网上经常收看短视频的比例达到 46.2％。

## 二、短视频过度使用的测评

路琦等（2021）为比较工读学生和普通学生两个群体短视频使用的差异性，编制了青少年抖音/快手使用状况调查问卷，分为抖音/快手使用强度和使用动机两个维度。抖音/快手使用强度共 6 个项目，每个项目按"非常不符合、比较不符合、不确定、比较符合、非常符合"进行"1、2、3、4、5"五级评分（表 9-2）。抖音/快手使用动机共 20 个项目，每个项目从"从不、很少、有时、经常、总是"进行"1、2、3、4、5"五级评分，将各维度项目评分相加得到维度总分并求维度均值（表 9-3）。

表 9-2　抖音/快手使用强度量表

| 项目 | 非常<br>不符合 | 比较<br>不符合 | 不确定 | 比较<br>符合 | 非常<br>符合 |
|---|---|---|---|---|---|
| 1.抖音是我每天日常活动的一部分。 | 1 | 2 | 3 | 4 | 5 |
| 2.我很自豪地告诉别人我在使用抖音。 | 1 | 2 | 3 | 4 | 5 |
| 3.抖音已成为我日常生活的一部分。 | 1 | 2 | 3 | 4 | 5 |
| 4.我一会儿不使用抖音就感觉同外界失去了联系。 | 1 | 2 | 3 | 4 | 5 |
| 5.我感觉我是抖音社区中的一员。 | 1 | 2 | 3 | 4 | 5 |
| 6.关闭抖音,我会感觉很不舒服。 | 1 | 2 | 3 | 4 | 5 |

表 9-3　抖音/快手使用动机量表

| 项目 | 非常<br>不符合 | 比较<br>不符合 | 不确定 | 比较<br>符合 | 非常<br>符合 |
|---|---|---|---|---|---|
| 1.同我的朋友们互动。 | 1 | 2 | 3 | 4 | 5 |
| 2.可以看到我的朋友们的最新的视觉状态。 | 1 | 2 | 3 | 4 | 5 |
| 3.它很有趣。 | 1 | 2 | 3 | 4 | 5 |
| 4.关注我的朋友们都在干什么。 | 1 | 2 | 3 | 4 | 5 |
| 5.为了看别人分享的东西。 | 1 | 2 | 3 | 4 | 5 |
| 6.想看好友的照片。 | 1 | 2 | 3 | 4 | 5 |
| 7.查看别人发表的东西。 | 1 | 2 | 3 | 4 | 5 |
| 8.用照片描绘我的生活。 | 1 | 2 | 3 | 4 | 5 |
| 9.为了记住特殊事件。 | 1 | 2 | 3 | 4 | 5 |
| 10.将我的生活分享给朋友们。 | 1 | 2 | 3 | 4 | 5 |
| 11.为了记录我周围的世界。 | 1 | 2 | 3 | 4 | 5 |
| 12.为了纪念一些事情。 | 1 | 2 | 3 | 4 | 5 |

续表

| 项目 | 非常<br>不符合 | 比较<br>不符合 | 不确定 | 比较<br>符合 | 非常<br>符合 |
|---|---|---|---|---|---|
| 13.为了记住一些重要的东西。 | 1 | 2 | 3 | 4 | 5 |
| 14.为了让自己更受欢迎。 | 1 | 2 | 3 | 4 | 5 |
| 15.很酷。 | 1 | 2 | 3 | 4 | 5 |
| 16.自我推广。 | 1 | 2 | 3 | 4 | 5 |
| 17.为我的朋友们提供我的可视的状态更新。 | 1 | 2 | 3 | 4 | 5 |
| 18.为了找到与我有共同兴趣爱好的人。 | 1 | 2 | 3 | 4 | 5 |
| 19.搞一些艺术创意。 | 1 | 2 | 3 | 4 | 5 |
| 20.为了炫耀我的拍照技能。 | 1 | 2 | 3 | 4 | 5 |

## 三、短视频过度使用的影响因素与后果

路琦等(2021)的调查发现,被试的短视频(抖音、快手)使用率以及使用程度均相对较低。具体来说,工读学生的短视频(抖音、快手)使用强度和动机显著高于普通学生。将近80％的工读学生和普通学生短视频(抖音、快手)好友数量不超过100人,50％以上的工读学生和普通学生平均每天的短视频(抖音、快手)使用时间少于10分钟;工读学生和普通学生的短视频(抖音、快手)使用强度和动机存在显著的性别差异。除17岁及以上年龄段外,其余每个年龄段工读学生的短视频(抖音、快手)使用强度和动机均高于普通学生。

短视频过度使用可能给青少年带来不良影响。《中国青年报》曾报道,一项对1974名家长的调查显示,92.1％的受访家长觉得青少年沉迷短视频的现象普遍,70.6％的受访家长担心孩子沉迷短视频会对学习生活提不起兴趣,66.3％的受访家长担心孩子模仿不良的短视频内容。

## 四、短视频过度使用的干预策略

随着网络短视频行业的蓬勃发展,短视频使用极有可能导致青少年不同程度的沉迷问题。因此,需要对青少年的短视频(抖音、快手)使用行为加强引导和监控,别让青少年短视频成瘾。具体来说,可以考虑从以下几个方面着手。

一是在政府层面,完善相关法律法规、做好行政执法监督工作。国家对青少年特别是未成年人的网络保护事宜高度重视,制订出台了一系列互联网管理法律法规,起到了一定的积极作用,但目前尚没有关于未成年人网络保护的专门法律法规。要通过建立健全相关法律制度,不断完善整个短视频网络平台的发展,规范青少年的短视频使用相关行为。有关部门应积极作为,加强对短视频平台的日常监管,促使其依法履行相关责任。对于一些违反法律法规的行为,更须依法介入,坚决打击。

二是在企业行业层面,着力预防青少年沉迷于在线网络活动。防沉迷的治本之策是提升青少年的网络素养。各类短视频网络平台应设置一些网络素养教育方面的内容,加大宣传力度,可采用任务激励等方式,来调动未成年人用户学习的主动性。还要采用技术手段对未成年人在线时间予以限制,设立未成年人家长监护系统,有效防止未成年人沉迷于短视频。2019年1月,中国网络视听节目服务协会发布《网络短视频平台管理规范》和《网络短视频内容审核标准细则》,明确要求网络短视频平台应当建立未成年人保护机制。《网络短视频平台管理规范》明确指出,网络短视频平台实行节目内容先审后播制度。因此,短视频平台要扮演好"守门人"的角色,担起最基本的平台责任,履行相应的法律规定,"青少年模式"必须严格遵守,加强对未成年人的保护,不能让短视频成为危害青少年的"精神鸦片"。

三是在学校层面,加强对青少年学生的宣传和引导。引导学生树立正确观念,对短视频使用进行正确的引导,帮助学生树立正确的信息媒体观念,正确看待并合理使用,发挥其积极功能,促使学生健康、快乐地成长。也要加强管理,规范学生的使用行为。限制学生在校期间手机等通信设备的使用,避免学生在校期间刷微信、看短视频。

四是在家庭层面,要加强对青少年学生的教育和监控。要以"宜疏不宜堵"为原则,科学引导。"堵",是指通过没收手机、切断网络等方式强制切断青少年跟网络、短视频的联结。"堵"可能会管用一时,但往往只可治标,不能治标,且很可能会直接或者间接导致长期沉迷于短视频无法自拔的青少年做出一些极端行为。而"疏"则侧重于从青少年沉迷短视频的源头、原因入手,解决沉迷背后的心理、心态等问题。从现实来看,许多青少年沉迷于短视频,多因为空虚无聊或在现实生活、学习中受挫,想通过观看短视频逃避压力、寻求快乐等。而有的父母忙于工作很少跟孩子沟通,有的对孩子奉行"高压"和"棍棒"政策,有的则自己就沉迷于手机做出不好的示范。与其说青少年被短视频的内容吸引而产生沉迷问题,不如说很多时候,是不健康的家庭教育生态把孩子推向了网络。家长和其他成年的家庭成员要以身作则,从最根本的家庭教育入手。要想破解青少年沉迷手机、短视频的问题,家长必须从重视家庭教育入手,加强跟孩子的沟通、交流、互动,关注其心理状态,帮助青少年解决现实中压力无处释放、受挫无法排解等问题。此外,家长在家庭生活中要做到以身作则,坚决拒绝做"低头族",想方设法带动孩子一起发展有益身心的爱好,让孩子在现实生活中找到真正的兴趣、乐趣。如此一来,孩子刷手机、看短视频的时间才会自然而然地降低,沉迷于短视频的情况才会得到根本好转。

五是在个体层面,青少年要增强个人自律,养成良好习惯。短视频平台内容丰富,能满足青春期学生的多元需求。许多内容传播的是正能量,在接受知识的同时也能带来内心的愉悦与满足。但是,其中也会有暴力、色情、诈骗等不良信息,给他们带来的危害是难以估量的。青少年只有不断加强自身修养,注意自我约束、养成良好的使用习惯,才能有效地避免沉迷其中。

# 参考文献

安宏玉,2020.无聊倾向对网络游戏成瘾的影响:网络游戏认知偏差的中介作用[J].教育理论与实践(15):42-44.

白羽,樊富珉,2005.大学生网络依赖测量工具的修订与应用[J].心理发展与教育(4):99-104.

陈春宇,连帅磊,孙晓军,等,2018.社交网站成瘾与青少年抑郁的关系:认知负载和核心自我评价的中介作用[J].心理发展与教育(2):210-218.

陈剑梅,蒋波,2010.网络购物成瘾的临床症状、形成机理与心理干预[J].前沿(3):177-179.

陈淑惠,翁俪祯,苏逸人,2003.中文网络成瘾量表之编制与心理计量特性研究[J].中华心理学刊(3):279-282.

陈武,李董平,鲍振宙,等,2015.亲子依恋与青少年的问题性网络使用:一个有调节的中介模型[J].心理学报(5):611-623.

陈欣,林悦,刘勤学,2020.科技干扰对青少年智能手机成瘾的影响:核心自我评价与心理需求网络满足的作用[J].心理科学(2):355-362.

池丽萍,辛自强,2003.儿童对婚姻冲突的感知量表修订[J].中国心理卫生杂志(8):554-556.

崔健,杨可冰,杨清艳,等,2021.抑郁对大学生网络成瘾的影响:冲动的中介作用[J].中国健康心理学杂志(1):123-128.

崔丽娟,2006.用安戈夫方法对网络成瘾和网络游戏成瘾的界定

[J].应用心理学(2):142-147.

崔丽娟,王小晔,2003.互联网对青少年心理发展影响研究综述[J].心理科学(3):501-503,500.

崔丽娟,赵鑫,2004.用安戈夫(Angoff)方法对网络成瘾的标准设定[J].心理科学(3):721-723.

崔丽娟,赵鑫,吴明证,等,2006.网络成瘾对青少年的社会性发展影响研究[J].心理科学(1):34-36,33.

邓林园,方晓义,阎静,2013.父母关系、亲子关系与青少年网络成瘾的关系及其作用机制[J].中国特殊教育(9):71-77.

邓林园,刘晓彤,唐远琼,等,2021.父母心理控制、自主支持与青少年网络游戏成瘾:冲动性的中介作用[J].中国临床心理学杂志(2):316-322.

邓伟,朱志惠,2018.高中生父母同伴依恋与网络成瘾的关系[J].中国健康心理学杂志(5):746-750.

邓云龙,潘辰,唐秋萍,等,2007.儿童心理虐待与忽视量表的初步编制[J].中国行为医学科学(16):175-177.

丁倩,孔令龙,张永欣,等,2018a.父母"低头族"与初中生手机成瘾的交叉滞后分析[J].中国临床心理学杂志(05):952-955.

丁倩,唐云,魏华,等,2018b.相对剥夺感与大学生网络游戏成瘾的关系:一个有调节的中介模型[J].心理学报(9):1041-1050.

丁倩,王兆琪,张永欣,2020.自尊与手机成瘾:错失恐惧和问题性社交网络使用的序列中介作用[J].中国临床心理学杂志(6):1152-1156.

丁倩,魏华,张永欣,等,2016.自我隐瞒对大学生网络成瘾的影响:社交焦虑和孤独感的多重中介作用[J].中国临床心理学杂志(2):293-297.

丁倩,张曼曼,张永欣,2019a.自恋与社交网站成瘾:炫耀性自我呈现的中介作用[J].中国临床心理学杂志(1):99-102.

丁倩,张永欣,魏华,等,2019b.中庸思维与大学生网络成瘾:社会支持和孤独感的序列中介作用[J].心理与行为研究(4):553-560.

丁倩,张永欣,周宗奎,2019c.父母低头族与中学生手机成瘾的关系:父母监控的调节作用[J].中国特殊教育(1),66-71.

董睿,傅怡铭,侯晓婷,等,2021.逃避动机和沉浸体验在大学生挫折感与网络游戏成瘾间的中介作用[J].中华行为医学与脑科学杂志(4):327-332.

方晓义,刘璐,邓林园,等,2015.青少年网络成瘾的预防与干预研究[J].心理发展与教育(1):100-107.

冯锐,李亚娇,2014.大学生网络社交方式及社交行为特征分析[J].扬州大学学报:高教研究版(6):75-82.

冯砚国,闫喜英,王云,等,2010.沉缅电子游戏儿童青少年的综合家庭干预研究[J].现代预防医学(15):2808-2810.

葛海艳,刘爱书,2019.基于发展生态理论的儿童虐待风险因素及其累积效应[J].中国学校卫生杂志(1):147-150.

葛缨,胡媛艳,张智,等,2014.心理剧对城市留守儿童网络成瘾及社交回避的改善效果[J].中国心理卫生杂志(6):458-465.

龚艳萍,陈卓,谢菊兰,等,2019.手机冷落行为的前因、后果与作用机制[J].心理科学进展(7),1258-1267.

共青团中央维护青少年权益部、中国互联网络信息中心,2021.《2020年全国未成年人互联网使用情况研究报告》[OL].http://www.cnnic.net.cn/hlwfzyj/hlwxzbg/qsnbg/202107/P020210720571098696248.pdf.

管浩圻,陈丽兰,2015.海南大学生交往焦虑在手机成瘾与孤独感间的中介作用[J].中国学校卫生(8):1164-1166.

贺金波,仇雨亭,郑阳,2019.网络游戏成瘾的心理治疗方法及其原理综述[J].中国临床心理学杂志(4):848-853.

侯娟,樊宁,秦欢,等,2018.青少年大五人格对网络成瘾的影响:家庭功能的中介作用[J].心理学探新(3):279-288.

胡慧楠,林军凤,周畅,等,2018.压力对大学生冲动性网络购物的影响:情感反应的中介作用[J].心理学进展(8):1098-1108.

扈月阳,梅松丽,高婷婷,2020.吉林省初中生网络成瘾与抑郁症状的关系[J].中国学校卫生(11):1617-1620.

黄海,牛露颖,周春燕,等,2014.手机依赖指数中文版在大学生中的信效度检验[J].中国临床心理学杂志(5):835-838.

黄时华,李冬玲,张卫,等,2010.大学生无聊倾向问卷的初步编制[J].心理发展与教育(3):308-314.

黄思旅,甘怡群,2006.青少年网络游戏成瘾量表的修订和应用[J].中国临床心理学杂志(1):8-10.

纪凌开,谭洁,2020.父母完美主义教养方式与初中生网络游戏成瘾:焦虑与孤独的中介作用[J].教育研究与实验(1):86-91.

季文平,高荣,张志华,等,2019.安徽省临床医学生网络成瘾现状及其影响因素[J].中国学校卫生(8):1230-1232.

冀东杰,李鹏飞,黄亮,等,2021.酒精依赖与网络游戏成瘾男性的冲动性行为特征比较[J].中国药物依赖性杂志(1):45-50.

江敏敏,汪洋,王静,等,2021.新冠肺炎疫情期间某高校返校大学生网络使用情况及影响因素[J].中国学校卫生(2):260-263.

姜飞,2015."低头族"现象的心理学成因及其对策研究[J].江苏教育研究(9):39-42.

姜永志,2018.青少年问题性移动社交媒体使用评估问卷编制[J].心理技术与应用(10):613-621.

姜永志,2019.青少年移动社交网络使用行为研究[M].武汉:华中科技大学出版社.

姜永志,白晓丽,阿拉坦巴根,等,2016.青少年问题性社交网络使用[J].心理科学进展(9):1435-1447.

姜永志,白晓丽,刘勇,等,2017.大学生问题性移动网络使用行为量表编制[J].教育生物学杂志(2):71-75.

金盛华,于全磊,郭亚飞,等,2017.青少年网络社交使用频率对网络成瘾的影响:家庭经济地位的调节作用[J].心理科学(4),885-891.

靳宇倡,李俊一,2014.暴力游戏对青少年攻击性认知影响的文化差异:基于元分析视角[J].心理科学进展(8):1226-1235.

敬娇娇,高闯,牛更枫,2017.互联网使用对共情的影响[J].心理科学进展(4):652-661.

雷雳,2012.青少年"网络成瘾"干预的实证基础[J].心理科学进展(6):791-797.

雷雳,李宏利,2003.病理性使用互联网的界定与测量[J].心理科学进展(1):73-77.

雷雳,伍亚娜,2009.青少年的同伴依恋与其互联网使用的关系[J].心理与行为研究(2):81-86.

雷雳,杨洋,2007.青少年病理性互联网使用量表的编制与验证[J].心理学报(4):688-696.

雷雳,杨洋,柳铭心,2006.青少年神经质人格,互联网服务偏好与网络成瘾的关系[J].心理学报(3):375-381.

雷雳,张国华,魏华,2018.青少年与网络游戏:一种互联网心理学的视角[M].北京:北京师范大学出版社.

李董平,周月月,赵力燕,等,2016.累积生态风险与青少年网络成瘾:心理需要满足和积极结果预期的中介作用[J].心理学报(12):1519-1537.

李菲菲,罗青,周宗奎,等,2012.大学生羞怯与网络交往依赖的关系:人际交往困扰的中介作用[J].中国临床心理学杂志(2):182-184.

李欢欢,2011.大学生网络成瘾:评估与干预[M].北京:华夏出版社.

李欢欢,王力,王嘉琦,2008.大学生网络游戏认知-成瘾量表的初步编制及信效度检验[J].中国心理卫生杂志(5):319-322.

李环宇,张学梅,罗文豪,2018.大学生冲动性网络购物的动机及影响因素[J].现代商业(2):45-47.

李焕,2013.网络体育赌博中病态赌徒的成因研究[D].合肥:安徽医科大学.

李肆,2017.危机治理中区级政府内部协同的影响因素研究[J].山东社会科学(12):187-192.

李玲,于全磊,张林,等,2015.青少年网络成瘾的性别差异:学校社会处境分化的中介作用[J].中国临床心理学杂志(6):1044-1048.

李宁,梁宁建,2007.大学生网络成瘾者非适应性认知研究[J].心理科学(1):65-68.

李文福,贾旭卿,李功迎,等,2021.父母教养方式与大学生手机依赖:自我控制和感觉寻求的链式中介作用[J].心理发展与教育(5):660-667.

李笑燃,姜永志,张斌,2018.孤独感对青少年问题性移动社交网络使用的影响:人际困扰和积极自我呈现的作用[J].心理科学(5):1117-1123.

李心怡,向慧,邹涛,等,2019.基于正念的网络游戏成瘾综合干预[J].国际精神病学杂志(2):221-224.

李毅,钟宝亮,刘学兵,等,2012.自评Young氏网络成瘾诊断问卷中文版信效度的初步研究[J].中国药物依赖性杂志(5):390-394.

李治德,2005.自我决定理论模式:青少年网瘾行为的解读[J].探索(2):132-139.

梁三才,游旭群,2010.网络成瘾者情感决策能力的对照研究[J].中国临床心理学杂志(5):597-599.

林媚,庞诗萍,洪泽枫,等,2018.大学生网络成瘾对学业情绪的影响:积极心理品质的中介作用[J].中国健康心理学杂志(8):1258-1263.

林悦,刘勤学,余思,等,2021.父母忽视与青少年网络游戏成瘾的关系:希望的中介作用和性别的调节作用[J].心理发展与教育(1):109-119.

刘炳伦,郝伟,杨德森,等,2006.网络依赖诊断量表初步编制[J].中国临床心理学杂志(3):227-229+232.

刘玎,卢宁,何建飞,等,2013.团体辅导对网络成瘾大学生网络使用及学习管理的改善效果[J].中国心理卫生杂志(7):496-501.

刘慧瀛,杨静怡,王婉,2020.河南省某高校医学生领悟社会支持、生命意义感对网络成瘾的影响[J].医学与社会(11):114-118.

刘磊,李文静,2013.Kimberly S. Young关于网络成瘾的15年研究述评[J].理论观察(7):23-27.

刘璐,方晓义,张锦涛,等,2013.大学生网络成瘾:背景性渴求与同伴网络过度使用行为及态度的交互作用[J].心理发展与教育(4):424-433.

刘勤学,杨燕,林悦,等,2017.智能手机成瘾:概念、测量及影响因素[J].中国临床心理学杂志(1):82-87.

刘庆奇,周宗奎,牛更枫,等,2017.手机成瘾与青少年睡眠质量:中介与调节作用分析[J].心理学报(12):1524-1536.

刘绍英,冯瑞,职心乐,等,2015.天津市中学生亚健康状况及其影响因素研究[J].中华疾病控制杂志(11):1122-1125+1130.

刘彤,李晓敏,梁明明,等,2021.自我决定理论在健康行为领域的研究进展[J].护理实践与研究 18(2),205-208.

刘学兰,李丽珍,黄雪梅,2011.家庭治疗在青少年网络成瘾干预中的应用[J].华南师范大学学报(社会科学版)(3):71-76+160.

刘彦丽,何思源,薛莉莉,等,2021.上海市青少年网络成瘾与家庭功能、生活事件的关系[J].现代预防医学(13):2383-2387.

刘志华,罗丽雯,2010.初中生网络成瘾的社会因素:人际关系的相关研究[J].电化教育研究(8):111-115.

龙苏兰,朱旺乔,李晓东,2021.江西省中医院校医学生网络成瘾及影响因素[J].中国健康心理学杂志(4):601-607.

路琦,雷雳,马晓辉,等,2021.专门学校学生社会性发展研究:基于专门学校学生与普通学生的比较分析[M].北京:社会科学文献出版社.

罗江洪,吴汉荣,2007.中学生网络游戏成瘾影响因素分析[J].中国社会医学杂志(3):171-173.

吕泊怡,张利明,苗心萌,等,2015.网络购物下第三方评价与冲动性购买意愿:情绪的调节作用和中介作用[J].中国健康心理学杂志(2):214-218.

马建苓,刘畅,2019.错失恐惧对大学生社交网络成瘾的影响:社交网络整合性使用与社交网络支持的中介作用[J].心理发展与教育(5):605-614.

马庆国,戴珅懿,2011.网络游戏成瘾量表研究——事件相关脑电位辅助分析[J].管理工程学报(2):21-29.

潘建平,2014.中国儿童忽视现状与研究展望[J].中国学校卫生(2):161-164.

庞文驹,王晓晨,2020.壮族中学生非自杀性自伤行为状况及其与网络成瘾的关联[J].中国学校卫生(5):732-735.

彭朕磊,赵福琳,陈晶,等,2021.冲动性人格对大学生网络游戏成瘾的影响:延迟折扣的中介作用[J].精神医学杂志(3):198-201.

钱铭怡,章晓云,黄峥,等,2006.大学生网络关系依赖倾向量表(IRDI)的初步编制[J].北京大学学报:自然科学版(6):802-807.

曲敏丽,张雨青,2020.父母电子产品干扰与青少年网络游戏成瘾的关系[J].中国卫生统计(2):212-214.

桑青松,卢家楣,刘思义,等,2019.压力性生活事件与青少年自尊:被动性社交网站使用和人生意义感的中介作用[J].心理科学(5):133-138.

邵嵘,滕召军,刘衍玲,2019.暴力视频游戏对个体亲社会性的影响:一项元分析[J].心理科学进展(3):453-464.

师建国,2009.手机依赖综合征[J].临床精神医学杂志(2):138-139.

石永东,蒲小红,2017.大学生负性情绪与赌博认知偏差和赌博成瘾的关系[J].中国心理卫生杂志(31):563-567.

宋清海,朱桂东,金国林,2017.团体心理治疗对网络游戏障碍青少年的干预疗效[J].临床精神医学杂志(4):263-265.

苏双,潘婷婷,刘勤学,等,2014.大学生智能手机成瘾量表的初步编制[J].中国心理卫生杂志(5):392-397.

孙力菁,罗春燕,周月芳,等,2019.上海市中学生抑郁症状和网络成瘾行为的相关性[J].中国学校卫生(3):445-447.

唐任之慧,刘学军,周旭辉,等,2017.认知行为疗法结合电针治疗网络游戏成瘾的临床效果[J].临床医学研究与实践(35):1-3.

陶宏开,2005.孩子都有向上的心[M].长沙:湖南人民出版社.

陶然,黄秀琴,王吉囡,等,2008.网络成瘾临床诊断标准的制定[J].解放军医学杂志(10):1188-1191.

滕雄程,雷辉,李景萱,等,2021.大学生社交焦虑对社交网络成瘾的影响:意向性自我调节的调节效应[J].中国临床心理学杂志(3):514-517.

田云龙,喻承甫,林霜,等,2018.父母体罚、学校参与与青少年网络游戏成瘾:亲子关系的调节作用[J].心理发展与教育(4):461-471.

童伟,2019.无聊与青少年问题性移动社交网络使用:多重中介模型[J].中国临床心理学杂志(5):932-936.

涂小莲,林逸轩,颜嘉玲,等,2019.自我控制在冲动性和病理性网络使用大学生风险决策间的调节作用[J].中国行为医学与脑科学杂志(10):930-934.

万晶晶,张锦涛,刘勤学,等,2010.大学生心理需求网络满足问卷的编制[J].心理与行为研究(2):118-125.

王昊,2021.大学生错失恐惧和社交网络成瘾倾向的关系及干预研究[D].昆明:云南师范大学.

王建平,喻承甫,李文倩,2020.同伴侵害与青少年网络游戏成瘾:心理需求满足的中介作用和情绪智力的调节作用[J].华中师范大学学报(人文社会科学版)(4):184-192.

王剑,陈德,宋迪文,等,2021.上海市不同户籍儿童网络及游戏过度使用状况[J].中国学校卫生(11):1633-1637.

王若晗,东宇,谭荣英,等,2019.青少年网络成瘾倾向与家庭环境的关系研究[J].护理研究(11):1832-1836.

魏华,范翠英,平凡,等,2011.网络游戏动机的种类、影响及其作用机制[J].心理科学进展(10):1527-1533.

魏华,李倩,周宗奎,等,2021.中庸思维与大学生网络成瘾:同伴冲突和性别的作用[J].心理发展与教育(5):668-674.

魏华,周宗奎,鲍娜,等,2012.网络游戏体验问卷在中国大学生中的适用性分析[J].中国临床心理学杂志(5):597-599.

温广辉,2014.短时接触亲社会电子游戏对小学儿童亲社会行为的影响[D].杭州：浙江理工大学.

文超,朱天民,代宇,等,2016.网络成瘾脑机制的神经影像学研究进展[J].中国中西医结合影像学杂志(3)：359-362.

邬盛鑫,吴键,王辉,等,2020.中国小学生网络行为现状及影响因素分析[J].中国学校卫生(5)：704-708.

吴才智,荣硕,朱芳婷,等,2018.基本心理需要及其满足[J].心理科学进展(6)：1063-1073.

吴佳辉,林以正,2005.中庸思维量表的编制[J].本土心理学研究(24)：247-300.

向松柏,刘建榕,2015.中学生智能手机依赖量表的初步编制[J].集美大学学报(教育科学版)(5)：35-39.

项明强,胡耿丹,2010.基于自我决定理论的健康行为干预模式[J].中国健康教育(4)：306-309,314.

肖曼曼,刘爱书,2020.低头症量表的中文版修订[J].中国临床心理学杂志(2),316-320+284.

谢龙卿,黄德祥,2015.青少年脸书成瘾量表编制与脸书使用现况之研究[J].台中教育大学学报：数理科技类(2)：25-52.

熊婕,周宗奎,陈武,等,2012.大学生手机成瘾倾向量表的编制[J].中国心理卫生杂志(3)：222-225.

熊思成,张斌,姜永志,等,2021.手机成瘾流行率及其影响因素的元分析[J].心理与行为研究(6)：802-808.

徐希铮,周森林,贺泳,2019.成就动机、延迟折扣对青少年网络成瘾的影响[J].青少年学刊(6)：8-12.

严万森,张冉冉,兰燕,2016.某高校大学新生成瘾行为状况及危险因素分析[J].中国学校卫生(37)：1403-1406.

颜刚威,2018.浅谈抑郁症的现况[J].老区建设(4)：51-53.

颜刚威,2019.反社会人格障碍研究综述[J].海南广播电视大学学报(20)：99-103.

杨晓峰,陈中永,2006."大学生网络成瘾量表"的编制及其信效度指标[J].内蒙古师范大学学报(哲学社会科学版)(4)：89-93.

杨晓辉,王腊梅,朱莉琪,2014.电子媒体的使用与儿童发展——基于生态科技微系统理论的视角[J].心理科学(4):920-924.

杨洋,雷雳,2007.青少年外向/宜人性人格、互联网服务偏好与"网络成瘾"的关系[J].心理发展与教育(2):42-48.

叶娜,张陆,游志麒,等,2019.自尊对手机社交成瘾的作用:有调节的中介模型分析[J].中国临床心理学杂志(3):515-519.

易伶俐,陶煜杰,杨霞,等,2021.大学新生网络成瘾、睡眠质量及日周期类型的现况调查[J].中华精神科杂志(2):132-137.

尹霞云,先桂瑶,2021.父母心理困扰对青少年网络游戏成瘾的影响及其路径[J].当代教育理论与实践(3):39-45.

游永恒,张玲,翟瑞谦,2019.汶川地震8年后灾区中学生病理性互联网使用状况[J].中国学校卫生(1):92-95.

余丽,2017.应对方式在青少年压力性生活事件与网络游戏成瘾中的中介作用[J].中国儿童保健杂志(3):227-229.

余祖伟,2009.广州市中学生网络游戏成瘾状况及影响因素研究[J].中国临床心理学杂志(4):473-475.

曾欣虹,陈飞,王东宇,2014.大学生网络强迫性购物的结构探索[J].江汉大学学报(社会科学版)(6):125-128+137.

俞国良,2006.社会心理学[M].北京:北京师范大学出版社.

张初兵,王旭燕,李东进,等,2017.网络购物中消极情绪与行为意向的传导机制——基于压力应对与沉思理论整合视角[J].中央财经大学学报(2):84-92.

张国华,雷雳,2015a.青少年网络游戏体验与网络游戏成瘾的交叉滞后分析[J].心理科学(4):883-888.

张国华,雷雳,2015b.青少年网络游戏体验量表的初步编制及信效度分析[J].中华行为医学与脑科学杂志(1):84-87.

张国华,雷雳,2015c.人格与青少年网络游戏成瘾的关系:有调节的中介模型[J].苏州大学学报(教育科学版)(3):102-109.

张国华,雷雳,2016.网络游戏体验的概念、测量及相关因素[J].心理与行为研究(3):411-419.

张国华,伍亚娜,雷雳,2009.青少年的同伴依恋、网络游戏偏好与"网络成瘾"的关系[J].中国临床心理学杂志(03):354-356.

张红霞,谢毅,2008.动机过程对青少年网络游戏行为意向的影响模型[J].心理学报(12):1275-1286.

张建军,刘鹏,朱宁,等,2013.药物成瘾诱导相关大脑核团功能和行为改变的DNA甲基化机制[J].心理科学进展(6):975-981.

张静,常逢锦,黄丹媚,等,2021.神经质人格与青少年问题性移动社交网络使用的关系:焦虑情绪与积极自我呈现的链式中介作用[J].中国临床心理学杂志(3):598-602.

张兰,戴晓阳,2005.大学生网络成瘾量表的初步编制[J].预防医学情报杂志(5):535-537.

张铭,肖覃,朱凌怡,2019.手机依赖的前因、结果与干预研究进展[J].中国特殊教育(11):88-96.

张珊珊,张野,2018.高职生孤独感在亲子沟通与网络成瘾间的中介作用[J].中国健康教育(3):215-218.

张素华,姚雪,张丽,等,2021.成都市初中生网络成瘾与心理健康的相关性研究[J].中国慢性病预防与控制(1):37-40.

张伟波,陈春梅,朱益,等,2021.上海市初中生网络成瘾与生活方式的相关性[J].中国健康心理学杂志(2):282-287.

张贤,魏华,丁倩,2019.压力对男大学生网络游戏成瘾的影响:自我控制的中介作用[J].心理与行为研究(5):713-718.

张颖,2015.大学生网络游戏成瘾者的执行功能和情感决策研究[D].合肥:安徽医科大学.

张永欣,丁倩,张婉莹,等,2021."拜金"让你更沉迷?物质主义对社交网站成瘾的影响[J].中国临床心理学杂志(4):739-743.

张永欣,张惠雯,丁倩,等,2020.心理阻抗、父母网络监管与初中生网络游戏成瘾的关系[J].中国临床心理学杂志(4):709-712.

张志云,2019.大学生孤独感与问题性社交网站使用:社交焦虑,社会自我效能感的链式中介作用[D].上海:上海师范大学.

赵陵波,陈珊瑜,苏文亮,等,2016.孤独感与网络成瘾关系及其影响因素的 meta 分析[J].中国心理卫生杂志(7):554-560.

赵长春,刘罗,陈英敏,等,2013.初中生友谊质量与羞怯的关系:自尊的中介作用[J].山东省团校学报:青少年研究(4):19-23.

甄霜菊,张晓琳,叶诗敏,等,2017.同伴游戏比例与青少年网络游戏成瘾:一个有调节的中介模型[J].教育测量与评价(8):46-52.

郑梓雯,王华强,胡欢,等,2019.手机沉迷对大学生适应性的影响研究[J].国际公关(6),189-190.

中国互联网络信息中心(CNNIC),2021.《第 47 次中国互联网络发展状况统计报告》[OL]. http://www.cnnic.net.cn/hlwfzyj/hlwxzbg/hlwtjbg/202102/P020210203334633480104.pdf,2021-02-03.

钟欣,陶然,杨凤池,2008.网络成瘾心理干预研究[J].首都医科大学学报(5),569-572.

周晓琴,奚晓岚,程灶火,等,2014.大学生网络成瘾患病率及心理健康状况的调查[J].中国临床心理学杂志(4):619-622.

周治金,杨文娇,2006.大学生网络成瘾类型问卷的初步编制[J].中国心理卫生杂志(11):754-757.

朱春艳,2019.累积生态风险对大学生网络成瘾的影响[D].兰州:西北师范大学.

朱键军,张卫,喻承甫,等,2015.学校氛围和青少年病理性网络游戏使用的关系:有调节的中介模型[J].心理发展与教育(2):246-256.

朱云娇,孙业桓,郝加虎,等,2019.安徽省职业院校新生负性生活事件抑郁与网络成瘾的关系[J].中国学校卫生(10):1499-1502.

朱早晨,刘丽华,杨铖,等,2016.行为成瘾研究现状与进展[J].中国药物滥用防治杂志(6):368-372.

佐斌,马红宇,2010.青少年网络游戏成瘾的现状研究——基于十省市的调查分析[J].华中师范大学学报(人文社科版)(4):117-122.

ADAMCZYK G,2021. Compulsive and compensative buying among online shoppers:An empirical study[J]. PloS one,16(6):e0252563.

AHN J,JUNG Y,2016. The common sense of dependence on

smartphone：A comparison between digital natives and digital immigrants [J]. New Media & Society,(7)：1236-1256.

ALBURSAN I S,AL QUDAH M F,DUTTON E,et al. ,2019. National, Sex and Academic Discipline Difference in Smartphone Addiction：A Study of Students in Jordan,Saudi Arabia,Yemen and Sudan[J]. Community Mental Health Journal,55(5)：825-830.

AMERICAN PSYCHIATRY ASSOCIATION, 2013. Diagnostic and statistical manual of mental disorders (5th ed. )[M]. Washington：American Psychiatry Association.

AMUDHAN S, PRAKASHA H, MAHAPATRA P, et al. , 2022. Technology addiction among school-going adolescents in India：epidemiological analysis from a cluster survey for strengthening adolescent health programs at district level[J]. Journal of Public Health,44(2)：286-295.

ANDREASSEN C S,2015a. Online social network site addiction：A comprehensive review[J]. Current addiction reports,2(2)：175-184.

ANDREASSEN C S,GRIFFITHS M D,PALLESEN S,et al. , 2015b. The Bergen Shopping Addiction Scale：reliability and validity of a brief screening test[J]. Frontiers in psychology,6：1374.

ANDREASSEN C S, PALLESEN S, 2014. Social network site addiction-an overview[J]. Current pharmaceutical design, 20 (25)：4053-4061.

ANDREASSEN C S,TORSHEIM T,BRUNBORG G S,et al. , 2012. Development of a Facebook addiction scale[J]. Psychological reports,110(2)：501-517.

ANTONOVSKY A, 1987. Unraveling the mystery of health：How people manage stress and stay well[M]. San Francisco,CA：Jossey Bass.

APPLEYARD K,EGELAND B, VAN DULMEN M H,et al. , 2005. When more is not better：the role of cumulative risk in child behavior outcomes[J]. Journal of Child Psychology and Psychiatry,46 (3):235-245.

ARGYRIOU E, DAVISON C B, LEE T T, 2017. Response inhibition and internet gaming disorder:a meta-analysis[J]. Addictive Behaviors,71:54-60.

ARSLAN G, 2016. Psychological maltreatment, emotional and behavioral problems in adolescents:The mediating role of resilience and self-esteem[J]. Child Abuse & Neglect,52:200-209.

AUNOLA K, VILJARANTA J, TOLVANEN A, 2017. Does daily distress make parents prone to using psychologically controlling parenting? [J]. International Journal of Behavioral Development, 41 (3):405-414.

BALOGUN F M, OLATUNDE O E, 2020. Prevalence and predictors of problematic smart phone use among pre-varsity young people in Ibadan,Nigeria[J]. Pan Afr Med J,36:285.

BANE C M H,CORNISH M,ERSPAMER N,et al. ,2010. Self-disclosure through weblogs and perceptions of online and "real-life" friendships among female bloggers[J]. Cyberpsychology, Behavior, and Social Networking,13(2):131-139.

BARKLEY J E,LEPP A,2016. Mobile phone use among college students is a sedentary leisure behavior which may interfere with exercise[J]. Computers in Human Behavior,56:29-33.

BARRAULT S, VARESCON I, 2016. Online and live regular poker players:Do they differ in impulsive sensation seeking and gambling practice? [J]. Journal of behavioral addictions,5(1):41-50.

BATTHYÁNY D, MÜLLER KW, BENKER F, et al. , 2009. Computer game playing:clinical characteristics of dependence and abuse among adolescents[J]. Wien Klin Wochenschr,121:502-509.

BERGER S, WYSS A M, KNOCH D, 2018. Low self-control capacity is associated with immediate responses to smartphone signals

[J]. Computers in Human Behavior,86:45-51.

BERNER J E,SANTANDER J,CONTRERAS A M,et al. , 2014. Description of Internet addiction among Chilean medical students:a cross-sectional study[J]. Acad Psychiatr,38(1):11-14.

BIAN M,LEUNG L,2014. Linking Loneliness,Shyness,Smartphone Addiction Symptoms,and Patterns of Smartphone Use to Social Capital [J]. Social Science Computer Review,33:61-79.

BILLIEUX J, 2012. Problematic use of the mobile phone: A literature review and a pathways model[J]. Current Psychiatry Reviews,8 (4):299-307.

BILLIEUX J,MAURAGE P,LOPEZ-FERNANDEZ O,et al. , 2015. Can Disordered Mobile Phone Use Be Considered a Behavioral Addiction? An Update on Current Evidence and a Comprehensive Model for Future Research[J]. Current Addiction Reports,2(2): 156-162.

BISCHOF A, MEYER C, BISCHOF G, et al. , 2015. Suicidal events among pathological gamblers:The role of comorbidity of axis I and axis II disorders[J]. Psychiatry research,225(3):413-419.

BLOCK J J,2008. Issues for DSM-V:internet addiction[J]. Am J Psychiat,165(3):306-307.

BONNAIRE C,LIDDLE H A,HAR A,et al. ,2019. Why and how to include parents in the treatment of adolescents presenting internet gaming disorder? [J]. Journal of Behavioral Addictions, 8 (2):201-212.

BOUAZZA A, AL-BARASHDI H, ZUBAIDI A, 2015. Development and Validation of a Smartphone Addiction Questionnaire (SPAQ)[J]. Plos One,2:56-58.

BRAND M,LAIER C,YOUNG K S,2014. Internet addiction: coping styles, expectancies, and treatment implications [J]. Front Psychol,5:1256.

BRAND M, YOUNG K S, LAIER C, et al. , 2016. Integrating psychological and neurobiological considerations regarding the development and maintenance of specific Internet-use disorders: An Interaction of Person-Affect-Cognition-Execution (I-PACE) model[J]. Neuroscience & Biobehavioral Reviews, 71:252-266.

BRUNELLE N, LECLERC D, COUSINEAU M M, et al. , 2012. Internet gambling, substance use, and delinquent behavior: an adolescent deviant behavior involvement pattern [J]. Psychology of Addictive Behaviors, 26(2):364-370.

BUSCH P A, MCCARTHY S, 2021. Antecedents and consequences of problematic smartphone use: a systematic literature review of an emerging research area[J]. Computers in Human Behavior, 114:106414.

CHA S S, SEO B K, 2018. Smartphone use and smartphone addiction in middle school students in Korea: Prevalence, social networking service, and game use[J]. Health Psychology Open, 5(1):2055102918755046.

CHAN Y Y, MARIA S A, LIM K K, et al. , 2020. Association of Internet Addiction with Adolescents' Lifestyle: A National School-Based Survey[J]. Int J Env Res Pub He, 18(1):168.

CHANG F C, CHIU C H, CHEN P H, et al. , 2019. Children's use of mobile devices, smartphone addiction and parental mediation in Taiwan[J]. Computers in Human Behavior, 93:25-32.

CHEN B, LIU F, DING S, et al. , 2017. Gender differences in factors associated with smartphone addiction: a cross-sectional study among medical college students[J]. BMC Psychiatry, 17(1):341.

CHEN C, LEUNG L, 2016. Are you addicted to Candy Crush Saga? An exploratory study linking psychological factors to mobile social game addiction [J]. Telematics and Informatics, 33(4):1155-1166.

CHEN I H, CHEN C Y, LIU C H, et al. , 2021a. Internet

addiction and psychological distress among Chinese schoolchildren before and during the COVID-19 outbreak：A latent class analysis[J]. J Behav Addict,10(3):731-746.

CHEN J, ZHOU J, HUEBNER E S, et al., 2021b. Co-development of aggression in elementary school children:The predictive roles of victimization experiences[J]. Aggressive behavior,48(2):173-186.

CHEN L, YAN Z, TANG W, et al., 2016. Mobile phone addiction levels and negative emotions among Chinese young adults: The mediating role of interpersonal problems [J]. Computers in Human Behavior,55:856-866.

CHIA D X Y, ZHANG M W B, 2020. A Scoping Review of Cognitive Bias in Internet Addiction and Internet Gaming Disorders [J]. Int J Env Res Pub He,17(1):373.

CHOO H,GENTILE D A,SIM T,et al,2010. Pathological video-gaming among Singaporean youth[J]. Annals Academy of Medicine Singapore,39(11):822-829.

CHOTPITAYASUNONDH V, DOUGLAS K M, 2016. How "phubbing" becomes the norm:The antecedents and consequences of snubbing via smartphone[J]. Computers in Human Behavior, 63: 9-18.

CINQUETTI M,BIASIN M,VENTIMIGLIA M,et al., 2021. Functional gastrointestinal disorders,lifestyle habits,and smartphone addiction in adolescents[J]. Pediatr Med Chir,43(1):1-10.

CLARKE D, 2004. Impulsiveness, locus of control, motivation and problem gambling [J]. Journal of gambling studies, 20 (4): 319-345.

COHEN S, WILLS T A, 1985. Stress, social support, and the buffering hypothesis[J]. Psychological Bulletin,98(2):310-357.

COUNCIL N R, 1999. Pathological gambling:A critical review

[M]. Washington,DC:National Academy Press.

CRAPARO G, MESSINA R, SEVERINO S, et al. , 2014. The relationships between self-efficacy,internet addiction and shame[J]. Indian J Psychol Med,36(3):304-307.

DALAMARIA T,PINTO W J,FARIAS E,et al. ,2021. Internet Addiction Among Adolescents in a Western Brazilian Amazonian City [J]. Rev Paul Pediatr,39:e2019270.

DAVEY G C L, WELLS A, 2006. Worry and its psychological disorders: theory, assessment and treatment [M]. Indiana: Wiley Publishing.

DAVEY S,DAVEY A,RAGHAV S K,et al. ,2018. Predictors and consequences of "Phubbing" among adolescents and youth in India:An impact evaluation study[J]. J Family Community Med,25 (1):35-42.

DAVIS R A,2001. A cognitive-behavioral model of pathological Internet use[J]. Computers in Human Behavior,17(2):187-195.

DAVIS R A,FLETT G L,BESSER A,2002. Validation of a new scale for measuring problematic Internet use:Implications for pre-employment screening [J]. Cyberpsychology & behavior, 5 (4): 331-345.

DEMBIŃSKA A,KŁOSOWSKA J,OCHNIK D,2020. Ability to initiate relationships and sense of loneliness mediate the relationship between low self-esteem and excessive internet use[J]. Curr Psychol, 41:6577-6583

DEMIRCI K,AKGöNüL M,AKPINAR A,2015. Relationship of smartphone use severity with sleep quality,depression,and anxiety in university students[J]. Journal of behavioral addictions,4(2):85.

DESAI R A,KRISHNAN-SARIN S,CAVALLO D,et al,2010. Video gaming among high school students:health correlates,gender differences,and problematic gaming[J]. Pediatrics, 126 (6): e1414-

1424.

DONG G,ZHOU H,ZHAO X,2010. Impulse inhibition in people with Internet addiction disorder:electrophysiological evidence from a Go/NoGo study[J]. Neurosci Lett,485(2):138-142.

DONG G,ZHOU H,ZHAO X,2011. Male Internet addicts show impaired executive control ability:evidence from a color-word Stroop task[J]. Neurosci Lett,499(2):114-118.

DONG H,YANG F,LU X,et al.,2020. Internet addiction and related psychological factors among children and adolescents in China during the Coronavirus Disease 2019 (COVID-19) epidemic[J]. Front Psychiatry,11:00751.

DUFOUR M,BRUNELLE N,TREMBLAY J,et al.,2016. Gender Difference in Internet Use and Internet Problems among Quebec High School Students[J]. Can J Psychiat,61(10):663-668.

DUROY D,GORSE P,LEJOYEUX M,2014. Characteristics of online compulsive buying in Parisian students[J]. Addictive behaviors,39 (12):1827-1830.

ECHEBURÚA E,CORRAL P D,2010. Addiction to new technologies and to online social networking in young people:A new challenge[J]. Adicciones,22(2):91-95.

EIJNDEN R V D,LEMMENS J S,VALKENBURG P M,2016. The social media disorder scale[J]. Computers in Human Behavior,61:478-487.

ELHAI J D,DVORAK R D,LEVINE J C,et al,2017. Problematic smartphone use:A conceptual overview and systematic review of relations with anxiety and depression psychopathology[J]. Journal of Affective Disorders,207:251-259.

ELHAI J D,GALLINARI E F,ROZGONJUK D,et al,2020. Depression,anxiety and fear of missing out as correlates of social, non-social and problematic smartphone use[J]. Addict Behav,105:

106335.

ELHAI J D,LEVINE J C,HALL B J,2019a. The relationship between anxiety symptom severity and problematic smartphone use: A review of the literature and conceptual frameworks[J]. Journal of anxiety disorders,62:45-52.

ELHAI J D, YANG H, MONTAG C, 2019b. Cognitive-and Emotion-Related Dysfunctional Coping Processes: Transdiagnostic Mechanisms Explaining Depression and Anxiety's Relations with Problematic Smartphone Use[J]. Current Addiction Reports,6(4): 410-417.

ELPHINSTON R A, NOLLER P, 2011. Time to face it! Facebook intrusion and the implications for romantic jealousy and relationship satisfaction [J]. Cyberpsychology, Behavior, and Social Networking,14(11):631-635.

ELSALHY M,MIYAZAKI T,NODA Y,et al. ,2019. Relationships between Internet addiction and clinicodemographic and behavioral factors [J]. Neuropsych Dis Treat,15:739-752.

ENGEL G,1977. The need for new medical model:a challenge for biomedicine[J]. Science,196(4286):129-136.

EVANS G,LI D,WHIPPLE S,2013. Cumulative risk and child development[J]. Psychological Bulletin,139(6):1342-1396.

EVREN C,EVREN B,DALBUDAK E,et al. ,2019. Relationships of Internet addiction and Internet gaming disorder symptom severities with probable attention deficit/hyperactivity disorder,aggression and negative affect among university students[J]. ADHD Attention Deficit and Hyperactivity Disorders,11(4):413-421.

FAYAZI M,HASANI J,2017. Structural relations between brain behavioral systems,social anxiety,depression and internet addiction: With regard to revised reinforcement sensitivity theory (r-RST)[J]. Comput Hum Behav,72:441-448.

FENG Y, MA Y, ZHONG Q, 2019. The Relationship Between Adolescents' Stress and Internet Addiction: A Mediated-Moderation Model[J]. Front Psychol, 10:2248.

FOLKMAN S, LAZARUS R S, 1985. If It Changes It Must Be a Process: Study of Emotion and Coping during Three Stages of a College Examination[J]. Journal of Personality and Social Psychology, 48 (1):150-170.

FOSTER H, BROOKS-GUNN J, 2009. Toward a stress process model of children's exposure to physical family and community violence[J]. Clinical Child and Family Psychology Review, 12 (2): 71-94.

FOX J, MORELAND J J, 2015. The dark side of social networking sites: An exploration of the relational and psychological stressors associated with Facebook use and affordances [J]. Computers in Human Behavior, 45:168-176.

FRASER A M, PADILLA-WALKER L M, COYNE S M, et al., 2012. Associations between violent video gaming, empathic concern, and prosocial behavior toward strangers, friends, and family members [J]. Journal of Youth and Adolescence, 41(5):636-649.

FU X C, LIU J X, LIU R D, et al., 2020. The impact of parental active mediation on adolescent mobile phone dependency: A moderated mediation model[J]. Computers in Human Behavior, 107:106280.

FULLWOOD C, QUINN S, KAYE L K, et al., 2017. My virtual friend: A qualitative analysis of the attitudes and experiences of Smartphone users: Implications for Smartphone attachment [J]. Computers in Human Behavior, 75:347-355.

GACKENBACH J, 2007. Psychology and the Internet: Intrapersonal, interpersonal, and transpersonal implications (2nd ed.)[M]. Pittsburgh: Academic Press.

GAINSBURY S M, RUSSELL A, BLASZCZYNSKI A, et al.,

2015. Greater involvement and diversity of Internet gambling as a risk factor for problem gambling[J]. European Journal of Public Health, 25(4):723-728.

GENTILE D A,2009. Pathological video-game use among youth ages 8 to 18: a national study[J]. Psychological Science, 20 (5): 594-602.

GENTINA E,ROWE F,2020. Effects of materialism on problematic smartphone dependency among adolescents: The role of gender and gratifications[J]. International Journal of Information Management, 54:102134.

GILBERT R, WIDOM C S, BROWNE K, et al. ,2009. Burden and consequences of child maltreatment in high-income countries[J]. Lancet,373:68-81.

GOLDBERG I, 1995. Internet addiction disorder[OL]. http:// www. cog. brown. edu/brochure/people/duchon/humor/internet. addiction. html

GRANT J E,CHAMBERLAIN S R,2014. Impulsive action and impulsive choice across substance and behavioral addictions:Cause or consequence? [J]. Addictive Behaviors,39(11):1632-1639.

GRANT J E, ODLAUG B L, POTENZA M N, et al. , 2010. Nalmefene in the treatment of pathological gambling: multicentre, double-blind, placebo-controlled study[J]. British Journal of Psychiatry, 197(4):330-331.

GRANT J E, POTENZA M N, WEINSTEIN A, et al. ,2010. Introduction to behavioral addictions[J]. Am J Drug Alcohol Abuse, 36(5):233-241.

GRIFFITHS M,1995. Adolescent gambling[M]. London:Routledge.

GRIFFITHS M, WARDLE H, ORFORD J, 2011. Internet gambling, health, smoking and alcohol use: findings from the 2007 British Gambling Prevalence Survey [J]. International journal of mental health and addiction,9:1-11.

HAHN C, KIM D J, 2014. Is there a shared neurobiology between aggression and Internet addiction disorder? [J]. J Behav Addict,3(1):12-20.

HAROON M Z, ZEB Z, JAVED Z, et al., 2018. Internet Addiction In Medical Students[J]. J Ayub Med Coll Abbottabad,30 (4):S659-S663.

HAUG S, CASTRO R P, KWON M, et al., 2015. Smartphone use and smartphone addiction among young people in Switzerland[J]. J Behav Addict,4(4):299-307.

HE Q, TUREL O, BECHARA A, 2017. Brain anatomy alterations associated with Social Networking Site (SNS) addiction[J]. Scientific reports,7(1):45064.

HIROTA T, MCELROY E, SO R, 2021. Network Analysis of Internet Addiction Symptoms Among a Clinical Sample of Japanese Adolescents with Autism Spectrum Disorder [J]. J Autism Dev Disord,51(8):2764-2772.

HONG F Y, HUANG D H, LIN H Y, et al., 2014. Analysis of the psychological traits, Facebook usage, and Facebook addiction model of Taiwanese university students[J]. Telematics and Informatics,31 (4):597-606.

HOPLEY A A B, DEMPSEY K, NICKI R, 2012. Texas hold'em online poker: a further examination [J]. International Journal of Mental Health and Addiction,10(4):563-572.

HOU S, FANG X, ZHOU N, et al, 2020. Effects of increasing the negativity of implicit outcome expectancies on internet gaming impulsivity [J]. Frontiers in Psychiatry,11:336.

HOU X L, WANG H Z, GUO C, et al., 2017. Psychological resilience can help combat the effect of stress on problematic social networking site usage[J]. Personality and Individual Differences,109:

61-66.

HSIAO C H,CHANG J J,TANG K Y,2016. Exploring the influential factors in continuance usage of mobile social Apps: Satisfaction, habit, and customer value perspectives [J]. Telemat Inform,33(2):342-355.

HSIEH K Y,HSIAO R C,YANG Y H,et al. ,2019. Relationship between Self-Identity Confusion and Internet Addiction among College Students:The Mediating Effects of Psychological Inflexibility and Experiential Avoidance[J]. Int J Env Res Pub He,16(17):3225.

HSIEH Y P,SHEN A C T,WEI H S,et al. ,2016. Associations between child maltreatment, PTSD, and internet addiction among Taiwanese students[J]. Computers in Human Behavior,56:209-214.

HSU S H,WEN M H,WU M C,2009. Exploring user experiences as predictors of MMORPG addiction[J]. Computers & Education,53(3): 990-999.

HU H H,ZHANG G H,YANG X,et al. ,2021. Online gaming addiction and depression among game players of the Glory of the King in China:The mediating role of affect balance and the moderating role of flow experience[J]. International Journal of Mental Health and Addiction. https://doi. org/10. 1007/s11469-021-00573-4

HUBERT P,GRIFFITHS M D,2018. A comparison of online versus offline gambling harm in portuguese pathological gamblers:an empirical study [J]. International Journal of Mental Health and Addiction,16(5):1219-1237.

ISACESCU J,DANCKERT J,2018. Exploring the relationship between boredom proneness and self-control in traumatic brain injury (TBI)[J]. Exp Brain Res,236(9):2493-2505.

JEONG S-H, KIM H, YUM J-Y, et al, 2016. What type of content are smartphone users addicted to?: SNS vs. Games [J]. Computers in Human Behavior,54:10-17.

JIANG Z, ZHAO X, LI C, 2017. Self-control predicts attentional bias assessed by online shopping-related Stroop in high online shopping addiction tendency college students[J]. Comprehensive psychiatry, 75: 14-21.

JOHANSSON A, GÖTESTAM K G, 2004. Problems with computer games without monetary reward: similarity to pathological gambling[J]. Psychological Reports, 95:641-650.

JOHNSON B K, KNOBLOCH-WESTERWICK S, 2014. Glancing up or down: Mood management and selective social comparisons on social networking sites[J]. Computers in Human Behavior, 41:33-39.

JOHNSON G M, 2010. Internet use and child development: The techno-microsystem [ J ]. Australian Journal of Educational and Developmental Psychology, 10:32-43.

JOHNSON G M, PUPLAMPU P, 2008. A conceptual framework for understanding the effect of the Internet on child development: The ecological techno-subsystem [ J ]. Canadian Journal of Learning and Technology, 34:19-28.

JUN S, 2016. The reciprocal longitudinal relationships between mobile phone addiction and depressive symptoms among Korean adolescents[J]. Computers in Human Behavior, 58:179-186.

KARADAĞ E, TOSUNTAŞ Ş B, ERZEN E, et al. , 2016. The virtual world's current addiction: Phubbing[J]. Addicta the Turkish Journal on Addictions, 3(2):250-269.

KARAER Y, AKDEMIR D, 2019. Parenting styles, perceived social support and emotion regulation in adolescents with internet addiction[J]. Comprehensive Psychiatry, 92:22-27.

KHALILY M T, LOONA M I, BHATTI M M, et al. , 2020. Smartphone addiction and its associated factors among students in twin cities of Pakistan[J]. J Pak Med Assoc, 70(8):1357-1362.

KHAN M A, SHABBIR F, RAJPUT T A, 2017. Effect of gender

and physical activity on Internet addiction in medical students[J]. Pak J Med Sci,33(1):191-194.

KIM H,2013. Exercise rehabilitation for smartphone addiction [J]. Journal of exercise rehabilitation,9(6):500-505.

KIM J U,2015. The effect of a R/T group counseling program on the Internet addiction level and self-esteem of Internet addiction university students[J]. Forum Soc. Econ,6:41-49.

KIM M G, KIM J Y, 2010. Cross-validation of reliability, convergent and discriminant validity for the problematic online game use scale[J]. Computers in Human Behavior,26(3):389-398.

KIM S G,PARK J,KIM H T,et al.,2019. The relationship between smartphone addiction and symptoms of depression,anxiety, and attention-deficit/hyperactivity in South Korean adolescents[J]. Ann Gen Psychiatry,18:1-12.

KIM S H,BAIK S H,PARK C S,et al.,2011. Reduced striatal dopamine D2 receptors in people with Internet addiction [J]. Neuroreport,22(8):407-411.

KING D L,DELFABBRO P H,ZWAANS T,et al,2013. Clinical features and axis I comorbidity of Australian adolescent pathological Internet and video game users [J]. Australian and New Zealand Journal of Psychiatry,47(11):1058-1067.

KIRALY O, GRIFFITHS M D, URBAN R, et al., 2014. Problematic internet use and problematic online gaming are not the same: findings from a large nationally representative adolescent sample[J]. Cyberpsychology, Behavior, and Social Networking, 17 (12):749-54.

KIRCABURUN K,PONTES H M,STAVROPOULOS V,2020. A brief psychological overview of disordered gaming[J]. Current Opinion in Psychology,36:38-43.

KITTINGER R,CORREIA C J,IRONS J G,2012. Relationship

between Facebook use and problematic Internet use among college students[J]. Cyberpsychology, Behavior, and Social Networking, 15 (6):324-327.

KŇAEK G, SUCHÁ J, DOLEJ M, et al, 2021. Prevalence of computer-gaming in the general population of adolescents: results from a Czech population-based survey[J]. Behaviour and Information Technology. DOI:10. 1080/0144929X. 2021. 1891461.

KO C H, YEN J Y, YEN C F, et al. , 2012. The association between Internet addiction and psychiatric disorder: A review of the literature[J]. European Psychiatry,27(1):1-8.

KO C, YEN J, CHEN S, et al. , 2009a. Proposed diagnostic criteria and the screening and diagnosing tool of Internet addiction in college students[J]. Comprehensive Psychiatry,50(4):378-384.

KO C, YEN J, LIU S, et al. , 2009b. The associations between aggressive behaviors and internet addiction and online activities in adolescents[J]. J Adolesc Health,44:598-605.

KO Y M,ROH S,LEE T K,2020. The Association of Problematic Internet Shopping with Dissociation among South Korean Internet Users[J]. International Journal of Environmental Research and Public Health,17(9):3235.

KUSS D J, LOPEZ-FERNANDEZ O, 2016. Internet addiction and problematic Internet use:A systematic review of clinical research [J]. World J Psychiatr,6(1):143-176.

KUSS D,GAINSBURY S,2021. Debate:Behavioural addictions and technology use-risk and policy recommendations for problematic online gambling and gaming[J]. Child and adolescent mental health, 26(1):76-77.

KWAN G C E,SKORIC M M,2013. Facebook bullying:An extension of battles in school[J]. Computers in Human Behavior,29 (1):16-25.

KWOK S W,LEE P H,LEE R L,2017. Smart Device Use and Perceived Physical and Psychosocial Outcomes among Hong Kong Adolescents[J]. Int J Env Res Pub He,14(2):205.

KWON M,LEE J Y,WON W Y,et al,2013. The smartphone addiction scale: development and validation of a short version for adolescents[J]. PloS ONE,8(12):e83558.

LABORDE S,BRÜLL A,WEBER J,et al. ,2011. Trait emotional intelligence in sports:a protective role against stress through heart rate variability? [J]. Personality & Individual Differences,51(1):23-27.

LACONI S,RODGERS R F,CHABROL H,2014. The measurement of Internet addiction: A critical review of existing scales and their psychometric properties [J]. Computers in Human Behavior, 41: 190-202.

LAM L T,LAM,M K,2017. The association between financial literacy and Problematic Internet Shopping in a multinational sample [J]. Addictive Behaviors Reports,6:123-127.

LAROSE R,LIN C A,EASTIN M S,2003. Unregulated Internet Usage: Addiction, Habit, or Deficient Self-Regulation? [J]. Media Psychol,5(3):225-253.

LAZARUS R S, FOLKMAN S, 1984. Stress, appraisal, and coping[M]. New York:Springer.

LEE B K,AWOSOGA O,2014a. Congruence couple therapy for pathological gambling:a pilot randomized controlled trial[J]. Journal of Gambling Studies,31(3):1-22.

LEE E J,OGBOLU Y,2018. Does Parental Control Work With Smartphone Addiction?:A Cross-Sectional Study of Children in South Korea. J Addict Nurs,29(2):128-138.

LEE H,AHN H,CHOI S,et al,2014b. The SAMS:Smartphone Addiction Management System and Verification[J]. Journal of Medical Systems,38(1):1-10.

LEE S Y,2014. How do people compare themselves with others on social network sites? The case of Facebook[J]. Computers in Human Behavior,32:253-260.

LEE Y K,CHANG C T,LIN Y,et al. ,2014c. The dark side of smartphone usage: Psychological traits, compulsive behavior and technostress[J]. Computers in Human Behavior,31:373-383.

LEJOYEUX M,MCLHOUGHLIN M,ADES J,2000. Epidemiology of behavioral dependence: literature review and results of original studies[J]. Eur Psychiatry,15(2):129-134.

LEMMENS J S,VALKENBURG P,PETER J,2009. Development and validation of a game addiction scale for adolescents [J]. Media Psychology,12:77-95.

LEPP A,BARKLEY J E,KARPINSKI A C,2015. The relationship between cell phone use and academic performance in a sample of U. S. college students[J]. SAGE Open,5(1):2158244015573169.

LESIEUR H R,BLUME S B,1991. The South Oaks Gambling Screen (the SOGS): A new instrument for pathological gambling in a combined alcohol, substance abuse and pathological gambling treatment unit using the addiction severity index[J]. Addiction,86(8):1017-1028.

LEUNG. Linking psychological attributes to addiction and improper use of the among adolescents in Hong Kong[J]. Journal of Children Media,2008,2(2):93-113.

LEVINE M P,MURNEN S K,2009. "Everybody knows that mass media are/are not [pick one] a cause of eating disorders": A critical review of evidence for a causal link between media, negative body image,and disordered eating in females[J]. J Soc Clin Psychol,28:9-42.

LI D,LI X,WANG Y,et al. ,2013. School connectedness and problematic internet use in adolescents:A moderated mediation model of deviant peer affiliation and self-control[J]. Journal of Abnormal

Child Psychology,41(8):1231-1242.

LI H H,WANG J Q,WANG L,2009. A survey on the generalized problematic internet use in Chinese college students and its relations to stressful life events and coping style[J]. International Journal of Mental Health and Addiction,7:333-346.

LI W, GARLAND E L, HOWARD M O, 2018. Therapeutic mechanisms of mindfulness-oriented recovery enhancement for internet gaming disorder:Reducing craving and addictive behavior by targeting cognitive processes[J]. Journal of Addictive Diseases,37(1):5-13.

LI X,LI D,NEWMAN J,2013. Parental behavioral and psychological control and problematic internet use among Chinese adolescents: the mediating role of self-control[J]. Cyberpsych Beh Soc Net,16(6): 442-447.

LI Z L,LIU R,HE F,et al. ,2021. Prevalence of internet addiction disorder and its correlates among clinically stable adolescents with psychiatric disorders in China during the COVID-19 outbreak[J]. Front Psychiatry,12:686177.

LIU C, MA J,2018. Development and validation of the Chinese social media addiction scale[J]. Personality and Individual Differences, 134:55-59.

LIU H C,LIU S I,TJUNG J J,et al. ,2017. Self-harm and its association with internet addiction and internet exposure to suicidal thought in adolescents[J]. J Formos Med Assoc,116(3):153-160.

LIU J, NIE J, WANG Y, 2017. Effects of Group Counseling Programs,Cognitive Behavioral Therapy,and Sports Intervention on Internet Addiction in East Asia: A Systematic Review and Meta-Analysis[J]. Int J Env Res Pub He,14(12):1470.

LIU Q Q,ZHANG D J,YANG X J,et al,2018. Perceived stress and mobile phone addiction in Chinese adolescents: A moderated mediation model[J]. Computers in Human Behavior,87:247-253.

LIU Q X,FANG X Y,WAN J J,et al. ,2016. Need satisfaction and adolescent pathological internet use：Comparison of satisfaction perceived online and offline[J]. Computers in Human Behavior,55：695-700.

LIU Y,GONG R,YU Y,et al. ,2021. Longitudinal predictors for incidence of internet gaming disorder among adolescents：The roles of time spent on gaming and depressive symptoms[J]. Journal of Adolescence,92(3)：1-9.

LOURENÇO P,PEREIRA V M,NARDI A E,et al. ,2014. Psychotherapy for compulsive buying disorder：A systematic review [J]. Psychiatry Research,219(3)：411-419.

MANCHIRAJU S,SADACHAR A,RIDGWAY J L,2017. The Compulsive Online Shopping Scale (COSS)：Development and Validation Using Panel Data[J]. International Journal of Mental Health and Addiction,15(1)：209-223.

MARAZZITI D,PRESTA S,BARONI S,et al. ,2014. Behavioral addictions：a novel challenge for psychopharmacology [J]. CNS Spectr,4：1-10.

MARK A E,JANSSEN I,2008. Relationship between screen time and metabolic syndrome in adolescents[J]. J Public Health-Uk,30：153-160.

MARZOUKI Y, ALDOSSARI F S, VELTRI G A, 2021. Understanding the buffering effect of social media use on anxiety during the covid-19 pandemic lockdown[J]. Humanities and Social Sciences Communications,8(1)：1-10.

MCDANIEL B T,RADESKY J S,2018. Technoference：Parent Distraction With Technology and Associations With Child Behavior Problems[J]. Child Development,89(1)：100-109.

MENDEZ M,DURTSCHI J,NEPPL T K,et al. ,2016. Corporal punishment and externalizing behaviors in toddlers：The moderating role of positive and harsh parenting[J]. Journal of Family Psychology,30 (8):887-895.

METIN-ORTA I,DEMIRTEPE-SAYGILI D,2023. Cyberloafing behaviors among university students:Their relationships with positive and negative affect[J]. Curr Psychol,42(13):11101-11114.

MILANI L,OSUALDELLA D,DI BLASIO P,2009. Quality of interpersonal relationships and problematic Internet use in adolescence[J]. CyberPsychology & Behavior,12(6):681-684.

MOK J Y,CHOI S W,KIM D J,et al,2014. Latent class analysis on internet and smartphone addiction in college students [ J ]. Neuropsychiatric Disease and Treatment,10:817-827.

MOREAU A, LACONI S, DELFOUR M, et al. , 2015. Psychopathological profiles of adolescent and young adult problematic Facebook users[J]. Computers in Human Behavior,44:64-69.

MÜLLER A,STEINS-LOEBER S,TROTZKE P,et al. ,2019. Online shopping in treatment-seeking patients with buying-shopping disorder[J]. Comprehensive psychiatry,94:152120.

MÜLLER K W, DREIER M, BEUTEL M E,et al. , 2016. A hidden type of internet addiction? Intense and addictive use of social networking sites in adolescents[J]. Computers in Human Behavior, 55:172-177.

MÜLLER K W, JANIKIAN M, DREIER M, et al. , 2015. Regular gaming behavior and internet gaming disorder in European adolescents:Results from a cross-national representative survey of prevalence, predictors, and psychopathological correlates [J]. European Child & Adolescent Psychiatry,24:65-574.

MYLONA I,DERES E S,DERE G S,et al. ,2020. The Impact of Internet and Videogaming Addiction on Adolescent Vision:A Review of the Literature[J]. Front Public Health,8:63.

NAMRATA ,RAYLU, AND,et al. ,2002. Pathological gambling:A

comprehensive review[J]. Clinical psychology review, 22:1009-1061.

NOWLAND R, NECKA E A, CACIOPPO J T, 2018. Loneliness and Social Internet Use: Pathways to Reconnection in a Digital World? [J]. Perspect Psychol Sci, 13(1):70-87.

ODACI H, ÇIKRIKCI Ö, 2017. Differences in problematic internet use based on depression, anxiety, and stress levels [J]. Addicta, 4:41-61.

ONG S H, TAN Y R, 2014. Internet addiction in young people [J]. Ann Acad Med Singap, 43(7):378-382.

OWEN K B, PARKER P D, VAN ZANDEN B, et al. , 2016. Physical activity and school engagement in youth: A systematic review and meta-analysis[J]. Educational Psychologist, 51(2):129-145.

PALLANTI S, BERNARDI S, QUERCIOLI L, et al. , 2006. Serotonin dysfunction in pathological gamblers: increased prolactin response to oral m-CPP versus placebo[J]. CNS Spectrums, 11(12): 956-964.

PALLESEN S, MENTZONI R A, MORKEN A M, et al. , 2021. Changes over time and predictors of online gambling in three norwegian population studies 2013-2019[J]. Front psychiatry, 12:597-615.

PÁPAY O, URBÁN R, GRIFFITHS M D, et al. , 2013. Psychometric properties of the problematic online gaming questionnaire short-form and prevalence of problematic online gaming in a national sample of adolescents [J]. Cyberpsychology, Behavior, and Social Networking, 16(5):340-348.

PARK N, KIM Y C, SHON H Y, et al. , 2013. Factors influencing smartphone use and dependency in South Korea[J]. Computers in Human Behavior, 29(4):1763-1770.

PAWLIKOWSKI M, BRAND M, 2011. Excessive Internet gaming and decision making: Do excessive World of Warcraft players

have problems in decision making under risky conditions? [J].
Psychiatry Research,188(3):428-433.

PETRY N M,2006. Should the scope of addictive behaviors be broadened to include pathological gambling? [J]. Addiction,101:152-160.

PETRY N M,GONZALEZ-IBANEZ A,2015. Internet gambling in problem gambling college students[J]. Journal of gambling studies,31(2):397-408.

PETRY N M,O'BRIEN C P,2013. Internet gaming disorder and the DSM-5[J]. Addiction,108(7):1186-1187.

PONTES H M,KIRÁLY O,DEMETROVICS Z,et al. ,2014. The conceptualisation and measurement of DSM-5 Internet gaming disorder: The development of the IGD-20 test[J]. PLoS ONE,9 (10):e110137.

PONTES H M,MACUR M,GRIFFITHS M D,2016. Internet gaming disorder among Slovenian primary schoolchildren: Findings from a nationally representative sample of adolescents[J]. Journal of Behavioral Addictions,5(2):304-310.

POTENZA M N,2014. Non-substance addictive behaviors in the context of DSM-5[J]. Addict Behav,39(1):1-2.

QUDAH, MOHAMMAD F A, ALBURSAN, et al. , 2019. Smartphone Addiction and Its Relationship with Cyberbullying Among University Students [J]. International Journal of Mental Health and Addiction,17(3):628-643.

RACHUBIŃSKA K,CYBULSKA A,SZKUP M,et al. ,2021. Analysis of the relationship between personality traits and Internet addiction[J]. Eur Rev Med Pharmaco,25(6):2591-2599.

RATAN Z A, PARRISH A M, ZAMAN S B, et al. , 2021. Smartphone Addiction and Associated Health Outcomes in Adult Populations:A Systematic Review[J]. Int J Env Res Pub He,18(22):

12257.

RAZJOUYAN K,HAMZENEJHAD P,KHADEMI M,et al.,2018. Data on the prevalence of addiction to the Internet among individuals with a history of drug abuse[J]. Data Brief,21:1216-1219.

REHBEIN F, KLEIMANN M, MÖßLE T, et al., 2015. Prevalence of Internet gaming disorder in German adolescents：Diagnostic contribution of the nine DSM-5 criteria in a statewide representative sample[J]. Addiction,110(5):842-851.

RENIERS R L,CORCORAN R,DRAKE R,et al.,2011. The QCAE:a questionnaire of cognitive and affective empathy[J]. J Pers Assess,93(1):84-95.

RODGERS R F,MELIOLI T,2016. The Relationship Between Body Image Concerns,Eating Disorders and Internet Use,Part I: A Review of Empirical Support[J]. Adolescent Res Rev,1:95-119.

ROOS J M, KAZEMI A, 2021. Personality traits and Internet usage across generation cohorts:Insights from a nationally representative study[J]. Curr Psychol,40:1287-1297.

ROSE S,DHANDAYUDHAM A,2014. Towards an understanding of Internet-based problem shopping behaviour：The concept of online shopping addiction and its proposed predictors [J]. Journal of Behavioral Addictions,3(2):83-89.

RUITER M D, VELTMAN D J, GOUDRIAAN A E, et al., 2009. Response perseveration and ventral prefrontal sensitivity to reward and punishment in male problem gamblers and smokers[J]. Neuropsychopharmacology,34(4):1027-1038.

RUPP T,JUBEAU M,MILLET G Y,WUYAM B,LEVY P, VERGES S,PERREY S,2013. Muscle,prefrontal,and motor cortex oxygenation profiles during prolonged fatiguing exercise[J]. Adv Exp Med Biol,789:149-155.

SALEEM M,ANDERSON C A,GENTILE D A,2012a. Effects

of prosocial, neutral, and violent video games on college students' affect[J]. Aggressive Behavior,38(4):263-271.

SALEEM M,ANDERSON C A,GENTILE D A,2012b. Effects of prosocial,neutral,and violent video games on children's helpful and hurtful behaviors[J]. Aggressive Behavior,38(4):281-287.

SAMPASA-KANYINGA H, HAMILTON H A, 2015. Social networking sites and mental health problems in adolescents: The mediating role of cyberbullying victimization[J]. European psychiatry,30 (8):1021-1027.

SCHERER K,1997. College Life On-Line: Healthy and Unhealthy Internet Use[J]. J Coll Student Dev,38(6):655-665.

SEUNG-YUP L, KOOK L H, BANG S Y, et al. , 2018. Aggression and harm avoidant trait impede recovery from internet gaming disorder[J]. Frontiers in Psychiatry,9:263.

SHAO Y J, ZHENG T, WANG Y Q, et al. , 2018. Internet addiction detection rate among college students in the People's Republic of China:a meta-analysis[J]. Child Adol Psych Men,12:25.

SHEHATA W M, ABDELDAIM D E, 2021. Internet addiction among medical and non-medical students during COVID-19 pandemic, Tanta University, Egypt[J]. Environ Sci Pollut Res Int, 28 (42): 59945-59952.

SHEILA N,ALAN C,MARK S,et al. ,2005. Factors related to well-being in Irish adolescents[J]. The Irish Journal of Psychology, 26:123-136.

SHEN Y,MENG F,XU H,et al. ,2020. Internet addiction among college students in a Chinese population: Prevalence, correlates, and its relationship with suicide attempts [J]. Depress Anxiety, 37 (8): 812-821.

SHONIN E S, VAN GORDON W, GRIFFITHS M D, 2014. Practical tips for teaching mindfulness to children and adolescents in school-based settings[J]. Education and Health,32(2):69-72.

SISTE K, HANAFI E, SEN L T, et al., 2020. The Impact of Physical Distancing and Associated Factors Towards Internet Addiction Among Adults in Indonesia During COVID-19 Pandemic:A Nationwide Web-Based Study[J]. Front Psychiatry,11:580977.

SMETANIUK P, 2014. A preliminary investigation into the prevalence and prediction of problematic cell phone use[J]. Journal of Behavioral Addictions,3(1):41-53.

STOCKDALE L A,COYNE S M,PADILLA-WALKER L M, 2018. Parent and Child Technoference and socioemotional behavioral outcomes: A nationally representative study of 10-to 20-year-Old adolescents[J]. Computers in Human Behavior,88:219-226.

STRUK A A,SCHOLER A A, DANCKERT J, 2016. A self-regulatory approach to understanding boredom proneness [J]. Cognition Emotion,30(8):1388-1401.

SU P,YU C,WEI Z,et al.,2018. Predicting Chinese adolescent internet gaming addiction from peer context and normative beliefs about aggression: A 2-Year longitudinal study [J]. Frontiers in Psychology,(9):1103.

SULER J R,1999. To get what you need:healthy and pathological internet use[J]. Cyberpsychol Behav,2(5):385-393.

SUN Y, LI Y,BAO Y, et al., 2020. Brief Report:Increased Addictive Internet and Substance Use Behavior During the COVID-19 Pandemic in China[J]. Am J Addiction,29(4):268-270.

TANGMUNKONGVORAKUL A,MUSUMARI P M,TSUBOHARA Y, et al., 2020. Factors associated with smartphone addiction: A comparative study between Japanese and Thai high school students. PLoS One,15(9):e0238459.

TATENO M,TEO A R,SHIRASAKA T,et al.,2016. Internet addiction and self-evaluated attention-deficit hyperactivity disorder traits among Japanese college students[J]. Psychiatry Clin Neurosci, 70(12):567-572.

THOMAS N J, MARTIN F H, 2010. Video-arcade game, computer game and Internet activities of Australian students: Participation habits and prevalence of addiction[J]. Australian Journal of Psychology, 62:59-66.

THROUVALA M A, GRIFFITHS M D, RENNOLDSON M, et al., 2019. School-based prevention for adolescent internet addiction: prevention is the key. a systematic literature review[J]. Current Neuropharmacology, 17(6):507-525.

TUREL O, SERENKO A, 2012. The benefits and dangers of enjoyment with social networking websites[J]. European Journal of Information Systems, 21(5):512-528.

UNDAVALLI V K, GOBBURI S R, JONNALAGADDA R K, 2020. Prevalence of internet gaming disorder in India: A technological hazard among adolescents[J]. International Journal of Community Medicine and Public Health, 7:688-693.

VAN DEN EIJNDEN R J, SPIJKERMAN R, VERMULST A A., et al., 2010. Compulsive Internet use among adolescents: Bidirectional parent-child relationships[J]. Journal of Abnormal Child Psychology, 38 (1):77-89.

VAN ROOIJ A, SCHOENMAKERS T, VERMULST A, et al., 2010. Online video game addiction: Identification of addicted adolescent gamers[J]. Addiction, 106(1):205-12.

WANG C W, HO R T H, CHAN C L W, et al., 2015. Exploring personality characteristics of Chinese adolescents with internet-related addictive behaviors: Trait differences for gaming addiction and social networking addiction[J]. Addictive behaviors, 42:32-35.

WANG H, ZHOU L, GENG J, et al., 2022. Sex differences of parental phubbing on online hostility among adolescents: A moderated mediation model. Aggressive Behavior,48(1):94-102.

WANG M,LIU L,2014. Parental harsh discipline in mainland China:Prevalence, frequency, and coexistence[J]. Child Abuse and Neglect,38(6):1128-1137.

WANG X,QIAO Y,LI W,2022. Parental Phubbing and Children 's Social Withdrawal and Aggression:A Moderated Mediation Model of Parenting Behaviors and Parents' Gender[J]. Journal of Interpersonal Violence,37(21-22):19395-19419.

WARTBERG L,KRISTON L,THOMASIUS R,2020. Internet gaming disorder and problematic social media use in a representative sample of German adolescents:Prevalence estimates, comorbid depressive symptoms and related psychosocial aspects[J]. Computers in Human Behavior,103:31-36.

WILSON K,FORNASIER S,WHITE K M,2010. Psychological predictors of young adults' use of social networking sites[J]. Cyberpsychology,Behavior,and Social Networking,13(2):173-177.

WÖLFLING K, MÜLLER K W, DREIER M, et al. , 2019. Efficacy of Short-term Treatment of Internet and Computer Game Addiction:A Randomized Clinical Trial[J]. Jama Psychiat,76(10): 1018-1025.

WOLNICZAK I, CÁCERES-DELAGUILA J A, PALMA-ARDILES G,et al. ,2013. Association between Facebook dependence and poor sleep quality:a study in a sample of undergraduate students in Peru[J]. PloS one,8(3):e59087.

WRIGHT M O,MASTEN A S,2005. Resilience Processes in Development[J]. John Wiley and Sons,17(3):213-220.

WU A M,LAI M H,TONG K K,2015. Internet gambling among community adults and university students in Macao[J]. Journal of Gambling Studies,31(3):643-657.

XANIDIS N,BRIGNELL C M,2016. The association between

the use of social network sites, sleep quality and cognitive function during the day[J]. Computers in Human Behavior,55:121-126.

YAN W,LI Y,SUI N,2014. The relationship between recent stressful life events, personality traits, perceived family functioning and internet addiction among college students[J]. Stress and Health, 30(1):3-11.

YANG W,MORITA N,OGAI Y, et al., 2023. Associations between sense of coherence, psychological distress, escape motivation of internet use, and internet addiction among Chinese college students:A structural equation model[J]. Curr Psychol,42:9759-9768

YANG X,WU X,QI J, et al., 2022. Posttraumatic stress symptoms, adversity belief, and internet addiction in adolescents who experienced a major earthquake[J]. Curr Psychol,11:3013-3020.

YANG Z,ASBURY K,GRIFFITHS M D,2019. An exploration of problematic smartphone use among Chinese university students: Associations with academic anxiety, academic procrastination, self-regulation and subjective wellbeing[J]. Int J Ment Health Ad,17(3): 596-614.

YEE N,2006. Motivations for play in online games[J]. CyberPsychology and Behavior,9(6):772-775.

YEN C F,TANG T C,YEN J Y, et al., 2009. Symptoms of problematic cellular phone use, functional impairment and its association with depression among adolescents in Southern Taiwan[J]. J Adolesc,32 (4):863-873.

YEN C,TANG T,YEN J,et al.,2008. Symptoms of problematic cellular phone use, functional impairment and its association with depression among adolescents in southern Taiwan [J]. Journal of Adolescence,32(4):863-873.

YOUNG K S,1998. Internet addiction:The emergence of a new clinical disorder[J]. Cyberpsych Beh Soc NET,1:237-244.

YOUNG K S,1999. Internet addiction：Symptoms，evaluation and treatment. In VandeCreek L，Jackson T L，Innovations in Clinical Practice （Volume 17）［M］，Sarasota，FL：Professional Resource Press：19-31.

YOUNG K S,2003. A Therapist's Guide to Assess and Treat Internet Addiction［OL］. https：//www. mhselfhelp. org/clearinghouse-resources/2013/8/13/a-therapists-guide-to-assess-and-treat-internet-addiction. html.

YOUNG K S,2004. Internet addiction—a new clinical phenomenon and its consequences［J］. Am Behav Sci,48(4)：402-415.

YOUNG K S, 2007. Cognitive behavior therapy with Internet addicts：treatment outcomes and implications［J］. Cyberpsychology & Behavior,10(5)：671-679.

YU C,LI X,ZHANG W,2015. Predicting adolescent problematic online game use from teacher autonomy support，basic psychological needs satisfaction，and school engagement：A Two-Year Longitudinal Study［J］. Cyberpsychology，Behavior & Social Networking，18（4）：228-233.

YU H，CHO J，2016. Prevalence of internet gaming disorder among Korean adolescents and associations with non-psychotic psychological symptoms，and physical aggression ［J］. American Journal of Health Behavior,40(6)：705.

YU Y,LIU Z W,LI T X,et al. ,2020. Test of the stress process model of family caregivers of people living with schizophrenia in china ［J］. Soc Sci Med,259：113113.

YU Y,SUN H,GAO F,2019. Susceptibility of Shy Students to Internet Addiction：A Multiple Mediation Model Involving Chinese Middle-School Students［J］. Front Psychol,10：1275.

ZHANG G，YANG X，TU X，et al. ，2020. Prospective relationships between mobile phone dependence and mental health status among Chinese

undergraduate students with college adjustment as a mediator[J].
Journal of Affective Disorders,260:498-505.

ZHANG M, YANG Y, GUO S, et al. , 2018. Online Gambling
among Treatment-Seeking Patients in Singapore: A Cross-Sectional
Study[J]. International Journal of Environmental Research and Public
Health,15(4):832.

ZHAO C,DING N,YANG X,et al. ,2021. Longitudinal effects of
stressful life events on problematic smartphone use and the mediating
roles of mental health problems in Chinese undergraduate students
[J]. Front Public Health,9:752210.

ZHAO H, TIAN W, XIN T, 2017. The Development and
Validation of the Online Shopping Addiction Scale[J]. Frontiers in
Psychology,8:735.

ZHU J J,YU C F,ZHANG W,et al. ,2016. Peer victimization,
deviant peer affiliation and impulsivity:Predicting adolescent problem
behaviors[J]. Child Abuse & Neglect,58:39-50.